物流主管职业技能大课包
【图表学习+流程规范+岗位实操】

仓储主管实操范例

陈明星 主编

常见问题与经典案例

中国经济出版社
CHINA ECONOMIC PUBLISHING HOUSE
·北京·

图书在版编目(CIP)数据

仓储主管实操范例/陈明星主编.
北京:中国经济出版社,2017.7
ISBN 978-7-5136-4575-1

Ⅰ.①仓… Ⅱ.①陈… Ⅲ.①企业管理—仓库管理—手册 Ⅳ.①F273.4-62

中国版本图书馆CIP数据核字(2017)第007452号

责任编辑 夏军城
责任印制 马小宾
封面设计 任燕飞

出版发行 中国经济出版社
印 刷 者 北京力信诚印刷有限公司
经 销 者 各地新华书店
开 本 787mm×1092mm 1/16
印 张 18.75
字 数 344千字
版 次 2017年7月第1版
印 次 2017年7月第1次
定 价 48.00元
广告经营许可证 京西工商广字第8179号

中国经济出版社 网址 www.economyph.com 社址 北京市西城区百万庄北街3号 邮编 100037
本版图书如存在印装质量问题,请与本社发行中心联系调换(联系电话:010-68330607)

序

从事物流工作多年，对物流业有较深的了解。随着“互联网+物流”时代的到来，80%以上的物流同业者都面临行业整体升级的挑战。其中，“规范化管理”是行业升级的核心要务。

物流工作规范化是提高行业整体效率与效益的载体；没有规范化的物流，必然在市场大潮中溃败。

笔者在参见诸多物流公司，尤其是欧美物流行业发展历程及现代物流企业的最新操作手法之后，有了更新的认识和实操具体方案。借此时机，决定将多年的工作经验总结出来，分享给同行朋友们。

在构思本系列图书时，思想中已经很明晰地决定以“规范化管理”这个物流核心要务为主题，作为贯穿全书的线索。没想到的是，在创作过程中，如葡萄藤蔓般，勾连出很多实际工作中的细节，让我很是兴奋。如果说，规范化管理是贯穿全书的魂，那么本系列图书中每一个工作案例及解决方案都是构成这个魂的基因，它们都是实实在在的。

本系列图书大体以案例再现、解读与阐述、关键点提示来展开。阅读本书，你会发现工作中经常出现的疑惑，在这里已有清晰的解决方案。同时，会让我们的工作水平节节升高。全书以工作场景案例为切入点展开阐述，每个案例及相关解读与阐述，都是工作中经常遇到的问题。为让读者朋友能以最短时间、最方便、最舒服的方式理解掌握，我们在全书的架构尤其案例的设定方面，进行了许多探索思考，相信能对你的实践工作有所帮助。

翻开该系列图书，一定不会令你失望，因为这是笔者多年的经验总结和实践提炼。

2017.6

仓库规划与管理

第二章 仓储运营与库存管理

第三章 仓储物料日常保养管理

第四章 仓储出入库业务管理

第五章 包装与流通业务管理

第六章 仓储商务服务管理

第七章　仓储物流体系管理

第一章　仓库规划与管理

仓储是连接生产与消费的纽带和桥梁，是社会再生产过程得以顺利进行的必要条件，在生产与流通中发挥着重要的作用，加强仓储管理，提高仓储管理水平具有重要的意义。加强仓储管理要从基础做起，不仅要建立和完善仓储管理指标体系，而且要做好仓容定额的测定以及建立和完善保管商品的定期检查制度等基础性工作。

仓库规划是指在一定区域或库区内，对仓库的总平面布局、数量、规模、地理位置和仓库内设施等要素进行科学的规划和整体设计。合理的仓库布局应该使货物在出入库时单向和直线运动，避免逆向操作和大幅度变向的低效率运作；同时采用高效率的物料搬运设备及操作流程，以充分利用仓库的容积。

1.1　建立仓储管理指标体系

典型问题及案例

新任经理的任务

李先生是一家仓储企业的新任经理，他上任后发现该企业管理混乱，很多管理指标都没有建立起来，而上一任经理就是因为管理不当而被撤职的。因此，李先生上任后做的第一项工作就是建立并完善仓储管理指标体系。

李先生在建立货物储存质量指标体系时，建立的货物储存质量指标主要包括账货相符率、收发货差错率、货物的损耗率、货物及时验收率和设备完好率。

解读与阐述

仓储担负着物资的收发、储存、保管保养、控制、监督等职能，对企业正常生产运行起着重要作用。仓储的各项考核指标是衡量仓储管理水平高低的标准，因而建立完善的仓储管理指标体系、提高仓储管理水平具有重要意义。仓储管理指标主要包括储存数量、储存质量、储存效率、储存经济性四大类。

1. 货物储存数量指标

核算该类指标的目的是从总量上掌握经济成果，衡量仓容能力，促进保管人员挖掘潜力，采用先进设备和先进技术，提高仓容使用效能。其包括的具体指标及计算公式如下：

（1）计划期货物吞吐量

计算公式为：

计划期货物吞吐量＝计划期货物总进库量＋计划期货物总出库量＋计划期货物直拨量

商品吞吐量也称商品周转量，是指计划期内进、出库商品的总量，一般用吨表示。计划指标常以年吞吐量计算。公式中的总进库量指经仓库验收后入库的商品数量；出库量指按调拨计划、销售计划发出的商品数量；直拨量是指企业在车站、码头、机场、供货单位等提货点办理完提货手续后，直接将货物从提货点分拨转运给用户的数量。吞吐量是反映仓库工作情况的数量指标，是仓储工作考核中的主要指标，也是计算其他指标的基础和依据。

（2）职工人数

计算公式为：

月平均人数＝月内每日实际人数之和÷该月天数，或＝（月初人数＋月末人数）/2

年平均人数＝年内各月平均人数之和÷12

（3）设备数量指标

通常以统计在册的设备台数或处于良好运行状态的设备台数来表示。

2. 货物储存质量指标

货物储存质量反映了货物储存工作质量，通过该类指标的核算，可以全面反映储存工作质量，体现对储存工作多快好省的要求，减少损耗，提高经济效益。该类指标包括：

（1）账货相符率

计算公式为：

账货相符率＝账货相符笔数÷储存货物总件数×100%

或＝账货相符笔数（重量）÷期内储存总件数（重量）×100%

（2）收发货差错率

计算公式为：

收发货差错率＝收发货差错累计笔数÷收发货累计总笔数×100%

或＝账货不符件数（重量）÷期内储存总件数（重量）×100%

（3）货物损耗率

计算公式为：

货物的损耗率 = 货物损耗额（元）÷ 货物保管总额（元）×100%

或 = 货物损耗量（吨或公斤）÷ 期内货物库存总量（吨或公斤）×100%

（4）货物及时验收率

计算公式为：

货物及时验收率 = 期内及时验收笔数 ÷ 期内收货总笔数 ×100%

（5）设备完好率

计算公式为：

设备完好率 = 完好设备总台数 ÷ 生产设备总台数 ×100%

3. 货物储存效率指标

（1）仓库利用率

计算公式为：

仓库面积利用率 = 仓库的有效堆放面积 ÷ 仓库总面积 ×100%

仓库容积利用率 = 报告期平均库存量 ÷ 库房的总容量 ×100%

（2）设备利用率

计算公式为：

设备能力利用率 = 报告期设备实际载荷量 ÷ 报告期设备额定载荷量 ×100%

设备时间利用率 = 报告期设备实际作业工时数 ÷ 报告期设备额定作业工时数 ×100%

（3）劳动生产率

计算公式为：

全员劳动生产率（吨/工时）= 全年货物出入库总量（吨）÷ 仓库全员年工时总数

4. 货物储存经济性指标

（1）平均储存费用

计算公式为：

平均储存费用（元/吨）= 每月储存费用总额（元）÷ 月平均储存量（吨）

（2）利润总额

计算公式为：

利润总额 = 报告期仓库总收入 − 同期仓库总支出

或 = 仓库营业收入 − 储存成本和费用 − 税金 + 其他业务利润 ± 营业外收支净额

（3）资金利润率

计算公式为：

资金利润率 = 利润总额（元）÷（固定资产平均占用 + 流动资金平均占用）×100%

关键点提示

仓储管理指标体系包括：

1. 货物储存数量指标

2. 货物储存质量指标

3. 货物储存效率指标

4. 货物储存经济性指标

1.2 商品储存量数据分析

典型问题及案例

商品储存量的计算

1. 商品每件折合0. 047吨，进仓分别为12件、10件、6件。其储存吨数如何计算？

解答：

进仓12件折合为：0. 047×12 =0. 564（吨），因为结存量已超过0. 5吨，其储存吨数按实际吨数0. 564吨计算。

进仓10件折合为：0. 047×10 =0. 470（吨），因其结存量超过0. 3吨，不足0. 5吨，其储存吨数按0. 5吨计算。

进仓6件折合为：0. 047×6 =0. 282（吨），因其结存量不足0. 3吨，按0. 3吨计算。

2. 某商品每件长0. 62米，高0. 45米，宽0. 56米，毛重81千克，每件折储存吨多少？

解答：

每件体积：0. 62×0. 45×0. 56 =0. 15624（立方米）

按体积折吨：0. 15624/2 =0. 07812（吨）

由于每件毛重0. 081吨，大于0. 07812吨，所以这种商品应按重量吨计算，每件折算成0. 081吨。

解读与阐述

仓储管理工作中，经常出现折算商品储存吨数问题，这是进行仓储管理活动的一个基础性工作。在折算商品储存吨数时会出现一些问题，以下介绍合理折算商品储存吨数的具体方法：

折算商品储存吨数的过程叫折吨。商业仓储部门按体积吨折算标准，规定以火车的载货车棚容积和载重相互换算为依据。即一节载重30吨的标准棚车容积规定为64立方米。依此推算，1吨的容积为2.13立方米。为便于计算，以2立方米折算为1吨。

1. 合理选择测量对象

测量工具主要有夹尺、直尺、卷尺。一批商品中，除个别的特别大或特别小，大多数商品的体积比较均匀，应选择一般的进行测量；会变形的软性包装商品，应选择包装完整、形态规则及未经重压变形的进行测量。

2. 按规定的部位进行测量

商品包装有凸出的部位应测出；畸形的包装应测量其最大的部位；圆柱体包装测量其直径，并以直径为边长按长方体计算。

3. 按商品实际占用面积折吨

有时由于客观原因，有些商品不能堆垛。例如，有些商品因性能限制，只能平摊不能堆垛；有些商品因养护需要摊晾，或者由于货主单位在库房或货场内对其进行整理，暂时不能堆垛等。这些情况占用仓库面积有时要比正常情况多，为合理收货，在考核仓容利用程度时，应尽量消除由于客观原因影响仓容利用的因素，对这些特殊情况的商品，可不按其体积或毛重折吨，另行规定每立方米的折吨标准，或按其实际占用面积折算。

4. 零星商品的折吨

对整批商品而言，很难划一条零星和整批的数量界限。商品批量大小与仓容利用程度的高低关系密切。一般情况下，储存批量小的商品，仓容利用程度较低，占用仓容较多。为了合理补偿这种较多的耗费和便于计算，可规定一个折吨起点，每批商品的吨数应不低于规定的折吨起点。如以0.3吨为折吨起点，每批商品结存量不足0.3吨时，一律按0.3吨计算；超过0.3吨按实际吨数计算。也可在0.3吨以上再加上一档0.5吨，则结存量超过0.3吨，不足0.5吨时按0.5吨计算；超过0.5吨按实际吨数计算。

关键点提示

折算商品储存吨数的具体方法有：

1. 合理选择测量对象
2. 按规定的部位进行测量
3. 按商品实际占用面积折吨
4. 零星商品的折吨

1.3 定期检查在储商品

典型问题及案例

仓储定期检查核定表

A 公司仓储定期检查核定表

储存商品定期检查范围	检查内容
空间与场所	
设备运行与保养	
作业内容与特性	
人员素质	
安全	

解读与阐述

为了保证储存商品的质量和数量安全，必须制定严格的储存商品定期检查制度。储存商品定期检查的检查范围主要有空间与场所、设备运行与保养、作业内容与特性、人员素质、安全等，详细检查内容如下：

1. 空间与场所

（1）储运作业是否顺利？

（2）空间利用是否恰当？

（3）货物传递距离是否太长？

（4）工作联系是否便利？

（5）储区或储架布置是否合理？死角是否过多？

（6）通道是否宽敞，有无堆积物？

（7）温湿度是否控制良好？

（8）仓库设计是否合理？

（9）储区标示是否清楚、正确？

（10）储区标示是否脱落或不明显？

（11）线路指示是否明确？

（12）风扇、灭火器位置是否恰当？

（13）有无废弃物堆置区？

2. 设备运行与保养

（1）货品进出是否方便、简单、快速、准确？

（2）是否有足够的空间放置各种储存设备？

（3）储存设备是否损坏？

（4）存货储位及内容是否易于识别？

（5）是否符合“先进先出”原则？

（6）储区或储架是否充分利用？

（7）储位是否容易调整？

（8）是否具备温湿度调整、消防及防虫、防鼠的设备？

（9）是否具有防爆、防风、防雨、防盗的设备？

（10）对各项设备是否进行定期保养？

（11）货架、储位编号是否明确？有无混乱？

（12）货架、储位标示是否清楚、明确？有无脱落？

（13）储位与货品项是否按时整理和适当调整？

3. 作业内容与特性

（1）储位区域划分是否明确？是否符合货物品项数、数量及作业情况？

（2）储位标示是否明确，方便拣取？

（3）搬运是否方便？

（4）收发货是否迅速？

（5）货品是否分类储存？

（6）产品储存期限是否明确？

（7）各项作业交接是否落实？

（8）作业异常有无记录？主管是否签字？

（9）储位与货品的分类、分区是否恰当？作业是否按照分类、分区原则进行？

4. 人员素质

（1）作业人员是否熟悉作业流程？

（2）作业人员是否能克服作业困难？

（3）作业人员是否遵守安全、卫生规则？

（4）作业发生问题时，作业人员是否及时汇报与记录？

（5）作业人员是否按照指导要领及作业指示进行作业？

（6）作业人员是否是按安全标准书来训练？

5. 安全

（1）使用的工具是否安全？

（2）货品陈列是否安全？排列方式及顺序是否符合标准？

（3）动力车辆是否按期保养？是否安全？充电器是否定时检查？

（4）货品搬运是否安全？

（5）工作进行中是否有安全防护设备？货架头尾防撞杆有无损坏变形？

（6）地板是否平整，有无坑洞，以致造成危险？

（7）照明是否充分，操作员的视力是否合格？

（8）产品堆积是否太高，容易倾倒？

（9）现场是否有凸出的钉子等尖状物？

（10）是否有危险物渗透？

（11）通风换气及温度、湿度是否合适？

（12）工具有无固定存放位置？是否随意堆放？

（13）工厂门户管制及仓库人员进出管制是否落实？

储存商品的检查分为定期检查与不定期检查。定期检查时，必须制定检查的内容、范围、时间。定期检查储存商品：一可以起到监督作用；二可以提前发现问题，预防隐患。

关键点提示

储存商品定期检查的内容有：

1. 空间与场所

2. 设备运行与保养

3. 作业内容与特性

4. 人员素质

5. 安全

1.4 仓库平面布置方案设计

典型问题及案例

一家大型仓库的设计

一个年周转量为15万吨的大型物资仓库，仓库平面布置见下图。整个仓库平面位置被铁路和公路划分为四个区。铁路专用线以北是库房和货棚，以南是两个露天场地，货场的8个货区在公路干道的中间，可供汽车与起重机作业置，于下风处的西端。

该仓库所在地多刮东南风。因此，办公和生活区因消防安全的需要，在公路旁边适当位置设有消火栓，在仓库两头还设有工人休息室。

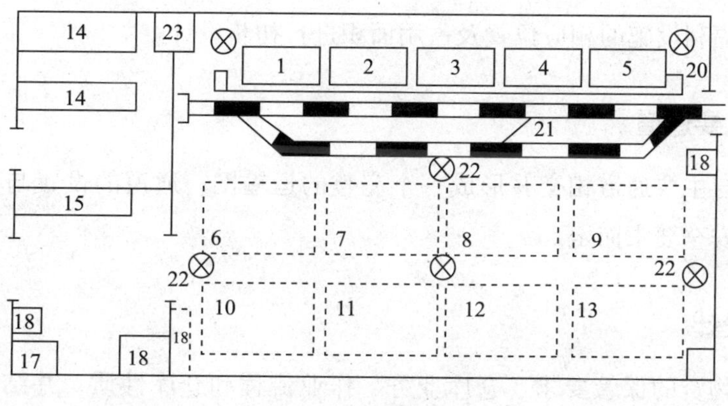

仓库平面布置图

解读与阐述

仓库平面合理布置，是根据仓库场地条件、仓库业务性质和规模、物资储存要求以及技术设备的性能和使用特点等因素，对仓库各组成部分，如库房、货场、辅助建筑物、库内道路、附属固定设备等，在规定的范围内进行平面的合理安排和布置。仓库总平面布置的程序如下：

1. 仓库总平面布置的准备工作

仓库总平面布置的合理与否很大程度上取决于有关资料的齐备、准确及可靠程度。

总平面布置是一个反复试验的过程，即布置、修改，再布置、再修改，反复多次，直到设计出最满意的布置方案为止。布置时一般借助于一些辅助工具，如作业流程图、仓库平面图、样板图等，在纸面上进行设计。

2. 找出和布置关键性作业位置

在仓库总平面布置中，铁路专用线的位置往往受外部条件的限制，且在很大程度上决定着仓库总平面布置的走向，所以应首先确定专用线的位置。库房、货场的位置可根据相应要求依次确定。

总平面布置所依据的主要资料有：储存物的品种、规格、数量，建设地区的铁路和公路分布情况，地形条件，水、电供应条件，当地气象资料，采取的装卸搬运手段，消防及安全要求协作条件等。

3. 对工作面积进行大致的布置

根据建设地点的现有地形，对库房、货场、主要通道、装卸场地以及辅助车间、办公室、生活福利设施的相应位置及占用面积进行初步设计。

4. 设计次要通道

次要通道与主要通道相交并形成一个完整的运输网，通道的设置与宽度应视物资运输的需要和安全要求而定。

5. 单体设计

根据储存物资的保管要求、仓库业务、作业流程和仓库性质，并结合当地气象及环境条件，具体确定库房的建筑类型和方位，以及库房内设备的类型和位置。

6. 辅助面积和辅助装置的设置

对排水系统、消防系统和水、电供应线路及辅助设施等进行设计。

至此，仓库总平面布置工作初步完成。最后还应对照总平面布置的要求进行检查，并到建设现场核实布置情况。

关键点提示

仓库总平面布置的程序如下：

1. 仓库总平面布置的准备工作

2. 找出和布置关键性作业位置

3. 对工作面积进行大致的布置

4. 设计次要通道

5. 单体设计

6. 辅助面积和辅助装置的设置

1.5 计算仓库面积

典型问题及案例

仓储经理的问题

张先生是S公司的仓储经理，以下问题是他在工作中经常需要解决的问题。

1. 新建库房面积计算

某仓库拟新建一栋配件库，预计最高储备量约200t。已知相邻配件库的面积为600m^2，最高储备量为150t。从储存情况看还有较大的潜力，据此推算新建配件库的面积。

解：$S_1=600$，$Q=200$，$Q_1=150$，$K=0.9$

所以 $S=S_1\times(Q/Q_1)\times K=720$（$m^2$）

式中，S为所求新建仓库面积；S_1为已建成的同类仓库面积；Q为拟新建仓库的最高库存量；Q_1为建成的同类仓库的最高库存量；K为调整系数。

拟新建一库房，最高储备量为1500t，单位面积储存定额为3t/m^3，仓库有效面积利用系数为0.5，求新建仓库的面积？

解：将所给的数值代入公式 $S=Q/(N\times R)$ 得：

$S=1500\div(3\times0.5)=1000$（$m^2$）

2. 堆垛面积的计算

某仓库拟储存某类物资700t，全部就地堆垛，垛长6m，宽2m，高1m，容积充满系数为0.5，物资的视相对密度为7t/m^3，求料垛占用的总面积。

解：将所给的数据代入公式 $S=\frac{Q}{h\times K\times Y}$ 得：

$S=700/(1\times0.5\times7)=200$（$m^2$）

注：本部分内容涉及计算公式及字母所代表的含义见正文解读与阐述部分。

解读与阐述

仓库面积的计算常用以下三种方法：

1. 比较类推法

比较类推法是以已建成的同级、同类、同种物资仓库面积为基础，根据储备量增减的比例关系，加以适当的调整，最后推算出新建仓库面积。

计算公式为：

$$S = S_1 \times (Q/Q_1) \times K$$

式中，S 为所求新建仓库面积；S_1 为已建成的同类仓库面积；Q 为拟新建仓库的最高库存量；Q_1 为建成的同类仓库的最高库存量；K 为调整系数，如果建成的仓库还有潜力，则 $K>1$，否则 $K<1$。

2. 定额计算法

计算公式为：

$$S = Q/N \times 1/R = Q/(N \times R)$$

式中，N 为仓库单位面积储存定额（t/m^2）；R 为仓库有效面积利用系数。

3. 直接计算法

直接计算出料垛和料架占用的面积、通道占用的面积、收发料区的面积等，最后相加求出总和。即：$S = S_1 + S_2 + \cdots + S_n$

计算公式为：

$$S = \frac{Q}{(a \times b \times h)\ k \times Y} \times (a \times b) = \frac{Q}{h \times k \times Y}$$

式中，S 为料垛所占的面积；Q 为物资最高储备量；1、b、h 为料垛的长、宽、高；K 为料垛的容积充满系数；Y 为码垛物资的视相对密度。

4. 影响仓库面积的因素

（1）物资储备量。是指仓库根据需要量核定的物资经常储备量、保险储备量和季节性储备量等。

（2）平均库存量。是指在一定时期内平均在库实际储存的数量。平均库存量的多少决定需要储存面积的大小。

（3）物资年供应量。

（4）物资品种数。

(5) 平均在库时间。

(6) 仓库作业方式。

(7) 仓库设备。

关键点提示

仓库面积的计算方法有:

1. 比较类推法
2. 定额计算法
3. 直接计算法

1.6 仓储管理指标分析

典型问题及案例

一家科技公司的仓储管理方式

某科技有限公司位于广东惠州金源工业区,成立于2001年,是一家专业照明器与电气装置产品制造商,它是行业的龙头企业。凭借优异的产品品质、卓越的服务精神,获得了客户的广泛认可与赞誉。为了适应新形势下的战略发展需要,公司对现有的客户关系网络进行了整合,在全国各地成立了35个运营中心,完善了公司供应链系统、物流仓储与配送系统以及客户服务系统。

该公司通过的仓储管理相关指标考核分析,采取了一些科学合理的方法措施,取得了不错效果。但在具体仓储作业中,仍有一些问题亟须管理层着手解决,仓储管理者面临着如何正确分析各项具体考核指标并改进指标设置这一关键问题。

解读与阐述

货物仓储工作的各项考核指标从不同角度反映某一方面的情况,仅凭一项指标很难反映仓储工作的总体情况,也不容易发现问题。因此,必须对各个指标进行系统而周密的分析,以便发现问题并采取相应的措施,提高仓库工作水平。

具体分析方法如下:

1. 价值分析法

应用价值分析法,应该对以下5个问题进行考察:

(1) 目前使用的方法是什么?

（2）作用（或功能）是什么？

（3）这种方法的成本是多少？

（4）其他具有同样功能的方法是什么？

（5）其他方法成本是多少？

2. 对比分析法

运用对比分析法对指标进行对比分析时，首先要选定对比标志。根据需要，主要有以下几种方法：

（1）计划完成情况的对比分析。将实际完成情况与计划指标相比较。

（2）纵向动态对比分析。将仓储指标在不同时间上进行比较。

（3）横向对比分析。将仓储指标在同一时期的不同空间条件下进行对比分析。

运用对比分析法进行对比分析时，首先要注意所对比的指标或现象之间的可比性。对比分析是两个或两个以上有联系的指标或现象间的比较，这就要求根据现象的性质并结合分析研究的目的来考虑。在进行纵向对比时，主要考虑指标所包括的范围、内容、计算方法、计量单位、所属时间等相互适应，彼此协调；在进行横向对比时，要考虑对比的单位之间必须是经济职能或经济活动性质、经营规模基本相同，否则缺乏可比性。

3. 结构分析法

因为一些技术指标往往是由若干项目所组成，而每个项目在总体指标中所占的比重不同，所起的作用和产生的影响也不同。利用结构分析法可以分清主次，找出关键因素。其计算公式为：

$$结构百分比=\frac{总体中某一部分的数值}{总体数值}\times 100\%$$

4. 因素分析法

因素分析法的基本做法是，假定影响指标变化的诸因素之中，某一项因素单独变化而其他因素不变，进而来分析每项因素对指标的影响程度。例如 K 指标的计算公式为：$K=AxB$

从公式中可看出，K 指标的变化受 A、B 两因素的影响。现在用单因素变化分析法来分析两因素对 x 指标的影响程度。

假定 A 因素变化，B 因素不变化。对 KA 的影响值为：

$$KA=（A\,实际-A\,计划）\times B$$

再假定 B 因素变化，A 因素不变化。对 KB 的影响值为：

$$KB = (B\text{实际} - B\text{计划}) \times A$$

A、B 两因素都变化，综合影响的结果为：

$$K = KA + KB$$

关键点提示

仓储管理指标分析方法包括：

1. 价值分析法
2. 对比分析法
3. 结构分析法
4. 因素分析法

1.7 制定仓容定额

典型问题及案例

如何计算库存及周转率？

如某物品库存1月1日有10000套，1月31日有8000套，这个月的月均库存量就是：（10000＋8000）/2＝9000（套）。

年均库存量就是每年平均的库存量，是在每个月平均库存量的基础上计算得出的，月均库存量之和除以12，就是每年的平均量。

根据上述数据，可以计算出库存的周转率。具体为：

存货周转率＝（货物销售成本÷存货平均余额）×100%

解读与阐述

仓库容量由库房大小以及所保管货物的大小决定，正确制定仓容定额有助于提高仓库利用率，增加收益。制定仓容定额的步骤和方法如下：

1. 确定储存商品的计量单位

储存商品以吨为计量单位，包括重量吨和体积吨两种。

2. 划分仓库各种面积

（1）建筑面积。

（2）库内面积。

（3）实际面积。

（4）可堆货面积。

库房面积是指整个仓库范围内的全部面积，包括库房、货棚、货场、附属建筑物和空地所占面积。建筑面积是指从库房外面墙根量起的全部面积，有原始建筑图纸的应以原始资料为准。库内面积是指从库房里面墙根量起的面积，即建筑面积去除墙基的面积。实际面积指从库内面积中减去障碍物面积（包括柱、楼梯和固定设备等）而余下的面积。可堆货面积指从实际面积中减去库房主、支道和障碍物与货珠之间的必要距离（如垛距、柱距、墙距等）而余下的面积。面积利用率（%）是指堆货面积占实际面积的比率，它反映了库房面积的实际利用率，是考核可堆货面积测定是否合理的依据。

3. 合理计算仓库面积

（1）长方形面积＝长×宽。

（2）正方形面积＝边长×边长。

（3）梯形面积＝（上底＋下底）×高÷2。

（4）三角形面积＝（底×高）÷2。

4. 正确制定储存定额

（1）高度利用率

计算公式为：

高度利用率＝（货垛平均高度÷库房可用高度）×100%

货垛平均高度（米）＝储存商品总体积吨数÷实际使用面积

（2）载重量利用率

计算公式为：

载重量利用率＝（货垛实际占用面积每平方米平均实载重量÷库房承载重量）×100%

货垛实际占用面积每平方米平均实载重量＝储存商品重量吨数÷（可堆货面积－空仓面积）

（3）仓容定额

计算公式为：

1）按体积吨计算

测定定额（吨）＝（实际面积×面积使用率）×（库房可堆货高度×高度利用率）÷2

2）按重量吨计算

测定定额（吨）＝（实际面积×面积使用率）×（载重量×载重量使用率）÷1000 千克

关键点提示

制定仓容定额的步骤包括：

1. 确定储存商品的计量单位
2. 划分仓库各种面积
3. 合理计算仓库面积
4. 正确制定储存定额

1.8 确定仓库参数

典型问题及案例

仓库参数标准

仓库参数主要包括仓库建筑物的长、宽、高，行车道、通道、装卸台尺寸以及验收场地面积等。

通常仓库长度和宽度的比例可参考下表：

仓库长宽比例表

仓库总面积（平方米）	宽/长
≤500	1/3 ~1/2
501 ~1000	1/5 ~1/3
1001 ~2000	1/6 ~1/5

解读与阐述

1. 仓库长、宽、高的确定

在仓库面积一定的情况下，通常先确定宽度，除以面积，求出长度。但这样计算出来的结果往往是不标准的，应按照《建筑统一模数制》的要求进行调整，以此作为统一协调各种建筑尺寸的基本标准。基本模数规定为 $100m^2$，以 M 表示。按照《建筑统一模数制》的要求，如果计算的库房宽度为 14m，长度为 56m，应加以调整，一般是向上调至符合模数规定的尺寸，所以库房的宽度可调为 15m，长度可调为 60m。这时库房的面积为 $900m^2$，这 $900m^2$ 还不是建筑面积，其宽度和长度再加上墙的厚度，最后的乘积才是建筑面积。

库房的高度是自地面至柱顶的高度，应为300m（3M）的倍数。当库内安装有桥式起重机时，其地面至轨顶面的高度应为600m（6M）的倍数，确定库房的高度时应满足机械化作业要求。

规定：当库房的跨度 < 18m 时，其跨度应采用 3m（30M）的倍数；当库房的跨度 > 18m 时，其跨度应采用 6m（60M）的倍数。常用的跨度为：6m、9m、12m、15m、18m、24m、30m 等，特殊需要可采用 21m > 27m 等。

2. 行车道与通道的确定

仓库中行车道、通道宽度的确定要以搬运装卸机械能自由通过为原则。一般露天场地主要通道宽度要求为单行道 4m；双行道 11m。库房内主要通道宽度要求为纵向车道 2.5 ~ 3m；横向车道与门宽相同；人行通道一般为 0.9 ~ 1.0m。

3. 装卸台尺寸的确定

装卸台长度和高度要视所用的运输工具及所采用的装卸机械、方式方法而定。在铁路专用线一侧装卸台的高度应高出铁路轨面约 1.1m；在公路旁供汽车、叉车等装卸物资用的装卸台，则应高出地面 1.0m，装卸台的长度视运输工具的种类、同时参与装卸的车辆数及车辆间距离而定。一般火车车厢之间的距离取 1.5 ~ 2.0m，汽车之间的距离取 1.5m，装卸台长度的计算公式为：

$$L = nI + lt\ (n-1)$$

式中，L 为装卸台长度；n 为同时参与装卸的车辆数；I 为一辆车的长度；l 为车辆之间的距离。

4. 验收场地面积的确定

可以用临时保管场地的面积来计算验收场地的面积，计算公式为：

$$S_{验收} = \frac{Q_{进}K}{360q}$$

式中，$S_{验}$ 为临时保管物资的占地面积；$Q_{进}$ 为通过验收场地的年进货量；K 为进货不均衡系数；360 为年日历天数；q 为每平方米存放的数量，即物资存放定额。

关键点提示

确定仓库参数的方法有：

1. 仓库长、宽、高的确定

2. 行车道与通道的确定

3. 装卸台尺寸的确定

4. 验收场地面积的确定

1.9 租用公共仓库

典型问题及案例

租用 vs 自营?

请你思考：如果企业决定自营仓库，应当考虑哪些具体问题？如果决定租用公共仓库，应当考虑哪些具体问题？

选择自营仓库	选择租用公共仓库

解读与阐述

仓储服务管理的重要内容包含对自营仓库还是租用公共仓库进行决策。自营仓库与租用公共仓库各有利弊，那么决策过程中需要考虑哪些因素呢？

1. 成本因素

成本因素是决策时首先要考虑的。

公共仓库一般是根据存储或处理货物的箱数或重量来收取费用的。当企业的库存周转率足够大时，从长期来看，自营仓库的成本会比长期租用公共仓库低很多。

租用公共仓库的优势在于可以避免企业在建筑物、土地以及仓储设备等固定资产上的投资，减少资金占用，同时也节省了维持仓库运转和雇用人员的成本。如果企业规模较小、产品的市场占有率不高，而将有限的资金用于兴建仓储设施，就会带来巨大的投资风险；而租用公共仓库可以同其他企业一起共享公共仓库的规模效益。

需要注意的是，与自营仓库相比，租用公共仓库更有利于企业进行仓储成本的核算和控制。

2. 需求因素

设计自营仓库时所确定的规模决定了仓库的最大存储能力。如果企业产品的需求受季节性影响有较大的波动，在需求高峰，企业对仓储的需求会超出自营仓库的能力；相反，在需求低谷，企业自营仓储能力得不到充分利用，造成浪费。

在上述情况下，许多企业采取了自营仓库与租用公共仓库相结合的办法，即自营一些适度规模的仓库以满足正常需求水平时的存储要求，而在需求高峰时租用一部分公共仓库。

3. 对仓储活动的控制要求

由于产品或原材料的特殊性，企业必须对整个仓储活动的作业环节进行严格的控制，自营仓库就是比较好的选择。公共仓库提供的服务通常是标准化的，往往无法达到企业高水平的控制要求。

此外，自营仓库有利于企业控制整个物流系统。租用公共仓库可能会面临信息能否有效传接的问题，信息不畅将会严重阻碍企业物流系统的正常运转。

4. 灵活性因素

投资兴建自营仓库，不但在资金方面形成长期占用，而且从物流网络的角度来看，也限制了企业物流网点布局的灵活性。一旦仓库选址或设计规模与实际需求出现较大偏差，将会给企业带来巨大损失。

相对而言，租用公共仓库不但可以应对企业改变经营地点或开拓新市场所带来的一系列问题，还可以作为企业规划或完善物流网络的一种实践检验方式。

进行自营仓库与租用公共仓库的决策，应当结合企业自身特点，全面考虑以上四个方面的因素。

关键点提示

选择自营仓库与租用公共仓库应当考虑的因素有：

1. 成本因素

2. 需求因素

3. 对仓储活动的控制要求

4. 灵活性因素

1.10 货物储位管理

典型问题及案例

如何进行储位管理?

赤湾港是中国重要的进口散装化肥灌包港口和集散地之一，每年处理进口化肥灌包量均在100万吨以上。赤湾港涉及对化肥多品种、多形式的港口物流拓展，涵盖散装灌包、进口保税、国际中转、水路铁路公路配送等多项服务。

赤湾港从国外进口化肥的装运采用散装方式，到达港口以后，通过门式起重机的抓斗，卸货到漏斗，通过漏斗输送到灌包房，灌包房设有散货灌包机45～51吨/时28套。利用灌包机将散装化肥灌成每包50公斤装的袋装肥料再进行销售。

赤湾港的散粮钢板筒仓采用美国齐富技术（容量52000立方米）和德国利浦技术（容量70000立方米）建造，两大系统功能互享，最大程度上对粮谷的装卸、输送、计量、储存、灌包、装船、装车、倒仓、策问、通风、除尘、清仓、灭虫等进行科学有效的控制，将进出仓的合理损耗控制在严格的范围内。港运粮食码头对小麦、大麦、大豆、玉米等农产品多品种的分发操作上积累了专业技术优势和仓储保管经验。

商品在库房中的保管要求根据商品的性能和特点，提供适宜的保管环境和保管条件，保证库存商品数量准确、质量完好。

商品在库房中的保管任务包括：①制定储存规划。②提供适宜的保管环境。③提供仓库商品的信息。

在仓库商品保管中，为了保证商品的质量和商品流通的有效性，一般会遵循 以下原则：①先进先出原则。②零数先出原则。③重上轻下原则。④A、B、C分类规划原则。⑤按照货品类别存放。

案例中采用的两大系统，最大程度上对商品的保管进行科学有效的控制，将进出仓的合理损耗控制在严格的范围内。通常引起商品变化的因素有内因和外因两种，内因是变化的根据，外因是变化的条件。

影响商品质量变化的内在因素有：①商品的物理性质。②商品的机械性质。③商品的化学性质。④商品的结构。

影响商品质量变化的外界因素有：①温度。②空气的湿度。③微生物和仓库害虫。④日光。⑤空气中的氧。⑥卫生条件。⑦有害气体。

解读与阐述

有效的储位管理是物流仓储服务管理的重要内容，为配送服务的顺利开展奠定良好的基础。储位管理的目的是要对货物进行随时跟踪，掌握货物数量和去向的变动情况，缩短找货时间和行走距离。储位管理的基本要求如表1－1所示。

表1－1　储位管理的基本要求

条目	内容
储位必须有明确的标示	应当对仓库或其他具有保管功能的物流中心的存储区进行合理的划分，并给每一个存储区以明确的编码
货物储位应当合理	为货物安排的储位应当是合理的。首先应当满足保管的要求，防止货物损坏、灭失、变质等；其次应当满足仓储作业的要求，做到有利于提高作业效率
变动情况必须及时登录	对所保管货物的数量及储位的变动情况必须及时进行登录，使实际情况与所掌握的信息能够完全吻合

1. 不同存储区的特殊要求

按照作业方式的不同，可以将仓库或其他物流中心的存储分为三种类型，每一类存储区对储位管理都有其特殊要求：

（1）保管型存储区。这类存储区中的货物滞留时间较长，因此，应当通过有效的储位管理手段提高存储区的利用率。

（2）通过型存储区。货物在这种类型的存储区中只停留较短的时间，对货物进行的作业通常是分拣、包装或流通加工。所以，储位管理应当以满足缩短拣货时间和拣货距离，降低拣错率为目的。

（3）移动型存储区。配送车辆上装载的货物在配送车辆上的摆放顺序和方法，能够对配送服务的质量产生影响，特别是在共同配送或送货与取货混排的情况下；货物在车辆中的摆放顺序和位置是否合理，将直接关系到配送作业效率的高低。

2. 储位管理的原则

（1）先进先出原则。这一原则是指先入库的货物应当先发货送出。主要适用于保质期较短的货物，比如感光材料、食品等，以避免出现老化、变质、损耗等情况。

（2）面向通道原则。为了使货物上的标志、名称等信息便于查找，方便对货物进行搬运、拣选等，应将货物面向通道保管。

（3）周转率对应原则。是指按照货物的周转率来确定货物的储位，周转率越高的货物应当越靠近进出口。

（4）产品相关性原则。是指应当把同一类型或具有互补性的相关货物存放在相互靠近的储位上。

（5）重量对应原则。指应当按照货物重量的不同决定其储位的高低。通常情况下，重的货物应当存放在货架的下层位置，而轻的货物则应存放在货架的上层位置。

（6）形状对应原则。是指根据货物的外形及尺寸进行储位的安排。包装标准化的物品应当放置在货架上保管，非标准化的货物应当依其形状，考虑整批数量分配特殊储位。

（7）产品特征原则。储位的分配必须考虑产品的特征，对危险品、化学品及易腐蚀品应当隔离放置，以免对其他货物产生影响。对其他易受影响的货物，应当采取相应的隔离措施。

（8）明确标示原则。是指对货物的品种、数量以及存储位置做到清晰、准确地标示，以方便查找，进而提高作业效率。

总的来说，仓储服务的储位管理应当依据以上原则，结合不同类型存储区的特殊要求，做到储位的标示明确、货物的储位合理且及时登录货物的变动情况。

关键点提示

进行有效的储位管理应当明确：

1. 储位管理的基本要求
2. 不同存储区的特殊要求
3. 储位管理的原则

1.11 配送中心作业管理

典型问题及案例

配送中心如何作业?

安利公司的产品主要是各种清洁剂、个人保养用品以及厨房调理器具，多达140个大类500多个品种，以广告及传销方式在全世界范围内销售。

在日本，安利公司拥有五个配送中心。由于产品种类繁多，需求量不一，提高配送中心的作业效率是每个配送中心都必须解决的问题。其中八王子物流中心建筑面积29000平方米，日发货量约为8000箱。该中心的统计数字表明，分拣线和自动分拣系统保证了分拣配货作业的高效率和准确性。

每一条数字显示分拣线可以分拣约400种商品，实现了无纸化分拣作业。它按照货物的重量、尺寸大小以及高度等分别进行分拣，工作人员检查显示器所显示的编码与到达的货物包装编码是否一致，确认后根据货架号及显示数量拣选到纸箱中。

自动分拣系统按照订单将货物自动拣出投入纸箱，可以处理120种小商品的自动分拣，在3秒钟内完成一个客户的订单。

解读与阐述

配送中心各环节的作业是否合理，将直接关系到配送中心能否高效率地运作。配送中心的作业大体上可以分为进出货作业、分拣配货作业和包装与流通加工作业。下面分别介绍它们的优化途径：

1. 进出货作业

进货作业主要包括订单核对、信息录入和验货等；出货作业主要包括出货检验、捆包和装车等。

优化进出货作业，首先应当考虑的是采用交叉作业方式。在条码扫描、自动传输装置、打印机等设备的协助下，可以实现配送中心在进货的同时，完成按照客户订单进行分货的作业。

此外，通过把检验作业交给供货方的方式以免除配送中心的检验环节，或者利用POS系统简化检验作业过程，将会有效地缩短进出货作业时间，提高作业效率。

2. 分拣配货作业

优化分拣配货作业应当尽量缩短找货、行走以及将货物取出的时间，排除无用的运动。

（1）选择适宜的拣选方法

按照作业的顺序不同，可以将货物拣选的方法分为播种式和摘果式两种。①播种式。即将不同客户的订单集中起来，按品种做成拣选数量明细表，从货架上选取货物后，再按照客户进行配货。这种方式主要适用于客户数量多，客户需求的货物种类有限，需求量不大，货物体积较小的情况。如果作业量非常大，则可以由自动分拣机进行其后续的分货作业。采用这种拣选方法，可以提高配货速度，尤其是当客户数量很多时，可以节省大量的劳动消耗。②摘果式。即按照每一个客户的订单拣选货物，每次作业完成一个客户（或少数客户）的配货。这种方式主要适用于客户数量不多，客户需求的货物种类多，每种货物的需求量大或客户有加急需求的情况。采用摘果式拣选方法，能够保证配货的准确性，便于后续的检验、流通加工以及包装等工序的衔接，可以按照客户要求时间的不同，调整配货的先后次序，满足客户加急或追加订单的需要。

两种拣选方式适用于不同的情况，要根据多种因素综合考虑，选择最为适宜的方法，以达到提高效率和降低成本的目的。

（2）加强储位管理

储位管理对缩短拣选作业的时间至关重要。最好是在分拣配货单上输入货位编码，按照货位编码进行分拣。

（3）采用先进设备

在分拣配货作业量繁重的大型配送中心，在条件允许的情况下，可采用自动分货机、传动运输带、回转货架等先进的拣选设备，辅以完善的信息处理系统进行分拣配货作业。

3. 包装与流通加工作业

包装与流通加工作业的优化主要集中在设备的选用上。应当根据货物的主要特征，选择能够达到包装与流通加工目的的高效率设备，尽量减少搬运和处理环节。

总之，实现配送中心作业的合理化，不但要在作业的流程设计上下功夫，而且要注重优化各个作业环节，使配送中心可以高效率、低成本地运转。

关键点提示

优化配送中心作业的途径有：

1. 采用交叉作业的进出货作业方式
2. 简化或免除检验环节
3. 选择适宜的拣选方法
4. 加强储位管理
5. 采用先进设备

1.12 订货批量测算

典型问题及案例

化工公司的批量管理

哈尔滨某化工公司，用下面这个公式时刻关注合理库存，有效管控订货量。即如果每一年周转 15 次，一年是 12 个月，那么每月就是 15/12 = 1.25 次，每一个月是 4.3 周，每一周周转次数就是 1.25/4.3 = 0.29，再算出物品的周转率是多少天周转一次。

库存周转太慢导致积压，太快就容易断货。这是从仓储角度分析库存周转率。

从财务角度分析库存周转率对资金的安排具有指导意义。资金是有时间价值的，库存周转得太慢，资金被占用。企业现金流一旦出现问题，品牌再响，市场占有率再高，也不利于企业的正常运转。

解读与阐述

作为库存服务管理的重要内容，企业应当运用经济订货批量（EOQ）模型，寻求企业库存持有成本和订货成本的总成本最小化，制定最佳的订货策略。

总成本与库存持有成本和订货成本之间的关系可以用图 1－1 中的曲线表示，确定经济订货批量就是要寻找图中总成本曲线最低点（A 点）所对应的订货批量。

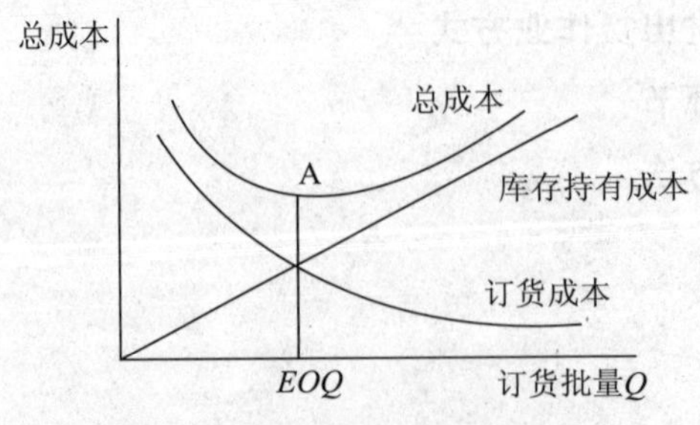

图 1－1 经济订货批量模型

经济订货批量模型的假设条件有：订货提前期已知且固定不变；需求连续、稳定和已知；每次的订货量相同。

1. 基本的 EOQ 模型

在不考虑采购的数量折扣或运费折扣的情况下，基本的 EOQ 计算公式为：

$$EOQ=\sqrt{\frac{2PD}{CF}}$$

式中，P 表示订货成本（元/次）；D 表示库存货物的年需求量或使用量（单位/年）；C 表示每单位库存的平均成本（元/单位）；F 表示单位库存保管费用与单位库存采购成本的比率。

下面通过一个简单的例子对公式做进一步解释。

某企业每年需要某种物资 1000 单位，每单位价值 150 元，每次订货成本为 520 元，单位库存的年保管费用与采购成本的比率为 15%。根据公式 $EOQ=\sqrt{\frac{2PD}{CF}}$ 可得：

$$EOQ=\sqrt{\frac{2\times1000\times520}{150\times15\%}}=214\text{（单位）}$$

由于总成本曲线的最低点附近曲线较为平坦，也就是说，对 EOQ 的微小变动，总成本的变化并不敏感。如果 30 个单位的货物正好符合一个托盘的容量，应该将 EOQ 设定为 210 单位。

2. 允许缺货的 EOQ 模型

在允许缺货的情况下，所确定的 EOQ 应当是缺货成本、库存持有成本与订货成本所构成的总成本曲线的最低点，可以用下面的公式计算：

$$EOQ=\sqrt{\frac{2PD\text{（}CF+S\text{）}}{CFS}}$$

式中，S 表示缺货成本；其他变量所代表的含义同基本的 EOQ 模型。

3. 考虑折扣的 EOQ 模型

大批量的采购往往可以享受到一定比例的数量折扣和运输折扣。通过对基本的 EOQ 模型进行改进，可以将折扣的影响考虑进来。考虑折扣的 EOQ 模型需要进行复杂的数学推导，在实际运用中可以采用下面的简单方法。

这种方法的基本思想是对有折扣和无折扣的两种情况的总成本进行比较，确定出可以使总成本最低的 EOQ。步骤如下：

（1）按照不享受折扣时所确定的 EOQ 计算出总成本。

（2）计算出享受折扣时的总成本。

（3）计算出在折扣价条件下的 EOQ。

（4）比较两项总成本，确定 EOQ。

在不同情况下计算出经济订货批量，从而为企业的库存管理提供重要的依据。

关键点提示

确定经济订货批量的三种模型：

1. 基本的 EOQ 模型
2. 允许缺货的 EOQ 模型
3. 考虑折扣的 EOQ 模型

1.13 安全库存划定

典型问题及案例

食品厂的安全库存

某食品厂通过一段时期的统计发现，该厂生产的某品牌饮料平均日需求量为 5000 瓶，需求变化情况服从标准差为 500 瓶/天的正态分布。

如果将订货提前期固定为 3 天，该厂厂长希望能够满足 99% 的客户需求，请你为他设定最佳的安全库存量。

如果只需满足 95% 的客户需求，最佳的安全库存量是多少？

答案：为满足 99% 的客户需求，需要的安全库存量为 2018 瓶；如果只需满足 95% 的客户需求，最佳的安全库存量为 1428 瓶。

解读与阐述

企业产品的市场需求和原材料的供给受诸多不确定因素的影响，给库存服务管理工作带来了许多困难。通常可以采取设置一定安全库存的办法来应对可能出现的意外情况。

企业设置的安全库存水平与希望达到的满足率紧密相关。满足率代表了缺货的大小。根据统计分析的结果，保证获得 100% 满足率所需要的库存水平是相当高的，企业必须为此付出高昂的成本。这就需要物流服务管理人员运用科学的方法，在允许存在一定缺货现象的基础上，确定出最佳的安全库存量。

安全库存量的计算是统计技术在物流领域中的应用，需要收集统计上有效的、最近的需求量和订货提前期样本，获得两项参数的均值和标准差作为计算的依据。在此，假定这些数据是已知的，同时假定需求量和订货提前期的变动情况是服从正态分布的（当获得的样本数据不服从正态分布时，可以参阅其他的统计书做相应处理）。

1. 一般情况下安全库存量的计算

在需求量和订货提前期都变化，且两者的变化是相互独立的情况下，计算安全库存量的公式为：

$$S = Z\sqrt{\sigma^2 L + \sigma^2 D}$$

式中，S 表示一定满足率时的安全库存量；Z 表示一定满足率下的安全系数；σ 表示需求量的标准差；L 表示平均订货提前期；D 表示平均的需求量。

示例：

某电子元件厂产品的日需求量均值为500 箱，标准差为20 箱/天，订货提前期的均值为3 天，标准差为1 天。需求量和订货提前期的变化均服从正态分布且相互独立。请确定该厂满足率为95%时的安全库存量。

将已知条件代入上面的公式可以得到：

$$S = 1.65 \times \sqrt{20^2 \times 3 + 500^2 \times 1^2} = 827 \text{（箱）}$$

也就是说，在给定的条件下，要满足 95% 的客户需求，应当设置 827 箱的安全库存。

2. 特殊情况下安全库存量的计算

一般情况下，需求量和订货提前期都是不确定的。当其中一个变量确定而另一个变量变化服从正态分布时，计算安全库存的公式可以相应简化：

（1）订货提前期确定时的安全库存计算公式为：

$$S = Z\sigma D\sqrt{L}$$

（2）需求量固定时的安全库存计算公式为：

$$S = ZD\sigma L$$

以上公式中各符号含义同一般情况下安全库存量的计算公式。

关键点提示

安全库存的计算方法：

1. 一般情况下安全库存量的计算

2. 特殊情况下安全库存量的计算

1.14 库存服务管理方式

典型问题及案例

定量订货管理方式 VS 定期订货管理方式

定量订货管理方式的主要特点有：定量订货管理方式每次订货批量是固定的，而订货时间间隔随平均消费速度的变化而变化。由于订货时间和订货量不受人为影响，采取这种管理方式有助于保证库存管理的准确性，能够控制库存水平，便于库内作业活动的安排。

定期订货管理方式的主要特点有：订货时间固定，而订货量不固定。通过对存货的定期盘点，确定已经达到最低限额的货物种类后进行补货。定期订货管理方式不能够随时监控库存量，在订货间隔期内可能会出现缺货的情况。

解读与阐述

定量订货管理方式和定期订货管理方式是两种常见的库存服务管理方式。采用何种方式适宜，需结合企业的实际情况。

1. 定量订货管理方式

定量订货管理方式是当库存量降到一定水平（订货点）时，按照预先设定的经济订货批量（EOQ）进行订货的一种库存服务管理方式。

如图 1－2 所示，企业的经济订货批量为 220 个单位。由于货物的消费速度不同，库存水平分别在第 10 天、第 20 天和第 33 天下降到订货点处，企业开始组织订货，订购的数量等于经济订货批量。考虑到有 5 天的订货提前期，也就是说，在发出订单 5 天之内才能够保证到货，那么企业在这期间就有可能动用安全库存（安全库存水平没有在图中标出）。

定量订货方式主要适用于不便少量采购的低价值产品、通用性强和需求稳定的货物的库存服务管理。

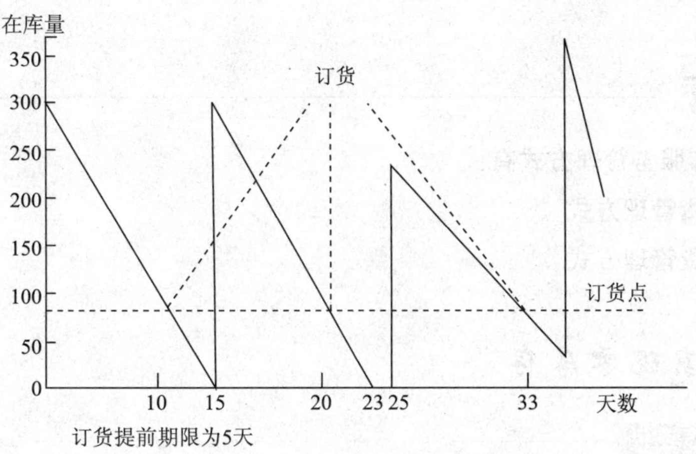

图 1-2 定量订货管理方式

2. 定期订货管理方式

定期订货管理方式又称为定期盘点订货方式，与定量订货管理方式不同，它是指每隔一定的时间进行订货，订货时间固定，而订货量不固定。如图 1-3 所示，企业在第 15 天、第 30 天、第 45 天，每间隔 15 天发出订单，每次的订货量通过预测确定，即有必要在第 15 天预测从第 20 天到第 35 天的需求，在第 30 天预测从第 35 天到第 50 天的需求。

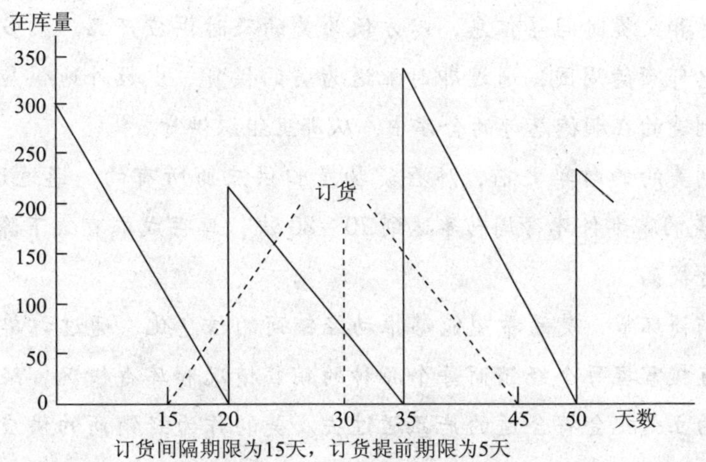

图 1-3 定期订货管理方式

定期订货管理方式主要适用于需要进行严格库存管理的重要货物以及需求变动具有周期性、需求量便于预测的货物。有利于集合需要采购的各种货物的订单，从而有可能获得采购的数量折扣，同时便于运用联合运输降低成本。

关键点提示

常用的库存服务管理方式有：

1. 定量订货管理方式
2. 定期订货管理方式

1.15 实现零库存

典型问题及案例

美的如何实现零库存?

在竞争激烈的家电市场，美的集团多年来始终占据着空调产业的前三位。美的取得的骄人业绩是同其致力于实现零库存的努力分不开的。2012 年，美的销售量比 2011 年增长 50% ~60%，成品库存降低了 9 万台，为企业赢得了丰厚的利润。

美的在 2012 年开始导入供应商管理库存（VMI）。美的生产所需的零配件共有 3 万多种，由 300 多家较为稳定的供应商负责供货。当美的需要所需的零配件时，就会通知供应商，供应商通过互联网接收到美的订单，掌握品种、型号、数量和交货时间等信息，以方便为美的及时供应产品。大多数供货商是在美的总部顺德周围，通过即时配送为美的供货。少数外地供应商，则把零配件放到美的在顺德总部的仓库中，从那里组织供货。

在收到美的的订单之前，库存货物是归供应商所有的。通过这种方式，2012 年，美的零部件库存周转率达到 70 ~80 次，库存成本直线下降，资金利用效率显著提高。

在经销商环节，美的希望能够推动经销商的信息化。通过订单集成和系统集成，直接掌握每个经销商每个品种的销售情况和库存情况，经销商一旦缺货，美的立刻就会将合适的产品送过去。美的作为经销商的供应商，为经销商管理库存，实现了经销商的零库存。

解读与阐述

库存货物不但占用大量的资金，而且引发许多相关费用和问题，如仓库建设成本、管理费用、仓储作业的费用、货物灭失的成本，等等。

从这个角度看，“库存就是浪费”，零库存成为许多企业追求的目标。

从社会角度来说，不可能也不应该实现零库存。企业的零库存是在有充分的社会保障的前提下的一种特殊形式，它可以通过如表 1－2 所示途径实现：

表 1－2　零库存实现路径

条目	规范内容
采取委托保管方式	委托保管在国外是比较常见的方式，企业通过委托营业仓库代存代管货物的方式实现零库存。这时，企业可以不再保有库存，由受托方提供专业高水平的库存服务管理，企业则按照一定的标准向受托方支付一定的费用；而货物的所有权并没有转移，仍然属于企业。这种方式主要通过转移库存货物实现零库存，并不能减少库存总量
推行协作分包的经营方式	协作分包主要是处于供应链主导地位的大型生产制造企业实现零库存的方式。通常情况下，由规模很大的主导企业和众多的小型分包企业组成牢固的协作体系，通过若干小型分包企业的柔性生产和准时供应，保证主导企业获得稳定、及时的原材料供应，使其减少库存总量，甚至取消安全库存；同时主导企业的集中销售库存又可以使分包销售企业的销售产品库存为零
实行准时制（JIT）	如果企业可以获得准时供货并组织准时生产，自然不必保有库存。日本丰田公司的“看板生产”和索尼公司的“水龙头方式”在准时制方面最著名。在供应和生产的各个环节，按照生产流程的逆方向，由下一环节根据自己的生产情况，向上一环节提出供货要求，以此做到协调同步，实现供应的零库存
运用现代配送方式	配送中心具有集货的功能，它的库存可以被视为是众多客户的集中库存。通过自身高水平的库存管理和“少批量，多批次”“即时配送”等现代配送方式，能够按照客户的需求实现即时供应，使客户的库存水平降低或实现零库存

实现零库存具有诸多优点，但也可能遇到许多问题。对此，企业应当有清醒的认识，不能盲目追求零库存，必须结合企业的内、外部环境，慎重决策。

关键点提示

实现零库存的途径：

1. 采取委托保管方式
2. 推行协作分包的经营方式
3. 实行准时制（JIT）
4. 运用现代配送方式

1.16 库存服务管理

典型问题及案例

如何提高库存服务管理水平?

苏州某仓储有限公司拥有35000平方米的仓库，具有仓储服务外包、物流配送中心等功能，可以为客户提供货物暂存、拆拼箱等仓储服务及多项增值服务（分拣、缠膜、包装、挂衣、称重、分发、库存报表等)。公司存储仓库一层层高7米，二、三、四层层高5米，外有1000平方米的堆场和10个可上下调节的装卸平台，同时由13个库门出入货物，可满足不同的客户需求。

公司采取24小时安全管理控制，拥有先进的安全保卫系统，安装了视频监控及周界红外报警设备，以及完备的消防设施，确保客户财产的安全。

公司采用ABC价值分析法，能方便地确定相关费用的合理水平。ABC价值分析法提供关于现有技术的成本相关信息，用以改进服务管理水平。例如，精简生产过程，减少设置次数；使工厂布局合理化，以降低原材料处理费用以及提高质量控制，以减少检验费用等。

同时，ABC价值分析法还可以用来对不同产品、顾客、分销渠道进行深入分析，而这在传统的会计系统中是做不到的。

解读与阐述

库存服务管理主要是对货物库存数量进行控制，确定重要性不同的货物的订货时间及订货量，改善库存服务管理可以采用以下方法：

1. ABC分析法

企业的物流中心一般都有品种繁多的货物，每一种货物对企业收益的贡献程度是不同的。因此，必须运用科学的管理方法进行有侧重的管理，才能收到良好的效果。

ABC分析法是“二八法则”在库存管理中的应用，它的思想是找出“关键的少数和次要的多数”货物，实行不同的管理方法。进行ABC分类管理的一般步骤如下：

（1）收集数据。在确定需要应用ABC分析法进行库存管理的货物范围后，应当对货物的特征数据进行一段时期（通常需要半年或一年）持续的收集，数据的内容包括货物的种类、名称、单价、平均库存量以及平均库存时间等。

（2）整理数据。根据收集到的数据，经过统计分析，计算出货物的平均资金占用额。按照平均资金占用额多少的顺序列出库存货物种类，计算出每一种货物品种数的累计百分比和平均占用金额的累计百分比。

（3）货物分类。按照每一种货物数量的累计百分比和平均占用金额的累计百分比，将所有货物分成三类：A 类是仅占货物品种数的 5% ~15%，占总平均占用金额的 60% ~80% 的货物；B 类是占货物品种数的 20% ~30%，占总平均占用金额的 20% ~30% 的货物；其余为 C 类货物。

（4）绘制 ABC 分类图。以平均占用金额百分比为纵坐标，品种数百分比为横坐标绘制出 ABC 分类图（如图 1 –4 所示），以便更加清晰地表示出货物的分类情况和各类货物的重要程度。

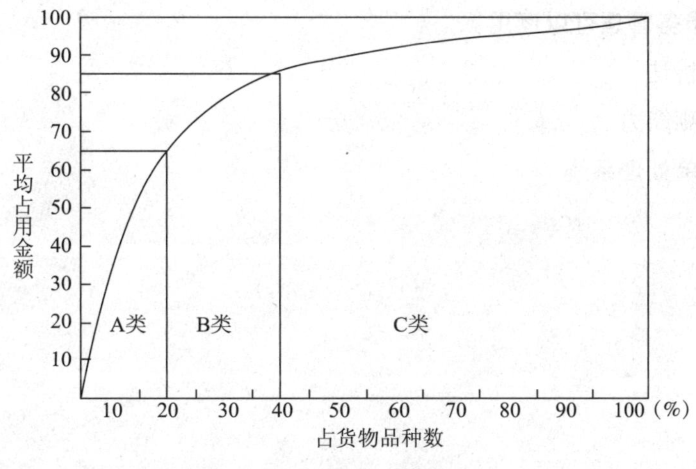

图 1 –4 ABC 分类图

（5）制定管理办法。运用 ABC 分析法的目的就是对货物进行有重点的库存管理。对 A 类货物，应当通过严格的控制，尽量降低库存水平，同时精心保管，保证货物的质量；对 B 类货物，也应进行较好的管理，维持一定的库存水平；对于 C 类货物，则可以制定较高的安全库存水平，进行一般管理。

ABC 分析法是通常情况下的标准模式，还可以结合实际情况，按照不同目的进行多指标、多层次的 ABC 分析，获得不同的分类结果。

2. 提高预测能力

提高企业对产品需求的预测能力，将有效地改善库存服务管理。企业应当根据产品的特征，选择科学的预测方法，确定合理的预测期，从而提高预测的准确性。当然，预测不可能免除误差，企业必须有应对预测误差的能力。

3. 改进订单处理系统

完善的订单处理系统可以减少信息传递的误差和意外的时间延误，有利于提高企业之间的协调能力，缩短处理订单需要的时间，从而缩短补货周期并减小补货周期的变动程度。通过改进订单处理系统，可以降低企业的安全库存水平，减少资金占用，达到库存服务管理的目的。

企业可以根据自身的实际情况，运用适宜的方法，改善现有的库存管理。

 **关键点提示**

改善库存服务管理可以运用：

1. ABC 分析法
2. 提高预测能力
3. 改进订单处理系统

第二章　仓储运营与库存管理

科学的库存管理是公司经营和发展的基础，若库存过多，资金占用过多、库存成本增加，易陷入周转不灵的困局；若库存过少，不能及时满足生产需要，会使市场供应不足，影响产品销售。为此，要通过合理的库存管理确保有适量的存货，保证公司能够合理地运用资金，进而提高生产效率，增加销售收入。

仓储成本管理是物流成本管理的主要领域之一。缺货成本大小与安全库存量的设置相关。对货物进行重点管理的 ABC 法能有效地减少资金占用，压缩库存水平，降低仓储成本。防货损、防偷盗和事故损失也是仓储成本管理不容忽视的内容。

2.1　确定库存数量

典型问题及案例

如何计算库存量?

1. 假定过去一年 1 月到 12 月的实际库存量分别为 50、55、60、70、65、60、70、80、90、100、110、120，用单纯平均法、指数平均法预测下月的库存量基准?

2. 下表是某企业一年内的实际库存量，采用加权平均法计算下个月的预测库存量基准。

月份	1	2	3	4	5	6	7	8	9	10	11	12
库存量	35	30	30	37	35	30	37	30	35	33	35	30

3. 下表是某企业 1—6 月的实际库存量，因波动较大，试采用几何平均法计算下个月的预测库存量。

月份	1	2	3	4	5	6
库存量	10	15	40	25	40	15

1. 解答如下：

（1）单纯平均法：取最近五个月的实际库存量为预测基础

$$c_y = \frac{80+90+100+110+120}{5} = 100$$

（2）指数平均法：取最近五个月的库存量为预测基础，以离预测时间越近的月份库存量对预测值影响越大，越远的影响越小的原则，取加重指数分别为0.1、0.1、0.2、2.2、2.4，计算结果为：

$$c_y = \frac{80 \times 0.1 + 90 \times 0.1 + 100 \times 0.2 + 110 \times 2.2 + 120 \times 2.4}{5} = 113.4$$

2. 解答如下：

（1）列出相同库存量次数：

库存量	30	33	35	37	合计
次数	5	1	4	2	12

（2）采用如下公式进行计算：

$$C_y = \frac{30 \times 5 + 33 \times 1 + 35 \times 4 + 37 \times 2}{5+1+4+2} = 33$$

3. 解答如下：

（1）列出相同库存量次数：

库存量	10	15	25	40	合计
次数	1	2	1	2	6

（2）通过查对数表，计算几何平均值：

X	lgX	f	f. lgX
10	1.000	1	1.000
15	1.176	2	2.352
25	1.398	1	1.398
40	1.602	2	3.204
合计		6	7.954

公式 $g = \sqrt[n]{X_1^{f1} X_2^{f2} X_3^{f3} \cdots X_n^{fn}}$ 两边取对数，将上表中的数字代入公式，得出：

$\lg g = 7.954/6 = 1.325$　　　$g = 21.0$

以计算出的g值作为预测的基础。

解读与阐述

库存过多，会增加库存成本；库存过少，会影响生产。通过如下方法可以确定适当的库存量：

1. 利用统计方法确定

根据过去的统计数据确定应持有的库存数量，可分为三种情况：

（1）依据销售量或使用量。直接以使用量为对象作统计依据，从而算出库存数量。

（2）依据出库量。采用公式来准备库存。

出库量 = 使用量 + 预备量

（3）依据库存数量。以过去库存数量为依据，适当考虑未来各种因素影响来决定库存数量。根据不同情况，可分别采用如下方法：

a. 过去实际库存几乎没什么波动时，取其算术平均值；

b. 过去实际库存略有波动时，取其加权平均值；

c. 过去实际库存有相当波动时，取其几何平均值；

d. 过去实际库存波动剧烈时，取其最小 = 乘法；

e. 过去实际库存的变动次数是正态分布时，取其标准偏差的计算式。

2. 利用概估法确定

先算出过去几年来的采购数量，再用最小 = 乘法（最小平方法），算出销售实绩，绘出销售实绩曲线，根据销售实绩曲线大略概估其趋向，绘出趋势线（图 2 – 1 中虚线）。借此图可预测出一年内的需要量，但这并非精确的数字。

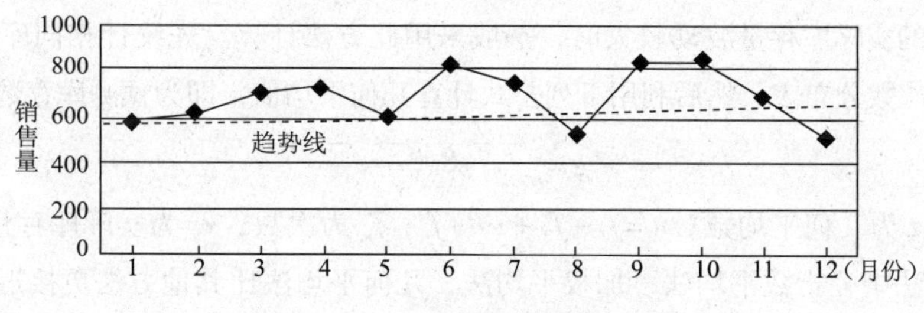

图 2 – 1 利用概估法确定数量

3. 利用单纯平均法（算术平均法）确定

以月为单位，以月份数除各月库存量之和求出平均值，再根据近期库存量变化趋势确定合适的库存数量。

$$c_y = \frac{\sum_i^n c_i}{N}$$

式中，c_y 为预测库存量；c_i 为各月实际库存量；N 为所取月份数。

4. 利用指数平均法确定

以预测的月份前推若干月份的平均值为预测值，根据各月对预测值影响程度的不同，分别给每个月的实际库存量加权指数，再用指数之和除各月的库存量与相应的指数乘积之和，最后根据近期库存量变化趋势确定合适的库存数量。

$$c_y = \frac{\sum_i^n c_i a_i}{\sum_i^n a_i}$$

式中，c_y 为预测库存量；c_i 为各月实际库存量；a_i 为指数。

5. 利用加权平均法确定

当库存有若干波动时，采用此方法计算。首先列出期内相同库存量出现的次数分布表，然后由下列公式计算预测库存量，即为预测库存数量的依据。

$$c_y = \frac{\sum f_i c_i}{N}$$

式中，c_y 为预测库存量；f_i 为次数；c_i 为某一实际库存数量值；N 为同一库存量出现次数。

6. 利用几何平均法确定

当过去的实际库存量波动较大时，一般采用此方法计算。先统计相同库存量出现的次数，列出次数分布表，然后利用下列公式计算几何平均值，即为预测库存数量的依据。

$$g = \sqrt[n]{x_1^{f1} x_2^{f2} x_3^{f3} \cdots x_n^{fn}}$$

式中，g 为几何平均数；$n = f_1 + f_2 + \cdots + f_n$；$f_n$ 为次数；x_n 为实际库存量。

上述方法中，指数平均法、加权平均法、几何平均法比其他方法更接近实际。

关键点提示

确定库存数量的方法有：

1. 统计方法

2. 概估方法
3. 单纯平均法
4. 指数平均法
5. 加权平均法
6. 几何平均法

2.2 计算安全库存量

典型问题及案例

安全库存量如此设定

1. 某商品在过去3个月中的实际需求量分别为：1月126箱，2月110箱，3月127箱，最大订货提前期为4个月。当允许缺货概率为8.1%时，求应为该商品确定多大的安全库存量？

2. 某企业仓库中的洗衣粉2014年各月的需求量如下表所示，最大订货提前期为2个月，缺货概率根据经验统计为5%，应设的安全库存量是多少？

月份	1	2	3	4	5	6
需求量	162	173	166	181	180	172
月份	7	8	9	10	11	12
需求量	170	168	174	168	163	165

解答如下：

1. 解：月平均需求量 $\overline{y}=(126+110+127)\div 3=121$（箱）

需求变动值 $=\sqrt{\dfrac{(126-121)^2+(110-121)^2+(127-121)^2}{3}}=7.79$

当缺货概率为8.1%时，查安全系数表得 $K=1.4$，代入安全库存公式计算得：

安全库存 $=1.4\times\sqrt{4}\times 7.79=21.8$（箱）

2. 解：计算1～12月合计需求量为2042箱，各月平均需求量为：

$\overline{y}=2042\div 12=170$（箱）

当缺货概率为5%时，查安全系数表得 $K=1.65$

$R=(181-162)=19$（箱）

$n=12$ 时，查 d_2 值变动表得 $1/d_2=0.3069$

需求变动值 $=19\times0.3069=5.831$（箱）

安全库存 $=1.65\times\sqrt{2}\times5.831=14$（箱）

解读与阐述

企业在生产过程中，受外界各种因素影响，预备库存量经常难以满足需求，影响生产和销售。因此，企业在预备库存时要保有一定的安全库存量。可以通过以下公式确定安全库存量：

$$安全库存=K\sqrt{最大订货提前期}\times需求变动值$$

式中，K 为对缺货而设的安全系数，可根据缺货概率查安全系数表得出；最大订货提前期是指超出正常订货的提前时间；需求变动值可以用下列两种方法计算：

（1）在统计资料期数较少时，计算公式为：

$$需求变动值=\sqrt{\frac{\sum(y_i-\bar{y})^2}{n}}$$

式中，y_i 为各期需求量实际值；$\bar{y}$ 为各期需求量平均值。

（2）在统计资料期数较多时，计算公式为：

$$需求变动值=\frac{R}{d_2}$$

式中，R 为全距，即资料中最大需求量与最小需求量的差；d_2 为随统计资料期数多少（样本多少）而变动的常数。

安全系数 K 值表如表 2－1 所示：

表 2－1 安全系数 K 值表

缺货概率（%）	30.6	27.4	24.2	21.2	18.4	15.9	13.6
安全系数值	0.5	0.6	0.7	0.8	0.9	1.0	1.1
缺货概率（%）	11.5	9.7	8.1	6.7	5.5	5.0	4.5
安全系数值	1.2	1.3	1.4	1.5	1.6	1.65	1.7
缺货概率（%）	3.6	2.9	2.3	1.8	1.4	0.8	
安全系数值	1.8	1.9	2.0	2.1	2.2	2.3	

n	2	3	4	5	6	7	8
d_2	1.128	1.693	2.059	2.326	2.534	2.704	2.847
$1/d_2$	0.8865	0.5907	0.4857	0.4299	0.3946	0.3098	0.3512
n	9	10	11	12	13	14	15
d_2	2.970	3.078	3.173	3.258	3.336	3.407	3.472
$1/d_2$	0.3367	0.3149	0.3152	0.3069	0.2998	0.2935	0.2880
n	16	17	18	19	20	21	
d_2	3.532	3.588	3.640	3.689	3.735	3.778	
$1/d_2$	0.2831	0.2787	0.2787	0.2747	0.2711	0.2647	

关键点提示

确定安全库存量公式：

安全库存 $= K\sqrt{\text{最大订货提前期}}\times$ 需求变动值

2.3 合理订货批量

典型问题及案例

这样求解订货批量

某企业年需求某种物资1200件，单价为10元/件，年保管费率为20%，每次订货成本为300元。请分别回答下列问题：

1. 求经济订货批量。

2. 供应商给出数量折扣条件是：若物资订货量小于650件时，每件10元；当订货量大于或等于650件时，每件为9元。分别确定最佳订货批量。

3. 若订购批量小于800件时，运输费率为1元/件，当订购批量大于等于800件时，运输费率为0.75元/件，确定最佳订货批量。

4. 若允许缺货，且年缺货损失费为0.3元/件时，确定经济批量。

解答如下：

1. 由公式 $BOQ_{\text{折}}=\sqrt{\dfrac{2CD}{PF}}=\sqrt{\dfrac{2\times1200\times300}{10\times20\%}}=600$（件）

2. 计算折扣价格时的经济批量：

$$BOQ_{\text{折}}=\sqrt{\frac{2CD}{PF}}=\sqrt{\frac{2\times1200\times300}{9\times20\%}}=632\text{（件）}$$

因为632件小于折扣数量650件，所以此计算结果632件无效。

将经济批量600件时的库存总成本TC和折扣量650件时的总成本$TC_{折}$进行比较：

$$TC = DP + \frac{DC}{Q} + \frac{QK}{2}$$

$$= (1200 \times 10 + \frac{1200 \times 300}{600} + \frac{600 \times 10 \times 20\%}{2}) = 13200 \text{（元）}$$

$$TC_{折} = DP + \frac{DC}{Q} + \frac{QK}{2}$$

$$= (1200 \times 9 + \frac{650 \times 9 \times 20\%}{2} + \frac{1200 \times 300}{650}) = 11939 \text{（元）}$$

因为$TC \geqslant TC_{折}$，所以应选用折扣批量650件作为最佳订货批量。

3. 按经济批量600件计算库存总成本：

$$TC = DY + \frac{DC}{Q} + \frac{QK}{2}$$

$$= (1 \times 1200 + \frac{1200 \times 300}{600} + \frac{600 \times 10 \times 20\%}{2}) = 2400 \text{（元）}$$

按折扣运输批量计算的库存总成本：

$$TC_{折} = DY + \frac{DC}{Q} + \frac{QK}{2}$$

$$= (0.75 \times 1200 + \frac{1200 \times 300}{800} + \frac{800 \times 10 \times 20\%}{2}) = 2150 \text{（元）}$$

因为折扣运输的库存总成本小于经济批量的总成本，所以应确定800件为最佳订货批量。

4. 由公式

$$EOQ = \sqrt{\frac{2C_3D}{C_1}} \cdot \sqrt{\frac{C_1 + C_2}{C_2}}$$

$$= \sqrt{\frac{2 \times 300 \times 1200}{10 \times 20\%}} \times \sqrt{\frac{10 \times 20\% + 0.3}{0.3}} = 1661 \text{（件）}$$

解读与阐述

企业每次订货量的多少直接关系到库存水平和库存总成本。确定经济订货批量的模型如下：

1. 基本的经济订货批量模型

当只涉及一种产品，年需求量已知且需求比例为常数，生产提前期不变，各批量单独运送和接收且没有数量折扣以及不考虑缺货时的经济批量模型为基本的经济订货批量模型：

$$EOQ=\sqrt{\frac{2CD}{K}}\text{或者 }EOQ=\sqrt{\frac{2CD}{PF}}$$

式中，C 为单位订货成本（元/次）；D 为某库存物品的年需求量（件/年）；K，PF 为单位库存平均年库存保管费用（元/件·年）；P 为单位采购成本（元/件）；F 为单件库存保管费用与单件库存采购成本之比。

经济订货批量模型是在总成本最小的情况下得出的订货批量。因此，其模型是通过对库存物品的年度总费用（TC）＝采购成本（DP）＋订货成本（DC/Q）＋库存保管费用（$QK/2$）中的每次订货批量 Q 求导得出的。

2. 有折扣的经济订货批量模型

（1）考虑数量折扣的经济批量模型。供应商为实现大批量购买，通常规定购买数量达到或超过某一数量时提供优惠价格。在这种情况下，买方要通过计算来决定是否需要增加订货量以获得折扣，通常采用以下方法进行确定：

a. 计算经济批量。通过基本经济订货批量模型：

$$EOQ=\sqrt{\frac{2CD}{K}}\text{或者 }EOQ=\sqrt{\frac{2CD}{PF}}$$

按原价计算出经济批量（EOQ）和按折扣单价计算出经济批量（$EOQ_{折}$）。

b. 计算总成本。通过公式 $TC=DP+\frac{DC}{Q}+\frac{QK}{2}$ 计算出按原价确定的经济订货批量（EOQ）采购时的总成本（TC）和按给定的折扣时的批量采购总成本（$TC_{折}$）。

c. 进行分析判断。若按折扣单价计算出的经济订货批量（$EOQ_{折}$）小于可以享受批量折扣的数量时，说明此经济批量无效。对按原价采购的经济批量的总成本（TC）和按享受折扣时的批量采购的总成本（$TC_{折}$）进行比较，若 $TC \geqq TC_{折}$，则应该以商家提供的折扣数量为最佳采购批量。若计算出的经济批量（$EOQ_{折}$）大于可以享受此批量折扣的数量时，则应按经济批量采购。此时既可享受折扣优惠，又能达到总成本最低，是最理想的选择。

（2）考虑运输数量折扣的经济批量模型。当运输费用由卖方支付的情况下，一般不考虑运输费用对库存成本的影响；如果运输费用由买方支付，则会对库存成本产生较大的影响。当增加批量可以得到运价上的折扣时，就要考虑是否加大购买批量。具体方法如下：

a. 按经济批量计算总成本（TC）：

$$TC = DY + \frac{DC}{Q} + \frac{QK}{2}$$

式中，DY 为运输成本（元）；Y 为单位运输成本（元/件）。

b. 采用上述公式按折扣运价批量计算总成本（$TC_{折}$）：

若 $TC_{折} < TC$，则按折扣运价批量采购，否则按经济批量采购。

3. 允许缺货的经济订货批量模型

在实际生产过程中，订货到达时间和每日耗用量不可能固定不变，因此难免出现缺货情况，此时的经济订货批量模型为：

$$EOQ = \sqrt{\frac{2C_3D}{C_1}} \cdot \sqrt{\frac{C_1 + C_2}{C_2}}$$

式中，C_1 为单位保管费用；C_2 为单位缺货费用；C_3 为订货成本；D 为需求量。

关键点提示

确定经济订货批量的模型有：

1. 基本的经济订货批量模型
2. 有折扣的经济订货批量模型
3. 允许缺货的经济订货批量模型

2.4 定量订货法

典型问题及案例

如何确定订货量？

某单位去年全年对商品 M 的需求量如下表所示。已知最大订货提前期为 4 个月，缺货概率为 5%，每箱产品的保管费用为 3 元，每次订货的成本为 30 元，试求商品 M 的订货点和订货批量。

月份	1	2	3	4	5	6
需求量（箱）	174	161	175	165	172	171
月份	7	8	9	10	11	12
需求量（箱）	165	170	163	174	160	166

解答如下：

（1）计算订货点：

计算1—12月总需求量为2016箱，月平均需求量为：

$\bar{y}=2016 \div 12=168$（箱）

当缺货概率为5%时，查安全系数表得$K=1.65$

$R=(175-160)=15$（箱）

$n=12$时，查d_2变动表得$1/d_2=0.3069$

需求变动值$=15 \times 0.3069=4.6$（箱）

安全库存$=1.65 \times \sqrt{4} \times 4.6=16$（箱）

订货点$=168 \times 4+16=688$（箱）

即当M商品下降到688箱时就应该订货。

（2）计算经济订货批量：

$$EOQ=\sqrt{\frac{2CD}{K}}=\sqrt{\frac{2 \times 2016 \times 30}{3}}=201\text{（箱）}$$

解读与阐述

定量订货法是在库存下降到预定的最低库存量（订货点）时，按规定数量（一般以经济批量*EOQ*为标准）进行订货补充的一种库存控制方法。它主要靠控制订货点和订货批量两个参数来控制订货，以达到既最好地满足库存需求，又能使总费用最低的目的。订货点和订货批量的计算方法如下：

1. 确定订货点

根据影响订货点的三个因素：订货提前期、平均需求量、安全库存来确定订货点。具体方法如下：

（1）在需求和订货提前期确定的情况下，不需要设立安全库存时，计算公式为：

$$\text{订货点}=\text{订货提前期（天）}\times\text{全年需求量}/360$$

（2）在需求和订货提前期都不确定的情况下，需要设立安全库存时，计算公式为：

$$\text{订货点}=(\text{平均需求量}\times\text{最大订货提前期})+\text{安全库存}$$

$$\text{安全库存}=K\sqrt{\text{最大订货提前期}}\times\text{需求变动值}$$

2. 确定订货批量

在定量订货方式中，每一种商品每次订货批量都是相同的，所以每种商品都要制定一个订货批量，通常取经济批量为订货批量。计算公式为：

$$Q_{批}=EOQ=\sqrt{\frac{2CD}{K}}\text{或 }EOQ=\sqrt{\frac{2CD}{PF}}$$

式中，C 为单位订货成本（元/次）；D 为某库存物品的年需求量（件/年）；K 为单位库存平均年库存保管费用（元/件・年）；P 为单位采购成本（元/件）；F 为单件库存保管费用与单件库存采购成本之比。

3. 适用范围

定量订货法订货数量固定，具有管理方便、便于采用经济订货批量进行订货等优点，但也存在不便于严格管理、事前计划比较复杂等缺点，在以下几种情况下宜采用定量订货法：

（1）单价比较便宜、不便于少量订货的产品，如螺栓、螺母等。

（2）需求预测比较困难的维修材料。

（3）品种数量繁多、库房管理事务量大的物品。

（4）消费量计算复杂的产品。

（5）通用性强、需求总量比较稳定的产品。

关键点提示

定量订货方式的两个参数：

1. 确定订货点

2. 确定订货批量

2.5 定期订货法

典型问题及案例

订货期限这么定

某单位对商品 N 的全年需求量为 1440 件，每次订货成本为 40 元，单位产品的平均保管费用为 2 元，求经济订货周期。

解：由公式 $T_{周}=\sqrt{\frac{2C}{KR}}=\sqrt{\frac{2\times40}{2\times1440}}=\frac{1}{6}\text{年}=2\text{ 个月}$

解读与阐述

定期订货法是基于时间的订货控制方法，通过设定订货周期和最高库存量，达到库存控制的目的。定期订货法需要确定以下三个变量：

1. 订货周期的确定

订货周期实际上是定期订货的订货点，其间隔时间总是相等的，计算公式为：

$$T_{周} = \sqrt{\frac{2C}{KR}}$$

式中，$T_{周}$ 为经济订货周期；C 为单位订货成本；K 为单件库存平均年库存保管费用；R 为单位时间内库存商品需求量（销售量）。

2. 最高库存量的确定

定期订货法的最高库存量计算公式为：

$$Q_{\max} = \overline{R}（T + \overline{T}_K） + Q_S$$

式中，$Q_{\max}$ 为最高库存量；$\overline{R}$ 为（$T + \overline{T_K}$）期间的库存需求量平均值；T 为订货周期；$\overline{T}_K$ 为平均订货提前期；Q_S 为安全库存量。

3. 订货量的确定

定期订货每次订货量是不固定的，订货批量的多少取决于实际库存量的大小，订货量的计算公式为：

$$Q_i = Q_{\max} + Q_{Ni} - Q_{Ki} - Q_{Mi}$$

式中，Q_i 为第 i 次订货的订货量；$Q_{\max}$ 为最高库存量；Q_{Ni} 为第 i 次订货点的在途到货量；Q_{Ki} 为第 i 次订货点的实际库存量；Q_{Mi} 为第 i 次订货点的待出库货数量。

采用定期订货法确定订货批量时，要考虑订货点时的在途到货量和已发出出货指令尚未出货的待出货数量。

4. 适用范围

定期订货法的订货时间固定，每次订货量不固定；根据其特点，定期订货法适宜在以下情况采用：

（1）消费金额高、需要实施严格管理的重要物品。

（2）需要根据市场的状况和经营方针经常调整生产或采购数量的物品。

（3）需求量变动幅度大，但变动具有周期性且可以正确判断其周期的物品。

（4）建筑工程、出口等时间可以确定的物品。

（5）受交易习惯的影响需要定期采购的物品。

（6）多种商品一起采购可以节省运输费用的物品。

（7）同一种物品分散保管、同一种物品向多家供货商订货、批量订货分期入库等订货、保管和入库不规则的物品。

（8）取得时间很长的物品，定期生产的物品。

（9）生产之前需要人员和物料的准备、只能定期生产的物品等。

关键点提示

定期订货法需要确定的变量有：

1. 确定订货周期

2. 确定最高库存量

3. 确定订货量

2.6 ABC 分类法

典型问题及案例

连锁超市怎么用 ABC 分类法

一家规模较大的连锁超市，运用 ABC 分类法进行货物库存管理。其步骤如下：

1. 将货物的销售额进行统计，然后按销售额大小将货物进行排列，并计算出每种货物占总销售额的比重。

2. 根据所列种类货物销售额的比重，计算出累计销售额比重，从而确定它们属于哪一类，填入 ABC 表格中，该超市将累计占到销售额比重 68% 的货物划为 A 类，又称主力货物；将占比 25% 的货物划为 B 类，又称辅助性货物；将占比 6% 的货物划为 C 类，又称附属性货物。

3. 进行货物 ABC 管理趋势分析。为使 ABC 管理法起到管理库存的作用，该超市还进行了一段时间的连续分析，调查每一种货物的销售趋势，以供物流和采购决策之用。具体如下表所示。

商品名称	品种数统计	占品种数的百分比（%）	供货金额（万元）	占供货金额百分比（%）
1	260	7.6	5800	69
2	68	2	500	6
3	55	1.6	250	3
4	95	2.8	340	4
5	170	5	420	5
6	352	10	410	5
7	2421	71	670	8
合计	3421	100	8390	100

该超市通过上述分析结果对各种货物进行了相应的库存管理。

解读与阐述

一般而言，企业库存物资种类繁多，每个品种的价格不同，库存数量也不同。为了使有限的时间、资金、人力、物力等资源得到更有效的利用，企业应对物资采用ABC分类法进行管控，具体实施步骤为：

1. 制定ABC分类标准

采用ABC分类法对物资进行管理，首先要根据库存中各种物资一定期间内消耗的金额对库存物资进行ABC分类，将消耗金额高的划归A级，次高的划归B级，低的划归C级。具体为：

（1）用下列公式计算某种物资在一定期间内的消耗（供应）金额：

消耗（供应）金额=单价×消耗（供应）数量

（2）按照物资在一定期间内消耗（供应）金额的大小排出序列。消耗（供应）金额最大的排在第一位，依次类推，计算各品种的供应金额占总消耗（供应）金额的百分比。

（3）按照物资在一定期间内消耗（供应）金额按品种序列计算消耗（供应）金额的累计百分比。将占消耗（供应）金额累计70%左右的物资划为A类；占20%左右的划为B类；其余的划为C类。

具体的划分标准及各级物资在总消耗金额中所占的比例没有统一的规定，要根据各企业、各仓库的库存品种的具体情况和企业经营者的意图来决定。一般可按各级物资在总消耗金额中所占的比重来划分，具体参考数据见表2-2。

表2-2 制定ABC分类标准的参考数据

级别	占消耗金额的百分比（%）	品种数占比（%）
A	60~80	10~20
B	15~40	20~30
C	5~15	50~70

2. 管理措施

（1）A类物资的管理。由于A类物资进出仓库比较频繁，对库存成本影响很大，所以要认真对待，投入相应的人力、物力，以提高管理水平。对A类物资，需要有详细的进出库记录，经常检查库存情况，精心做好货物的保管工作；随时提供准确的库存信息，进行严格控制，在满足企业内部需要和客户需要的前提下维持尽可能低的安全库存量。在库存配置上，应把A类货物储存在靠近客户的配送中心，一旦客户订货，能马上将货物送到客户手中，以便为客户提供及时优质的服务。

（2）B类物资的管理。B类物资相对来说进出库不太频繁，通常可采用定期订货法订货。在库存配置上，可以把这类货物分别放在工厂仓库和配送中心保管，库存的数量按照具体情况来决定。

（3）C类物资的管理。C类物资需要占用较多的货场资源，从而增加了管理费用，因此对C类物资应进行简化管理。对很少使用的货物可规定最少出库批量，以减少处理次数等，同时应储备必要库存数量；对于数量大、价值低的货物可以不纳入日常管理范围，减少对这类货物的盘点次数和管理工作。

表2-3 ABC货物库存管理表

分类 管理方法	A	B	C
库存配置	配送中心	仓库或配送中心	工厂仓库
定额的查定	技术计算法	现场查定法	经验估算法
检查	经常检查	一般检查	以季或年检查
统计	详细统计	一般统计	按金额统计
控制	严格控制	一般控制	金额总量控制
安全库存量	尽可能低	较大	允许较高

关键点提示

ABC分类法的具体实施步骤：

1. 制定ABC分类标准

2. 管理措施

2.7 零库存管理

典型问题及案例

P&G公司与分销商是如何合作的?

P&G公司在每一地区通常发展少数几个分销商，通过分销商对厂级批发商、零售商进行管理。

分销商与P&G公司签订合同，双方明确权利和义务，并进行合理分工。分销商的选择标准主要包括：规模、财务状况、商业信誉、销售额及增长速度、仓储能力、运输能力及客户结构等。发展为分销商后，P&G公司将协助其制订销售计划和进行促销设计，甚至派驻销售经理直接在分销商公司内办公。P&G公司在分销商处投资建立分销商商业系统，该系统有助于分销商有效地管理库存。P&G公司的产品和促销品全部存储在分销商仓库里，由分销商负责仓储和配送，从而使P&G公司实现了产品的零库存。

解读与阐述

存货客观上耗费空间、资金和时间，因此，工业、商业企业都致力于实现企业的零库存。实践中各企业可根据自身的情况选择以下途径来实现零库存：

1. 委托保管方式

委托保管方式是指将需要保管的货物委托给专业的仓库或物流组织保管，并向其支付一定的保管费用。由于专业的仓库或物流组织具有专业优势，可以实现较高的管理水平和较低费用的库存管理，因而企业可以不再设立仓库及相应设备，免除了仓库及库存管理的大量事务，实现本企业的零库存。

2. 协作、配套生产方式

这种方式多用于制造业。生产企业通过与其上游供应商之间构筑起稳定的协作、配套生产关系，形成稳定的供货渠道关系。供货渠道稳定后，可以免除生产企业在后勤保障工作上的后顾之忧，可促使其减少物资库存总量，甚至取消供应品库存，实现零库存。

3. 分包销售方式

生产企业通过实行集中设库储存产品，统一组织产品销售，并通过配额供货的形式将产品分包销售给经销商，从而实现销售品的零库存。

4. 看板供货方式

在企业内部各工序之间，或在建立供求关系的企业之间，采用固定格式的卡片，由下一环节根据自身的生产情况逆方向向上一个环节提出供货要求；上一环节根据卡片上指定的供应数量、品种等及时组织供货，从而使需求者无须保有库存，最终实现零库存。

看板主要有生产看板和取货看板。生产看板是在工厂内指示某工序加工制造规定数量工件所用的看板，其主要包括加工工件的件号、件名、类型、工件存放位置、工件背面编号、加工设备等；取货看板是后道工序作者按看板上所列件号、数量等信息，到前道工序领取零部件的看板。其主要包括工件的件号、件名、类型、工件存放位置、工件背面编号、前加工工序号、后加工工序号等。

5. 水龙头方式

由于此种方式像拧开自来水管的水龙头就可以取水一样，无须自己保有库存，所以被称为“水龙头”式。

用户随时提出购入要求，采取需要多少购入多少的方式；供货者依靠自身拥有的物流设施和先进的物流设备，以自己的库存和有效的供应系统，通过多种方式配送保证及时供应，从而使用户实现零库存。

关键点提示

实现零库存的方法有：

1. 委托保管方式
2. 协作、配套生产方式
3. 分包销售方式
4. 看板供货方式
5. 水龙头方式

2.8 JIT 存货管理方式

典型问题及案例

丰田汽车的 JIT 是如何操作的?

丰田汽车公司是世界汽车业巨头，也是世界上利润最高的企业之一。它创造出一种独特的生产模式，被称为“丰田生产方式”。这种生产方式，简单地说，就是所谓的零库存计划。

解读与阐述

JIT（Just in Time）方式在库存管理中主要应用于订货管理，即采购管理中形成的一种先进的采购模式——准时化采购。JIT 采购不仅可以减少库存，还可以加快库存周转、缩短提前期、提高进货质量、取得满意的交货效果等。通过以下步骤可以实现 JIT 采购，具体如表 2－4 所示。

表 2－4　JIT 采购规范表

条目	内容
创建准时化采购班组	准时化采购班组要由对 JIT 采购方法有充分了解和认识的人组成。其主要职责是寻找货源、商定价格、发展并不断改进与供应商的协作关系。通常采购班组可分为两个小班组：一组专门负责处理有关供应商的事务，如认定和评估供应商的信誉、能力，与供应商谈判签订合同，向供应商发放免检证等；另一组负责监督准时化采购过程，不断消除采购过程中的浪费
制定采购策略	这是实施准时化采购关键的一步，只有采购策略制定的合理，才能充分发挥准时化采购的优势。在这一过程中要结合企业现状，应用准时化采购策略的核心思想，制定新的适合本企业的采购策略，从而改进原有的采购方式；在这一过程中还要与供应商保持信息交流与沟通，一起商定目标和相关措施
精选少数供应商，建立商业伙伴关系	要对供应商进行能力评估，尽量减少供应商的数量。选择供应商时应考虑供应商的产品产量、供货能力、应变能力、地理位置、企业规模、财务状况、技术、价格以及其他供应商的可代替性等。选定后要注意维护和供应商之间的战略联盟关系，建立良好的商业伙伴关系
进行试点工作	选择公司的一种或两种原材料，运用新制定的采购策略进行试点，观察运行结果，通过和预想结果进行对比，总结经验教训，待新策略能够顺畅运行时再正式对所有原料实施 JIT 采购

续表

条目	内容
进行供应商的培训，确定共同目标	为得到供应商的支持和配合，需要对供应商进行有关 JIT 采购策略和运作方法的培训，使供应商能够了解 JIT 采购的运作过程对供需双方的好处，让供需双方树立共同的目标，从而能够更好地协作开展 JIT 采购
向供应商颁发产品免检签证	对供应商提供的产品进行质量检查和评定，向能够提供质量合格产品并且信誉好的供应商颁发免检签证，这样就可以对拥有免检签证的企业产品省去烦琐的检验过程
实现配合节拍进度的交货方式	为使 JIT 采购最终满足 JIT 生产方式的要求，交货方式要从预测交货向 JIT 交货方式转变，最终实现当需要某物资时，该物资刚好到达并用于生产
继续改进，不断完善	为保证 JIT 采购的不断完善，在实施过程中要不断总结经验教训，要从降低运输成本、提高交货准时性和产品质量、降低供应商库存等方面进行改进，从而不断提高准时化采购的运作绩效

关键点提示

实施 JIT 存货管理方式的步骤如下：

1. 创建准时化采购班组
2. 制定采购策略
3. 精选少数供应商，建立商业伙伴关系
4. 进行试点工作
5. 进行供应商的培训，确定共同目标
6. 向供应商颁发产品免检签证
7. 实现配合节拍进度的交货方式
8. 继续改进，不断完善

2.9 仓库战略

典型问题及案例

如何定做仓库战略?

某企业生产季节性产品，每年的销售旺季是 5—6 月，库存量高达 40 万件；而平时只要有 25 万件库存就能满足需求。该企业自建的仓库，能够储存 30 万件产品。当销售旺季即将来临时，租借靠近销售市场的仓库储存产品。这样，不仅解决了仓库问题，只在需要时支付租金，大大减少了运营成本；而且所租用的仓库靠近市场，增强了对市场的反应能力，销售也因而获得增长。

解读与阐述

企业需要仓库储存存货，仓库可自建也可租用。具体如何选择，参照表2-5。

表2-5　仓库管理优化指标评估表

条目	内容
仓库满仓率	一般来说，仓库全年满仓的可能性很小，大概有75%～85%的时间仓库不能满仓。而仓库往往按满仓的要求来设计，于是未满仓的部分就浪费了。因此，自营仓库只要能满足75%左右的需求即可，在仓库使用高峰期，租用仓库更经济
作业灵活性	自营仓库因由企业完全控制，故具有更大的灵活性。而租赁、合同仓库往往对所有客户都采用同一仓储政策和作业程序，灵活性差。当仓库作业灵活性要求高时，应选择自营仓库
地点灵活性	地点灵活性包括：在需要更多仓库时，能使用到所需仓库；在淡季时，可以不必负担额外的仓储费用；改变仓库位置时，基本不发生转换成本。租赁、合同仓库更具地点灵活性，无须企业投入大量资金，在需要时支付租金即可
规模经济效应	高流量的仓库更可能利用先进技术来降低材料搬运和储存成本，发挥规模经济效应。租赁、合同仓库一般拥有更大规模，具有这方面的优势
特殊仓储技术	有些产品（如药品、化学品）仓储时需要有专业存储人员或专门设备。这时自营仓库可能是唯一的可行选择方案
其他因素	选择仓库战略还要考虑其他因素：如拥有自营仓库可能产生增值收益；仓库空间在未来某个时间可转为他用，改为生产设施等；仓库还可作为销售部门、自营车队、运输部门和采购部门的服务基地等

一般而言，企业既自建仓库，又适当租赁仓库，既满足了各方面需求，又能节省成本。

关键点提示

仓库战略选择要考虑：

1. 仓库满仓率
2. 作业灵活性
3. 地点灵活性
4. 规模经济效应
5. 特殊仓储技术
6. 其他因素

2.10 计算仓储成本

典型问题及案例

仓储成本如何确定?

(1) 固定成本计算。仓储成本中的固定成本是相对固定的，与库存数量无直接关系，其成本项目主要包括租赁费、照明费、设备折旧费等。

(2) 变动成本计算。计算单一库存商品的仓储变动成本的步骤为:

a. 确定库存商品的成本。

b. 估算每一项仓储成本占库存商品价值的比例。其中，仓库租金、仓库折旧和税金、保险费的比例是3% ~10%；搬运装卸费、设备折旧费、能源消耗和人工费的比例是1% ~5%，资金占用成本、库存商品损坏变质损失的比例为5% ~25%。

c. 用全部存储成本占库存商品价值的比例乘以商品价值，可估算出保管一定数量商品的年仓储成本。

解读与阐述

仓储成本在财务会计中没有直接对应的科目，而是与其他部门发生的费用混合在一起。因此，计算仓储成本既要分析其构成，又要考虑仓储成本与其他费用分离的方式。计算仓储成本可参考表2-6:

表2-6 仓储成本计算方式表

条目	内容
材料费计算	仓储成本中的材料主要是仓储过程中使用的衬垫、苫盖材料等。材料费根据材料出入库记录中各种材料的领用数量乘以单价后的金额计入仓储成本
人工费计算	仓储成本中人工费包括仓库管理人员和仓库作业工人的工资、奖金和福利费等。人工费根据工资和福利费分配表中有关仓储人员的部分计入仓储成本
物业管理费计算	物业管理费包括水、电、气等费用，可以从安装在仓库设施上的用量记录装置获得相关数据，也可以按其他比例推算，如仓库建筑设施的比例、仓库工作人员的比例等
管理费计算	管理费无法从财务会计方面直接得到相关数据，可按仓库工作人员比例推算
营业外费用计算	仓储成本营业外费用包括折旧、利息等。折旧根据仓库中设施设备确定的折旧方法计算，利息根据购置相关资产的贷款利率计算
对外支付保管费用核算	对外支付的保管费用应全额计入仓储成本

仓储成本主要包括上述六个方面的内容，计算仓储成本时，将各项成本分离，加总即可得到总仓储成本；如果采取一定的分配方法，还可计算出单位仓储成本。

关键点提示

仓储成本的计算包括：

1. 材料费计算
2. 人工费计算
3. 物业管理费计算
4. 管理费计算
5. 营业外费用计算
6. 对外支付保管费用核算

2.11 缺货成本

典型问题及案例

如何估算缺货成本?

某公司向300名顾客询问他们遇到缺货时的态度，发现：10%的顾客会推迟购买；70%的顾客会去购买其他生产商的商品，但下次有货时会再购买该企业商品；20%的顾客将永远转向其他供应商。企业又计算出三种情况下的缺货成本分别为0元、50元、1200元。据此可据算该企业的平均一次缺货成本为：$0\times0.1+50\times0.7+1200\times0.2=275$（元）。

解读与阐述

缺货成本对企业的影响较大，一旦供应中断，将造成停工损失、失去销售机会等。确定缺货成本可按以下步骤进行：

1. 分析缺货成本类型

（1）延期交货。如果顾客不转向其他企业，一旦恢复供应再来购买，则不发生缺货成本。但为了不失去顾客而进行紧急加班生产，利用速度快、收费高的运输方式运送货物，则构成延期交货成本。

（2）失去某次销售机会。客户在缺货时转向其他竞争者，下次回头再购买本企业商品。这时缺货成本是未售出商品的利润损失，包括不可计量的机会损失。

（3）永远失去某些顾客。顾客在本企业缺货时，永远转向了其他供应商。这时缺货成本损失最大，由企业每年从该顾客身上获得的利润和该顾客的寿命期限决定。

2. 计算缺货成本

（1）某次缺货成本。按上述分析，确定缺货类型，将缺货造成的损失成本相加即可。

（2）平均缺货成本。

a. 进行市场调查，分析确定三种缺货成本类型的比例。

b. 计算三种情形下的缺货成本。

c. 利用加权平均法计算平均缺货成本。

计算缺货成本是为了确定在既定服务水平下，进行安全库存数量的决策。

关键点提示

缺货成本类型有：

1. 延期交货
2. 失去某次销售机会
3. 永远失去某些顾客

2.12 规避缺货损失

典型问题及案例

如何规避缺货损失？

某公司某种原材料平均日需求量为 100 件，并且原材料需求情况服从标准方差为 2 的正态分布。如果提前期是固定常数 9 天，则满足 95% 的顾客需求的安全库存量为：

$$SS = Z\partial \sqrt{L} = 1.65 \times 2 \times \sqrt{9} = 9.9\ （件）$$

解读与阐述

缺货会给企业造成多方面的损失，为减少这些损失，可以从以下方面入手：

1. 科学预测库存量

库存量设置的科学与否与缺货成本有很大关系。若库存量设置过低，就会使缺货发生的频率增大，带来较多的缺货损失。进行库存预测的方法有很多，如判断预测法、时间序列法、因果预测法等。公司应根据实际情况，选择合适的库存预测方法，并定期分析预测方法和预测结果，总结经验改进预测工作，不断提高库存预测的科学性。

2. 合理设置安全库存

设置安全库存是减少缺货损失的有效手段。安全库存的设置与需求量、采购提前期联系紧密；需求量、采购提前期不同，安全库存的计算方法也不同。安全库存量的大小取决于顾客服务水平。顾客服务水平指对顾客需求的满足程度，用公式表示为：

$$顾客服务水平\ P\ (\%) = (1 - \frac{年缺货次数}{年订货次数}) \times 100\%$$

根据顾客服务水平查“顾客服务水平表”，可以找出相应的Z值。Z值是一定顾客服务水平下的安全系数。常见的顾客服务水平 *P* 与相应的安全系数 Z 如表2－7所示：

表2－7　常见的顾客服务水平P与相应的安全系数Z

P（%）	99.88	99	98	95	90	80	70
Z	3.5	2.33	2.05	1.65	1.29	0.84	0.53

安全库存的具体计算方法如下：

（1）需求发生变化，提前期固定。因为提前期固定，可以直接求出提前期内需求分布的均值和标准差，利用下式计算安全库存：

$$SS = Z\partial\ \sqrt{L}$$

式中，SS 为安全库存；L 为提前期的长短；∂ 为提前期内需求的标准方差；Z 为顾客服务水平的安全系数。

（2）提前期变化，需求固定。这种情况下，需要先计算提前期的标准差，用下式计算安全库存：

$$SS = Zd\partial$$

式中，d 为提前期内的日需求量；∂ 为提前期的标准差。

（3）需求和提前期都随机变化。需求和提前期都随机变化的情况比较常见，假设顾客需求和提前期是相互独立的，则安全库存计算公式为：

$$SS = Z\sqrt{\partial_D^2}\sqrt{L} + \sqrt{d^2}\sqrt{\partial_L^2}$$

式中，L 为平均提前期水平；∂_L 为提前期标准差；d 为提前期内的平均日需求量；∂_D 为提前期内顾客需求的标准差。

加大安全库存会使库存持有成本增加，必须在缺货成本和安全库存仓储成本两者之间进行权衡。

3. 制定应急措施

当缺货情况出现时，处理及时、得当，将减少缺货带来的损失。因此，必须事先制定应对缺货的各种方案。例如，为某销售区的库存中心制定缺货应急措施，包括规定从哪个库存中心调运，缺货调运指令的发出者，调运所用的运输工具、运输路线等。当缺货发生时，就能有条不紊地进行处理。

为减少缺货损失所进行的各项工作都要花费成本，这些成本要与缺货可能带来的损失进行比较，不能超过缺货带来的损失。

下列情况下，为减少缺货要保持较高的安全库存：

（1）缺货成本较高或服务水平要求较高。

（2）需求量的波动较大。

（3）前置时间较长。

（4）前置时间的波动较大。

关键点提示

减少缺货损失的措施包括：

1. 科学预测库存量

2. 合理设置安全库存

3. 制定应急措施

2.13 仓储成本管理

典型问题及案例

联合加工公司的仓储成本管理技巧

联合加工公司在美国南部和西部的农场收获并加工各种蔬菜和水果。受气候等因素的影响，美国东部和中西部地区在当地生长期到来之前对该公司加工的某些产品有很大的需求。因此，公司需在北部地区收获季节来临之前就收获这些农产品，并在销售旺季到来之前形成供应能力。以前，公司将农产品用卡车运往销售地之前，先在产地进行存储，后来改用运送时间较长的铁路运输。在很多情况下，公司可在作物收获以后立即装运，而产品抵达市场时需求旺季刚好开始。铁路运输过程起到了仓储的作用，使仓储成本和运输成本大大降低了。

解读与阐述

仓储成本由仓储材料费、仓储人工费等组成，对这些费用进行管理的作用不容忽视。仓储成本管理的措施如表 2－9 所示。

表 2－9 仓储成本管理措施

条目	内容
仓储材料成本管理	仓储成本中，衬垫材料占很大比重，节约衬垫和苫盖材料成本支出是降低仓储成本的主要方法。所以要积极开展技术革新和技术改造，节约仓储材料费用，充分挖掘设备潜力。同时实行责任成本管理，加强经济核算，促使仓储成本不断降低
仓储人工费用管理	仓储人工费用由仓库管理人员和仓库作业工人的工资、奖金和福利费等组成。应尽量减少仓库管理人员工资支出；不断提高仓库作业工人的劳动生产率，降低仓储成本中的人工费用
其他仓储费用管理	其他仓储费用包括燃料、电力、低值易耗品等方面的费用，这些费用占仓储成本的比重较小，但也要加强管理
利用在途存储	在途存储品是正在运输途中的物品。因为在途存储费用已包含在运输成本中，如果运输时间长就可以减少在仓库储存的时间和成本。由于不同运输方式运送时间不同，所以选择恰当的运输服务能大幅度降低甚至消除对常规仓储的需求
适度集中库存	以适度集中库存代替分散的小规模储存，实现库存合理化。集中储存总量的成本大大低于分散储存总量的成本；在不同地方需要库存物资时，还可以互相调剂使用。这样，既降低安全库存水平，又保证了供应。但若过分集中，则会使储存点与用户距离拉大，运费增加，周转储备增加。所以适度集中库存，需在储存费和运输费之间进行权衡，选择最佳结合点

续表

条目	内容
强调成本效益	推行仓储成本管理，控制成本费用支出。为此，应注意： (1) 在仓储活动的重要领域和环节上对关键因素加以管理 (2) 仓储成本控制要能起到降低成本、纠正偏差的作用，并具有实用、方便和易于操作的特点 (3) 仓储成本管理系统应具有灵活性，对各种始料未及的情况能做出积极反应。 仓储成本管理是一项基础性工作，需要从日常成本费用核算、现场管理和物流活动组织做起

关键点提示

仓储成本管理包括：

1. 材料成本管理
2. 人工费用管理
3. 其他费用管理
4. 利用在途存储
5. 适度集中库存
6. 强调成本效益

2.14 防范仓储品的偷窃和事故损失

典型问题及案例

防范如何从漏洞做起？

有一家厂商实施的防窃条例规定，私人车辆不允许进入库场，但对办公室里的两位残疾雇员网开一面。

一天夜里，一位雇员发现一辆汽车的挡泥板下用胶布粘牢了一捆东西。检查发现该汽车已变成了一辆名副其实的“送货卡车”。最后逮捕几名案犯（包括那两名残疾雇员）供认，他们已偷取了价值10万美元的公司商品。于是公司规定残疾人也必须遵守规定，并购买一辆小型车辆，专为残疾雇员提供服务。

解读与阐述

储存物品的短缺和事故造成了无谓的仓储成本损失，很多情况下都是人为因素引起的。因此，加强仓库作业管理、减少物品短缺和事故是仓储成本管理的重要环节。减少储存物品短缺和事故的措施有：

（1）每一个仓库都必须制定仓库规章制度，工作人员要严格遵守，做到防患于未然。

（2）任何人必须经过许可才能进入仓库及周围场地，并严格检查进出货物。

（3）除非有出库单证，否则仓库不应该发放任何物品。

（4）销售人员有权使用的储存样品应该与其他存货分隔开。

（5）定期进行岗位轮换。

（6）详细的存货记录应由一个未得到存货移动或存货保管授权的员工进行。

（7）存货明细的记录应当反映原材料、包装材料、在制品、产成品和样品等存货的数量和金额。

（8）高价、易被偷窃或限制性物品应储存于安全地区，只限授权的人员接触。

（9）送领物料的资料手续不全或缺损时，如无特殊批准，严禁收发。

（10）不允许有明火进仓，下班前应关好门窗并断开电源。

（11）对危险化学物品和易燃易爆品要放入指定区域，由专人保管。

（12）定期检查电线绝缘是否良好。

（13）按消防部门颁布的标准配备消防设施，每季度定期检查一次，以确保其可正常使用。

（14）配备安全防范系统，如警卫服务、仓储安全监视系统等。

（15）减少仓储品的偷盗和事故损失必须持续进行，常抓不懈。

关键点提示

减少仓储物品偷盗和事故的措施包括：

1. 制定并严格遵守仓库规章制度
2. 任何人须经许可方能进入
3. 有齐备的出库手续才能发货
4. 岗位轮换
5. 由专人记录存货
6. 高价、危险品由专人管理
7. 消防设施齐全
8. 配备安全防范系统

第三章　仓储物料日常保养管理

物料保养是防止商品质量变化的重要措施，是仓储保管中一项经常性工作。仓库中存放着各种各样的商品，它们具有不同的特性。物料保养工作就是针对物料的不同特性积极创造适宜的储存条件，采取适当的措施，保证物料储运的安全；保证物料质量和品质，减少物料损耗，节约费用开支，为企业创造经济效益和社会效益。

3.1　控制仓库温湿度

典型问题及案例

如何为仓库温湿度调控？

某超市仓库存储着3吨小食品，一连几天总是阴雨天，空气湿度很大。仓库管理人员决定对仓库进行温湿度调节，选用了吸湿率较高的氯化钙（$CaCl_2$）作为吸湿剂，并找来几只铁桶，将吸湿剂装进铁桶放在了仓库里。几天后，管理人员到仓库检查，发现桶底部已锈穿，溶液流到了货架底部，使一部分商品受损。这个案例让我们认识到，使用吸湿剂之前一定要掌握具体的操作方法，以免造成不必要的损失。

解读与阐述

商品储存过程中的各种变质现象与空气的温度、湿度密切相关，因此，控制好仓库的温度、湿度成为物料保养的中心环节。实践证明，通过以下措施可以有效控制调节仓库的温湿度：

1. 通风

（1）通风方法

①自然通风。空气的交换主要靠风的压力进行，当库外无风时，应开启上部和下

部的通风口和窗户；当库外有风时，应将库房迎风面上部出气口关闭，开启背面上部出气口。为了提高通风效果，要合理安排开启门窗的次序。②机械通风。利用机械产生的推压力或吸引力，使库内外空气形成压力差，从而强迫库内外空气发生流动和置换的方法。通风机械常用轴流式局部扇风机和离心式通风机。整个通风系统除风机外，还有通风管道和其他附属器件。

（2）通风时机

正确的通风应当根据商品的性质，分析库内外温度、湿度的实际情况和变化趋势，并参考风向、风力，有计划、有时间地进行。具体为：①通风降温。当库外温度低于库内时，可以进行通风降温。②通风散潮。要根据库内外温度、绝对湿度、相对湿度的对比，正确判断确定是否通风。由于商品的吸湿性主要与相对湿度有关，而在一定的湿度下，相对湿度的变化又取决于绝对湿度；因此，利用通风来降低库内相对湿度时，必须以绝对湿度为依据来对比库内外情况。当库外绝对湿度低于库内时，才能进行通风。

绝对湿度是指单位体积空气中实际含水蒸气的质量；相对湿度是指在一定的气压、气温条件下，空气中的绝对湿度与同条件下的饱和湿度的百分比。

2. 密封

密闭是尽可能地把商品严密地封闭起来，减少或阻止外界不良气候和其他不良因素的影响，达到防潮、防热、防霉、防干裂、防冻、防溶化、防锈蚀、防虫等目的，从而保证商品安全储存。密封方法如表 3－1 所示。

表 3－1　密封方法

条目	内容
整库密封	将库房整个密闭。适于数量大、整进整出或进出不频繁的物品
按垛密闭	用密闭材料将货垛上下四周整垛密闭，以防止和减少外界不良因素对商品的影响。这种方式适宜存放在露天货场的易锈蚀商品
库内小室密闭	即在库内选择温度较低且干燥的地点，用透气性较小的材料围筑成临时性密闭小室
货架密闭	用密封材料将货架密闭起来，以防止透气和落入灰尘。对于出入频繁、怕潮、易锈、易霉的小件物品，可采用此种方式
按件密闭	将商品的包装严密地进行密闭，一般适用于数量少、体积小的易霉、易生虫、易锈蚀商品，如皮革制品、竹木制品、金属制品、乐器、仪表等

（1）密封材料

常用的密封材料有塑料薄膜、防潮纸、油毡纸、芦席等。密闭材料必须干燥清洁、无异味。

（2）密封时期

密闭时期要根据商品性质和当地气候变化规律来确定。①怕潮、易霉的商品应在梅雨季节到来之前进行密闭。②怕热、易溶的商品应提前在阴凉的季节进行密闭。③怕干裂的商品，应在干燥期到来之前进行密闭。④怕冻的商品，应尽可能在气温较高时提前进行密闭。

密闭前应对商品的质量、温度和含水量进行检查，密闭后要加强检查工作。为确保商品的安全，在检查中若发现商品包装材料有异状，或温度不适宜时，要及时采取措施。

3. 吸潮

吸潮是指用化学或物理方法，将库内潮湿空气中的部分水分除去，以降低空气湿度。吸潮的主要方法有吸湿剂吸潮和去湿机吸潮。

（1）吸湿剂吸潮

吸湿剂吸潮就是将吸湿剂暴露于空气中，利用它自身的吸湿性进行吸潮。适用于仓库吸湿的吸湿剂有：①生石灰。将生石灰捣成拳头大小的块状，盛装在木箱等容器中，一般占容量的1/3～1/2为宜，放置在垛底、沿墙四周或靠近库门处。②氯化钙。将氯化钙放置在竹筛或木板上，且下面放置陶瓷器皿，盛装漏下的溶液。③硅胶。将硅胶用纱布或纸包成小包放在密闭货架、柜内或包装物内。

（2）去湿机吸潮

利用制冷装置，将潮湿空气冷却到零摄氏度以下，使水汽凝结成水排出去。

以上介绍了仓库常用的几种温度、湿度控制方法，这些方法往往同时使用、互相配合，以达到最佳控制储存区温度、湿度的效果。

关键点提示

仓库温度、湿度的控制方法有：

1. 通风

2. 密闭

3. 吸潮

3.2 防范金属商品锈蚀

典型问题及案例

如何选择合适的防锈方法?

为下列金属制品选择合适的防锈方法：

A：露天存放的钢材	B：汽车轴承等较贵重的零配件	C：钢架桥的栏杆

A：涂油防锈中的硬膜防锈。

B：气相防锈法中的15#气相纸。

C：涂漆防锈。

解读与阐述

金属制品的锈蚀不仅破坏了外形，而且造成内部缺陷，使材料的使用价值受到影响，经济损失较大。及时有效地进行防锈、除锈，防止或减缓金属制品的锈蚀是十分必要的，也是仓储物资养护的主要内容之一。

具体的防锈措施如表3－2所示。

表3－2 金属制品锈蚀防护工作规范

条目	内容
控制和改善储存条件	(1) 选择适宜的保管场所。应尽可能选择远离有害气体和粉尘的厂房，远离酸、碱、盐类物质或气体，储存场所应该具有良好的排水系统。货场要用碎石或炉灰垫平，增强地表层的透水性，以保持库区的干燥 (2) 保持库房干燥。保持库房相对湿度在临界湿度（一般是70%左右）以下，较精密的五金工具、零件等金属制品必须在库房储存，并禁止与化工商品或含水量较高的商品同库储存 (3) 保持商品及储存场所的清洁 (4) 妥善码垛和苫盖。不同的金属材料应采用不同的存放方法，不同种类的金属材料存放于同一地点时，必须保持一定的间距，码垛时应注意垫高垛底，加强垛下的通风能力 (5) 保护材料的防护层或包装要完整。如果包装损坏，应进行修复或更换；包装受潮时，应对包装材料进行干燥处理；如果发现原出厂时涂有的防腐油已破坏或干涸，应及时进行清洗，重新涂油 (6) 坚持定期的质量检查，并做好质量检查记录

续表

条目	内容
气相防锈	气相防锈是一种常用的防锈方法，主要方法有： (1) 粉末法。把气相防锈粉末撒在产品表面，或用器皿盛装后置于包装物内，或用纱布包好悬挂于产品四周 (2) 浸涂纸（布）法。这种方法也称载体法，即将气相缓蚀溶剂溶解于蒸馏水中或有机溶剂中成为溶液，然后浸涂或刷涂在防锈纸或布上，干燥后即成为气相防锈纸或布，含量一般为5~30g/m^2。使用时，直接用它包装金属材料即可，在它外面用石蜡纸、塑料袋包装 (3) 溶液法。用上述方法把防锈剂制成溶液，喷涂在金属表面，再用石蜡纸或塑料袋包装
涂油防锈	在金属制品表面涂（或浸或喷）一层防锈油脂薄膜
可剥塑性材料防锈	可剥塑性材料是以塑料为基体的一种防锈包装材料。可剥性塑料涂抹覆于金属表面上成膜后，被一层析出的油膜与金属隔开，故启封时无须借助溶剂可用手轻易剥除 这种材料适用于钢、铁、铜、铝等金属，而且膜的韧性好，但费用昂贵
涂漆防锈	在金属材料表面均匀地涂上一层油漆，是应用极为广泛的一种方法。其优点是施工简单，适用面广；缺点是易开裂、脱落，且可从漆层空隙间透过湿气，漆层底下易发生金属锈蚀
防锈水防锈	防锈水防锈也是应用比较广泛的防锈方法，但因防锈期限短，故多用于工序间防锈

关键点提示

金属制品防锈的方法有：

1. **控制和改善储存条件**
2. **气相防锈**
3. **涂油防锈**
4. **可剥塑性材料防锈**
5. **涂漆防锈**
6. **防锈水防锈**

3.3 金属材料保管

典型问题及案例

红星仓储公司的问题出在哪里？

红星仓储公司于2015年1月承接了一批五金制品，由于没有闲置仓库，公司临时搭建了料棚。而距料棚200米的地方，一家新成立的硫酸厂于2016

年2月开始生产，仓储公司领导没有意识到酸性排放气体对物料的影响；等存货人来取货时，才发现部分货物已经锈蚀，存货人要求赔偿损失，红星仓储公司分析原因，这才发现是硫酸厂排放的二氧化硫（SO_2）气体在作怪。

解读与阐述

金属材料的保管无论是选择保管场所，还是在存储的过程中都与其他物品的保管不同。下面从保管场地的选择和垛码方法两个方面来介绍金属材料的保管。

1. 保管场地的选择

（1）按照金属材料的性质来确定

金属材料通常在库房、料棚和露天三种场所存放。①一般价值较高的贵重金属和小型精密配件、五金制品都应存放在库房中；小型薄壁管材，冷、热轧钢板，矽钢片和小型优质钢材等，应存放在库房，如果条件不具备也可存放在料棚中，但存放时一定要下垫上苫。②镀锌铁板、马口铁、金属制品和小型钢丝绳等可存入料棚内，如有条件最好放在库房中。③大中型材料，如圆钢、方钢、六角钢、工字钢、槽钢（高在300mm，腰厚在10mm）、各种型号的钢轨等材料因规格尺寸大，一般不会受气候影响，可以在露天场地下垫上苫存放。

（2）贵重、有特殊性能的金属及金属材料要用专门的库房存放

易燃物品不能裸体存放，应远离火源，如高纯度的镁在空气中能自燃；锡锭保管期在1个月以上的，应当选择不低于12℃的保温库房存放；硅铁受潮会分解出有毒气体磷化氢（PH_3），遇碱产生氢气，有爆炸燃烧的危险，选择库房要特别注意。

2. 码垛方法

（1）垛码的基本要求

①垛形合理，牢固安全，整齐节省，定量方便。②码垛要做到“五五化”。③在库内码垛，如果地坪为水泥地质，垛垫的高度没有固定标准，只要便于搬运装卸即可；如果是普通的泥土地坪，则要求垛垫高度为0.2～0.3m。在露天码垛无论什么样的地坪，垛都应垫高0.3～0.4m。垛与垛、垛与墙、垛与柱之间都应按防火要求留出必要的通道和安全距离。④垛形的高度无硬性规定，一般在露天场地码垛，垛高不超过3m；在库房或料棚内码垛，垛高不超过2m。⑤垛形大小无硬性规定，但在露天码垛，垛形的大小要考虑到苫盖的可能性。⑥垛基由基墩和垫木组成。基墩和垫木的行间距应根据地坪的承载大小来定。

（2）垛的形状与码垛的方法

①板材的码垛。在垛基和垫木按规定铺好之后，一层一层码上即可。为计算方便，也为了机械码垛作业的方便，可以按“五五化”两层之间错开一定尺寸。②各种管材的码垛。按其管径的大小，可以有不同的方法。最常见的大型管材用梅花式梯形垛和框架的梅花式方形垛、平行垛等。③等边角钢五伏一仰码垛法。底层在垫木上以成对三角钢背靠背平放于垫木上，对与对之间留出相当于三角钢弦边长的空隙，然后在角对上面伏码一层，空距中间伏码两层，这样垛底正好垫平，然后即按五伏一仰往上码，如图3－1所示。等边角钢也可以用底层平扣码垛，如图3－2所示。这种方法是底层每两根三角钢为一对、一立和一扣组成矩形平放在垫木上，位置正好对准第二层伏放三角钢时的两个支点上，然后可按四行或五行为一小垛，也可按五伏一仰法往上码。④不等边角钢的码垛法。常用的是不等边角钢直起码垛法，其码法是按一立一扣呈矩形，短边与短边相对，长边与长边相对，并在两短边的矩形底层上加一长垫木。⑤工字钢底层平放码垛法。在底层木板上先一根挨一根立放一层，然后在其上扣压侧放；这种码垛法垛形稳固，高度降低，重心下移，显得稳定。⑥槽钢一仰一伏码垛法。这种方法是将第一层放在垫木上，第二层伏放，两排互相套压成为一层。第三层又仰放，第四层伏放组成第二层，每层可按“五五化”定量存放。

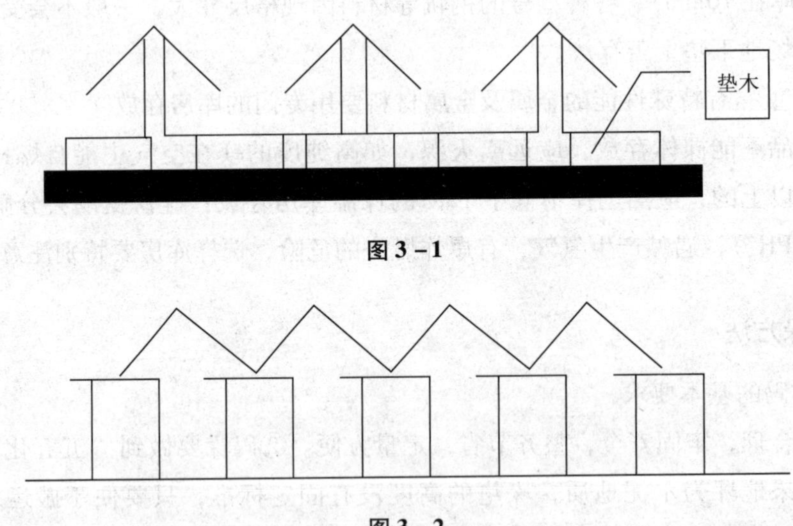

图3－1

图3－2

（3）金属材料码垛的基本要求

①垛形合理，牢固安全，整齐节省，定量方便。②码垛要做到“五五化”。③在库内码垛，如果地坪为水泥地质，垛垫的高度没有固定标准，只要便于搬运装卸即可；如果是普通的泥土地坪，则要求垛垫高度为0.2～0.3m。在露天码垛无论是什么样的地坪，都应垫高0.3～0.4m，垛与垛、垛与墙、垛与柱之间应按防火要求留出必要的

通道和安全距离。④垛形的高度无硬性规定，一般在露天场地码垛，垛高不超过 3m；在库房或料棚内码垛，垛高不超过 2m。⑤垛形大小无硬性规定，但是在露天码垛，垛形大小要考虑到苫盖的可能性。⑥垛基由基墩和垫木组成。基墩和垫木的行间距应当根据地坪的承载大小来定。

关键点提示

金属材料的保管应遵循以下两项原则：

1. 选择符合要求的保管场地
2. 根据不同的金属材料选择不同的码垛方法

3.4 防范商品在储存中霉变

典型问题及案例

看看仓储公司如何防霉变?

济南某仓储公司，主营食品仓储。为防止储存商品霉变，采取以下措施：

加强商品的入库验收。每批商品入库时都严格验收，首先认真检查商品是否已经有霉变现象；其次检查商品含水量是否过高，包装有无破损或受潮现象，对已经开始生霉和含水量较高或包装受潮的商品，暂时另行存放，并及时采取通风晾晒等措施进行处理。

选择符合要求的储存场所。容易生霉的商品选择干燥、密封条件较好的库房进行存放。码垛时采取隔潮措施，防止地潮对商品的直接影响。梅雨季节码通风垛，使商品表面不断接触流动的空气，抑制霉菌的生长。

坚持在库检查。对储存中易霉变的商品，严格执行在库检查制度，随时观察并及时发现商品霉变迹象，预防商品霉变。根据库房结构与建筑条件，着重检查潮湿、高温的地方，其他位置进行抽查对比。

加强仓库的温湿度管理。仓库温湿度管理是对易霉变商品的外因进行限制的手段。当微生物得不到生长发育的必要条件时，商品就不会发生霉变。因此，该公司根据不同商品的不同养护要求，控制和调节库房的温湿度。

解读与阐述

霉变是影响商品价值的重要因素，有效地防止商品发生霉变是仓储业的一项重要工作。对于易发生霉变的商品的防护工作主要是创造不利于微生物生长的条件或采取遏制其生长的方法，以达到不发生霉变的目的。

1. 控制自然条件

（1）温度。各种微生物适宜生长的温度范围不同，如果把温度控制在某些微生物适宜生长的最高温度之上或最低温度之下，就可以基本抑制其生长。

（2）湿度。水是微生物生存的必要条件，空气的干湿程度直接影响微生物体内水分含量。在潮湿的环境中，微生物极易从空气中吸收水分而生长；湿度大，微生物吸湿快，生长繁殖也快。可以通过通风、摊晾、日晒或烘烤使水分蒸发来防止霉变。

（3）氧气。各种微生物都需要通过呼吸氧气才能生长，虽然有少量的微生物在缺氧的条件下也能生长，但大多数易于霉变的商品所滋生的各种霉菌细菌，都需要氧才能生长。因此，对于这些商品的防霉工作可以采用不提供氧的方法。用塑料薄膜密封严密，再把密封件内的空气用真空泵抽去，充入二氧化碳，或放置除氧剂。

（4）酸碱性。各种微生物的生长繁殖与其周围环境中的酸碱度密切相关，不同微生物有不同的酸碱度范围。大多数霉菌和酵母菌适宜在 pH = 4 ~ 6 的酸性环境中生长；大多数细菌适宜生长在 pH = 6 ~ 8 的环境中，为此可以在商品或包装内放置一些对物品质量无影响的酸性或碱性物质以防霉变，这种方法主要适用于食品类货物。

2. 化学方法防止霉变

将抑制微生物生长的化学药品放在商品或包装内防止其霉变，效果好、费用低。这种方法经过生产过程中一次性处理，就可以在生产、储存、运输、经营、消费各环节中起到防止霉变的作用。

防止霉变药物推荐如表 3 – 3 所示。

表 3 – 3　防霉变药物

条目	内容
多菌灵	学名为苯骈咪唑氨基甲酸甲脂，简称 BCM。以 0.1% ~ 0.3% 浓度的乳液涂刷在皮革、布胶鞋、纱线、纸张上以防止霉变，也可浸泡防止霉变，还可在库内喷洒进行防霉消毒
水杨酸苯胺	为黄色或粉红色粉末，不溶于水，但溶于乙醇及其他有机溶剂。可以将浓度为 0.2% ~ 0.6% 的溶液喷洒喷涂或涂刷在皮革制品、电信器材上以防止霉变
二氧乙烯基水杨酰胺	又名真菌灵、水杨菌胺又称 A – 26 防霉剂，为白色粉末，无臭、无味、无刺激性，不易溶于水。浓度为 0.3% ~ 0.4% 的胶悬液对皮革防霉有显著效果

续表

条目	内容
百菌清	化学名称为四氯间苯二甲腈，白色结晶，无臭、无味，微溶于水，能溶于丙酮等有机溶剂，浓度为0.2%～0.3%的溶液常用于皮革制品防霉
托布津	化学名称为乙氧碳基硫脲基苯，无色结晶，溶于丙酮、甲醇、氯仿，不溶于苯、二甲苯、乙醚等。浓度为50%的溶液可用水稀释1000倍后，浸渍水果，消毒、防霉。
除氧剂	氧是多数生物生长的必要物质，因此可以把易于霉变的商品放在严格密闭的包装内，再放入化学除氧剂将氧吸收，使包装内氧的浓度达到0.1%以下，防止商品发生霉变。化学除氧剂的种类很多，以铁粉为主要成分的效果比较好，每克铁可吸收1毫克氧。目前，除氧剂防霉广泛应用于各种食品、中药材、电子元件、光学元件、精密仪器等货物
填充氮气或二氧化碳	将易发霉的商品包装或整垛用乙烯或乙烯薄膜密封，将密封包装内的空气用真空泵抽出，再填充氮气或二氧化碳；同时需要定时检测，让包装内的氧浓度保持在3%左右

3. 物理方法防止霉变

（1）紫外线。日光中含有大量的紫外线，有杀灭霉菌的作用。因此可以对不怕日晒的粮食、农副产品、中药材、棉麻制品等进行曝晒，既能杀灭其表面的霉菌，又可以通过日光辐射热将所含的过多水分蒸发以抑制霉菌生长。另外，也可在库房内安装紫外线灯定期照射进行环境消毒。

（2）微波。微波是波长为0.001～1m，频率为300Mhz～300GHz的电磁波，其中$91.5\times10^4\sim245\times10^4$kHZ的微波能引起商品分子的震动和旋转。由于分子间的摩擦能产生热，使温度上升，霉腐生物体温上升即被杀死，微波可通过专用的微波发生器产生微波防霉，适用于食品、粮食及皮革制品、竹木制品、棉织品等。

（3）辐射。利用放射性同位素释放的各种射线来照射易霉腐商品，射线能通过直接破坏微生物体内的脱氧核糖核酸和其他物质将微生物杀死。这种方法适用于医疗器材、日用品、食品防腐及皮革制品、纸烟、烟叶、中药材的防霉，效果十分显著。

关键点提示

商品防止霉变的方法有：

1. 控制自然条件
2. 化学方法防止霉变
3. 物理方法防止霉变

3.5 仓库消防管理

典型问题及案例

毛皮储存仓库如何做消防？

某储存毛皮制品的仓库，框架结构为地上3层，地下1层，占地面积9600m²，总建筑面积30000m²。地上建筑每层均划分为四个防火分区，每个防火分区的建筑面积均为2400m²。地下一层划分为两个防火分区，每个防火分区的建筑面积均为600m²。首层西北侧设有独立的办公、休息区，建筑面积300m²，采用耐火极限2.50h的不燃烧体防火隔墙、1.00h的楼板和乙级防火门与库房隔开，并设有1个独立的安全出口。该仓库按有关国家工程建设消防技术标准配置了室内外消火栓给水系统和自动喷水灭火系统等消防设施及器材。

解读与阐述

仓库是消防管理的重点地区，加强仓库的消防安全管理，增强员工的消防意识，是每一位仓库管理者的责任。不了解防火、灭火的基本知识，就会给仓库带来巨大的安全隐患，甚至造成巨大的人身、财产损失。

1. 防火措施

（1）建立健全防火组织和消防制度。物资仓库应当建立以仓库主要负责人为首的防火组织。各个库房、料棚、货场要有由专人负责的防火灭火组织，平时要经常对职工进行思想教育，使全体职工严格遵守《仓库防火安全管理规则》，并且有明确的分工，一旦发生火灾，各司其职，协作配合，做到忙而不乱。

（2）库房内的灭火设施要齐备且放在显眼的地方；一切防火灭火工具器材，如各种工具、灭火器、消防车、消火栓、水源、消防沙袋等，要随时处于良好的使用状态；每年几次定期检查，不合格的、失效的要随时更换。

（3）定期对全体职工进行有关消防器材的使用、性能、维护培训，使全体职工熟悉消防知识和灭火工具的使用。

（4）库内禁止使用明火，如需进行明火作业（如电焊、气切割等），一定要在规定的范围内进行，并设置警戒人员，用完立即清查现场，清除火灾隐患。

（5）经常检查库内的输电线路、用电器具，发现隐患立即请电工清除。

（6）对于仓库内高大的建筑物和重点库房要设置良好的避雷装置。

(7) 物资仓库内的化工等危险品和专门的火药仓库是重点防火对象，对其要有更加详细的防火灭火规则和严密的防火灭火组织，采取严格的防火灭火措施。

2. 仓库消防设置

当仓库的某一部分发生火灾，某些特殊的建筑物或构筑物可将火势限制在一定的范围内，不使其蔓延危及整个仓库。消防设置主要有以下几种：

(1) 防火墙。设计仓库时应同时考虑防火墙的设计。防火墙应直接建筑在房屋的地基上，厚度一般要考虑到发生火灾时的烘烤时间，高度应超出屋顶。如果顶棚是采用可燃材料建筑的，则防火墙超出顶棚的高度应不少于70cm；若顶棚是难燃或不燃材料构筑的，则防火墙只需高出顶棚40cm。

(2) 防火隔离带。仓库的防火隔离带有两种：一种是在建筑时就考虑到的，如在用可燃材料建筑的屋顶中间，建筑有宽度不小于5m的耐火屋顶地段，高度略高出屋顶；另一种是在库房、料棚和货场内留出足够的防火隔离带，尤其是储存可燃性材料和设备的，必须要留出防火隔离带。此外，在贮木场的木垛之间、大的楞垛之间，也一定要按规定留足隔离距离，且防火带内严禁临时存放可燃物料。

(3) 防火门。防火门是用耐火材料制成的，若某一库房起火，扑救不及，可以关闭该库房的防火密封门，阻隔火势蔓延。

常见仓库灭火方法如表3－4所示。

表3－4 常见库房灭火方法

条目	内容
隔离法	将已经燃烧的物料与周围环境和其他可燃物资隔离或将周围其他可燃物资移开，将其限制在一定的范围内，不至于蔓延扩大造成更大的损失
窒息法	窒息法的原理是阻止空气流入燃烧区域或已燃烧的物体，使燃烧区域或燃烧物周围空气中氧的含量降低。燃烧物或燃烧区域由于得不到足够的氧气而无法继续燃烧，从而达到灭火的目的
冷却法	降低燃烧物或燃烧区域的温度，使燃烧物的温度迅速降到燃点以下，原燃烧区域或燃烧物质无法继续燃烧
化学抑制法	将灭火剂喷入燃烧区，通过抑制中断燃烧链的正常传递，从而使燃烧反应停止

3. 发生火灾时的应急措施

(1) 迅速报告有关部门、消防队，并通知火灾现场人员。

(2) 普通人员应尽快离开危险区，逃离火场。

(3) 面对火灾复杂的局面，需要果断迅速地决策和执行。为此，应建立火灾预警应急计划，包括组织报警、减轻和消除事故影响。

常用的灭火剂如表 3－5 所示。

表 3－5　常用的灭火剂

条目	内容
水	水是最方便、最丰富的灭火剂
泡沫	泡沫灭火是利用泡沫中水分的冷却作用及泡沫比易燃和可燃液体轻的特性进行灭火的方法。泡沫分为化学泡沫和机械泡沫
惰性气体	通过稀释空气中的氧气的浓度使其降低到继续燃烧所必需的含氧浓度以下，使火自行熄灭
化学干粉和固态灭火剂	干粉颗粒微细，浓度密集，在燃烧区能防止火焰的热辐射，并析出惰性气体，稀释空气中氧气的浓度

关键点提示

要牢记仓库消防管理的具体措施和方法：

1. **建立健全防火组织和消防制度**
2. **库房内的防火灭火设施要齐备**
3. **定期培训，使全体职工熟悉消防知识和灭火工具的使用**
4. **理解防火墙、防火门、防火隔离带的作用**
5. **掌握仓库灭火的四种方法**
6. **掌握发生火灾时的应急措施**

3.6　木材保管

典型问题及案例

木材产品加工企业的产品管理要害有哪些？

A 企业主要生产办公椅和文件柜，主要通过面向订单来组织生产制造，该企业有以下几个部门：

销售部：分管产成品仓库，负责制订销售预测计划，并将接收到的客户订单录入 ERP 系统进行相关处理，形成系统的销售需求信息。成品仓库的主要职责是负责产成品的生产入库及销售出库业务，并对成品库存信息进行维护。

生产部：分管两个车间，一车间主要生产椅身和椅腿等零部件；二车间为总装车间，负责办公椅的最后组装。生产部还管理一个半成品仓库。生产部主要职责为：负责制订满足销售需求的主生产计划和物料需求计划，维护自制件及产成品的相应工单和领料单，安排车间生产并进行生产成本的核算。

采购部：分管原材料仓库。主要职责是依照系统制订的采购计划完成采购业务并对采购的过程进行追踪。原材料仓库负责原材料的出入库管理及库存信息的维护。

财务部：负责应收账款、应付账款管理及会计总账的相应处理。

解读与阐述

对于木材的保管有专门的方法。

木材的存放

（1）原木干存法。指在陆地风干，使木材中的水分散失。干存法码垛要注意垛内各层之间上下左右留一定的空间，以利于通风。

（2）原木湿存法。木材保持有较高的含水率，用这种方法保存的木材可以避免木材染菌发生白皮或褐皮，避免虫蛀和木材干裂。湿存法应在树木砍伐或从河里捞出后，立即码成密实的木垛，垛长不小于40m，高度在3～3.5m，垛的外部加以苫盖，而且要用水不断地浇洒，堆垛后每10天洒水一次。

（3）原木水存法。水存法是使原木保持较高的含水率，以免菌类和昆虫的危害，且可有效地防止木材开裂。可采用河流或专用的储水池储存木材。

成材一般采用干存法，有时也可用湿存法和水存法。

木材常见灾害防治方法如表3－6所示。

表3－6 木材常见灾害防治方法

条目	内容
木材虫害的防治	（1）把有虫害的原木迅速加工成板材，以清除虫害 （2）把已有虫害的木材，迅速下水沉存，避免虫害的发展 （3）拆垛，喷洒除虫剂后重新码垛

续表

条目	内容
木材裂纹的防治	(1) 在生产林场树木伐倒以后，暂不打枝选材，将其放置一段时间（一星期左右），借助枝叶蒸发树干内部的水分，使其均匀干燥，以减轻开裂 (2) 对于某些贵重木材，可用桐油、石灰均匀地调成糊状，涂抹木材端面，防止木材断裂。防裂的“防腐护湿”涂料有氟化钠、沥青、豁土膏浆、硼砂、石灰水溶液等 (3) 对水上木材，可采用定期反排法，防止排面开裂 (4) 科学堆垛，做到既能通风又能使木材内外水分均匀，夏天最好用废板皮盖垛 (5) 对已有裂纹的大规格木材，可用“s”“c”形防裂器钉入裂缝处，防止其继续开裂 (6) 剥去树木外皮，留住内表皮，这样既可以减少开裂，又可以防止变色和虫害 (7) 采用端面环状切口法防裂，即用半圆凿子将原木端面中部开个环状切口，以减少原木开裂
木材翘曲的防治	主要是将原木锯制成板、方材之后，尽快堆码成“层层填楞平码垛”，以使木材迅速均匀地干燥成为“气干材”（含水率在15%左右）。有条件的储木场可采用人工干燥，即将木材码成平堆垛，放入干燥窑中烘干，可起到防腐、防虫、防裂、防曲的作用

关键点提示

木材的保管方法包括：

1. 原木干存法
2. 原木湿存法
3. 原木水存法
4. 木材虫害的防治
5. 木材裂纹的防治
6. 木材翘曲的防治

3.7 作业安全管理

典型问题及案例

忽视安全作业的代价

孙××是某仓库的搬运工。某日来了一批机械配件，由于入库比较急，孙××忘记戴安全帽，库房的货架很高，在搬运过程中，一箱货从货架上跌落，正好砸在孙××头上，经医院抢救无效死亡。之后仓库单位召开事故分析会，孙××死亡的主要责任虽然是其自己没有佩戴劳动保护用品，但领班负有监督管理不力的责任、单位领导负有安全教育不到位的责任。

解读与阐述

仓储作业的安全管理是效益管理的重要组成部分。作业安全管理主要从作业设备和场所、作业人员两方面进行，一方面可以消除安全隐患，减小系统风险；另一方面能够增强人员的安全责任和安全防范意识。

1. 安全操作管理制度化

管理是仓库日常工作的重要项目，要制定科学合理的作业安全制度、操作规程和安全责任制度，严格监督，确保管理制度得到有效和充分执行。

2. 加强劳动安全保护

（1）间接劳动安全保护。保证员工有足够的休息时间，包括合理的工间休息。仓库要遵守《劳动法》的劳动和休息时间规定，实行每日 8 小时、每周不超过 40 小时工作制，依法安排加班。

（2）直接劳动安全保护。提供合适和足够的劳动防护用品，如高强度工作鞋、安全帽、手套、工作服等，并督促作业人员使用和穿戴。采用安全系数较高的作业设备、作业机械、作业工具以适合作业要求；作业场地必须具有通风、照明、防滑、保暖等适合作业的条件。不进行冒险作业和不安全环境的作业，在大风、雨、雪等影响作业的气候条件下暂缓作业。避免人员伤病作业。

3. 重视作业人员的资质管理和安全培训、 教育

对新参加仓库工作和转岗的员工，应进行仓库安全作业教育，对其进行安全作业和操作培训，确保员工熟练掌握岗位的安全作业技能和规范。从事特种作业的员工必须经过专门培训并取得特种作业资格方可进行作业，且仅能从事其资格证书限定的作业项目，不能混岗作业。

安全作业宣传和教育是仓库管理的长期性工作，也是安全检查和安全作业管理的日常性工作。要通过不断宣传，严格检查，对违章和忽视安全的行为进行严厉的惩罚，增强作业人员的安全责任意识。

关键点提示

了解安全作业管理的几个方面：

1. 安全操作管理制度化
2. 加强劳动安全保护
3. 重视作业人员的资质管理和安全培训、教育

3.8 仓储机械作业安全管理

典型问题及案例

“吃手”的粉碎机

塑料粉碎机的入料口是非常危险的部位，按规定，作业过程中必须使用木棒将原料塞进入料口，严禁用手直接填塞原料。但浙江某注塑厂职工江某嫌麻烦，直接用手去塞料。之前他也多次用手操作，也没出什么事，想当然地觉得用不用木棒也无所谓，但这次就没有那么幸运了。他的右手突然被卷入粉碎机的入料口，手指被削掉了。

工作中，我们可能因为习惯而不遵守操作规范，但就因为一时疏忽，有时会给我们带来危险，甚至付出生命的代价。

解读与阐述

安全是影响企业效益的重要因素，而机械作业又是事故发生的重灾区，要想做到仓储机械安全作业，需要做到以下几点：

1. 自动倾卸车应遵守如下规定

（1）驾驶室内应安装车厢起开报警或指示灯。

（2）装卸大宗货物时，货物不得卡在车厢的栏板上。

（3）车厢起升前注意空中有无障碍物，禁止边走边起、边走边落。

（4）倾卸货物时，应选择平坦场地；向坑内卸货时，应与坑边缘保持一定的距离；在危险地段卸货时，应有人指挥，不得自作主张、自以为是。

2. 随车装卸人员应遵守如下规定

（1）驾驶室内不得超过交通安全部门核定的人数。

（2）车厢内不得人货混装。

（3）不得坐在车厢栏板上；车辆未停稳前不得上下车。

3. 装载易燃、易爆、剧毒等危险品货物时应遵守如下规则

（1）必须经企业交通安全管理部门和保卫部门批准，按指定的路线和指定的时间驾驶。

（2）必须由有经验的驾驶员驾驶，并选派熟悉危险品性质和有关安全防护知识的

人员负责押运。

（3）必须用货运汽车运输，禁止用汽车挂车及其他机动车运输。

（4）车上应根据危险货物的性质配备相应的防护消防器材，车厢两端上方须有危险标志。

（5）应在货车排气管消音器处装设火星罩，易燃、易爆货物专用车的排气管应装在车厢前一侧，向前排气。

（6）车厢周围严禁烟火。

（7）装载液态和气态易燃、易爆物品的罐车，必须挂接地静电导链；装载液化气体的车辆应有防晒措施。

（8）装载氯化钠、氯化钾和用铁桶装的一级易燃液体时，不得使用铁底板车辆。

（9）装载剧毒品的车辆用后应进行清洗消毒。

（10）不得与其他货物混装。

（11）两台以上车辆跟踪运输行驶时，两车的最小间距为50m，行驶中不得紧急制动，严禁超车。

4. 装卸货物应遵守如下规定

（1）机动车驾驶员应负责监督装卸作业，用吊车装卸货物时，机动车驾驶员和随车人员应离开车辆。

（2）装卸时应按货物堆放顺序进行作业。

（3）装卸成件货物，应包扎稳固；对能移动的货物，应使用支杆、撑板或挡板固定；高出车厢栏板的货物，应使用绳索捆绑牢固。

（4）不准在倾斜度50以上的坡边上进行横向起吊作业，如必须作业时，需将车身垫平。

载运货物时应注意的事项如表3－7所示。

表3－7 载运货物时应注意的事项

条目	内容
1	调度人员在下达运输作业计划前，应将货运路线、装卸场所和安全注意事项向驾驶员交代清楚
2	车辆运载不得超过行驶证上核定的数量
3	车辆载物的高度、宽度和长度应按交通管理部门的规定执行
4	可解体的货物的体积超过规定时，必须经企业交通安全管理部门批准，指派专人押车，按指定的路线，遵照规定的时间和规定的要求行驶
5	装载货物必须均衡平稳、捆扎牢固，车厢侧板、后栏板要关好、拴牢；货物长度超过后栏板时，不得遮挡号牌、转向灯、尾灯和制动灯；装载散装或液态货物时，不得散落、飞扬或滴漏车外
6	装载炽热货物时，必须使用专用的柴油卡车，其油箱必须用石棉包扎严密，并按指定的路线行驶

关键点提示

仓储机械安全作业应注意的事项有：

1. 载运货物时应注意的事项
2. 自动倾卸车应遵守的规定
3. 随车装卸人员应遵守的规定
4. 装载易燃、易爆、剧毒等危险品货物时应遵守的规则
5. 装卸货物应遵守的规定

3.9 冷库仓储管理

典型问题及案例

试指出李某在冷库存储管理方面的问题

李某是某仓储公司冷库的负责人，2002 年 7 月某天上午他接到业务部电话，说是一批冻肉与冻鱼当天中午到，让他安排入库。中午 12 点 35 分，货物准时到达，李某把交货人带到办公室，仔细验证了发货单和卫生检查证，并交代了伙食科预备交货人的饭菜。吃完饭后已是下午 2 点，李某组织入库，为了节省空间，把冻肉和冻鱼放在了一起。由于搬运工人较少，货物又多，用了 2 小时才搬完。

解读与阐述

冷库创造特定温度和相对湿度条件，能够延长有机体的保鲜，在加工和储存食品、工业原料、生物制品以及医药等领域有着特殊的用途。冷库结构复杂、造价高、技术性强，为此冷库的使用、维修和管理，必须认真执行有关规章制度。对冷库管理的要求如表 3 - 8 所示。

表 3 - 8　冷库管理要求

条目	内容
对冷库的要求	（1）冷库应具备可供商品随时进出的条件，具备经常打扫、清洁、消毒、晾干的条件 （2）冷库的外室、走廊、汽车月台及附属车间等场所，都要符合卫生要求。冷库还应具有通风设备，以随时去除异味
对冷库内设备的要求	（1）冷藏库中的设备等一切用具都要符合卫生要求 （2）所有手拉车都要保持干净，并将运输肉和鱼的手拉车区分开来，要定期对运输工具进行消毒

续表

条目	内容
对入库食品的要求	(1) 凡进入冷库保藏的食品必须新鲜、清洁并经过检查合格，如鱼类要冲洗干净按种类和大小装盘，肉类及副产品要求修割干净、无毛、无血、无污染。食品在冷却的过程中，库房温度保持在0℃～1℃。当肉体内温度达到0℃～4℃时冷却即为完成。食品冻结时，库温应保持设计要求的最低温度，当肉体内部温度不高于冷藏间温度3℃时，冻结即告完成 (2) 食品到达前，应做好一切准备工作。食品到达后，双方必须根据发货单和卫生检查证在冷库月台上进行交接验收，并立即组织入库。已经腐败变质散发臭味、肉色发绿的肉类食品以及经过雨淋或水浸过的食品不得入库
严格掌握库房的温度、湿度	(1) 根据食品的自然属性和所需的温度、湿度选择库房，并力求保持库房的温度、湿度的稳定 (2) 对冻结物冷藏间的温度要保持在－18℃。库温只允许在短时间内有小的波动，在正常的情况下温度波动不得超过1℃。 (3) 在大批冷藏食品进库、出库的过程中，昼夜升温不得超过4℃。冷却物冷藏间温度升降幅度不得超过±0.5℃。 (4) 在进出库时温度升高不得超过3℃

1. 冷库的合理使用和管理

冷库的使用应按设计要求，充分发挥其冻结、冷藏的能力，确保安全生产，保证产品质量，维护好冷库建筑结构。库房应设立专门机构和人员来管理，责任落实到人。

冷库是用隔热材料建筑的低温密闭性库，具有怕跑冷的特性，所以要把好冷、霜、水、潮、热气五关，冷库的合理使用和管理要求如表3－9所示。

表3－9 冷库合理使用与管理要求

条目	内容
冷库内清洁	(1) 冷库内要保持清洁干净，地面、墙、顶棚、门框上无积水、结霜、挂冰，随有随扫，特别是作业后，应及时清洁 (2) 制冷设备、管壁上的结霜、结冰应及时清除，以提高制冷功能。
通风换气	(1) 按货物所需的通风要求进行通风换气 (2) 通风换气是为了保持库内适宜的氧气和湿度，冷库一般采用机械通风的方式进行通风换气 (3) 通风换气还要选择合适的时机
减少冷耗	(1) 为减少冷耗，货物出入库作业应选择在气温较低的时间进行，如早晨、傍晚、夜间 (2) 出入库作业时，应集中仓库内的作业力量，尽可能缩短作业时间。要使装运车辆离库门最近，缩短货物露天搬运距离，防止隔车搬运。在货物出入库中出现库温升高较高时，应停止作业，封库降温 (3) 出入库搬运应采用推车、叉车、运输带等机械搬运，采取托盘等成组作业，提高作业速度。作业中不得将货物散放在地坪上，避免货物、货盘冲击地坪、内墙、冷管等，吊机悬挂重量不得超过设计负荷

续表

条目	内容
货物堆码	（1）库内堆码严格按照仓库规章进行，选择合适货位，将长期存储的货物存放在库里端，存期短的货物存放在库门附近，易升温的货物接近冷风口或排管附近放置 （2）根据货物或形状合理地采用垂直叠码，货垛要求堆码整齐、货垛稳固、间距合适 （3）货垛不能堵塞或者影响冷风的流动，避免出现冷风短路。堆码完毕在垛头上悬挂货垛牌
仓容使用	（1）注意合理使用仓容，提高仓库利用率 （2）要不断总结改进堆垛方法，安全、合理地安排货位和堆存高度，在楼板允许的负荷下，提高每立方米的堆垛数量，并且要求堆垛牢固整齐，便于盘点、检查，进出仓方便 （3）货垛与墙壁和排管应保持以下距离： a. 距低温库顶棚 0.2m b. 距高温库顶棚 0.3m c. 距顶排管下侧 0.3m d. 距顶排管横侧 0.2m e. 距无排管的墙 0.2m f. 距有排管的墙 0.4m g. 距风道喷风口中心（下侧）0.3m h. 距冷风机周围 1.5m

2. 冷库人员安全

（1）防止冻伤。进入库房的人员，必须加以保温防护，穿戴手套、工作鞋。身体裸露部位不得接触冷冻库内的物品，包括货物、排管、货架、作业工具等。

（2）防止人员缺氧窒息。由于冷库特别是冷藏库内的植物和微生物的呼吸作用使二氧化碳浓度增加或者冷媒泄漏入库内，会使库房内氧气不足，造成人员窒息。因此人员在进入库房，尤其是长期封闭的库房前，需进行通风，以免因氧气不足而窒息。

（3）避免人员被封闭库内。库门应设专人开关，限制无关人员入库，应在门外悬挂告示牌。作业班需明确核查人数的责任承担人，在确定人员出库后，才能摘除告示牌。

（4）妥善使用设备。库内作业应使用抗冷设备，且进行必要的保温防护；不使用会发生低温损害的设备和用具。

关键点提示

冷库的管理要求如下：

1. 对冷库的要求

2. 对冷库内设备的要求

3. 对入库食品的要求

4. 严格掌握库房的温度、湿度

5. 保证人员安全

3.10 冷库卫生管理

典型问题及案例

专业制冷公司的卫生管理

重庆某制冷设备公司冷藏产品用以保鲜、防腐败，在使用过程中十分注意内部的灭菌杀毒，保证内部产品的干净。

以水果储存为例，一般而言存放水果的都是气调库，它是在冷藏的基础上，增加气体成分调节，通过对贮藏环境中温度、湿度、二氧化碳、氧气浓度和乙烯浓度等条件的控制，抑制果蔬呼吸作用，延缓其新陈代谢过程，保持果蔬新鲜度和商品性，延长果蔬贮藏期和保鲜期。但存放时间太长，水果在库中排放出的二氧化碳会达到一定的浓度，导致水果二氧化碳中毒，使水果发生腐烂变质。针对这种情况该公司在气调库中安装脱除机，做好气体浓度的调节，提高了产品的存储质量。

另外，该公司冷库在使用过程中尤其是存放肉类产品时，注意对冷库进行仔细检查，将已经变质的产品及时清理，产品进入冷库时仔细检查避免了冷库内细菌的滋生。

在每次使用之后都对冷库进行清理，打扫干净，尽量避免留下产品的残渣，避免对下一次的使用造成影响。同时，在使用过程中对冷库的库板之间的细节进行检查。由于使用会导致冷库的板与板之间出现一些缝隙，影响冷库的保温效果，使制冷效果下降、滋生细菌，不利于产品的储存。

解读与阐述

在冷库使用中，冷库的卫生管理是一项重要工作，要严格执行国家颁布的卫生条例，尽可能减少微生物污染，以保证食品的质量，延长冷藏期限。

1. 冷库的环境卫生

食品进出库时都要与外界接触，如果环境卫生不良，就会增加微生物污染食品的可能性，因而冷库周围的环境是十分重要的。冷库四周不应有污水和垃圾，冷库周围的场地和过道应经常清扫，定期消毒。垃圾箱和厕所应与库房有一定的距离。

2. 库房和工具设备的卫生与消毒

库房内，霉菌较细菌繁殖得更快，极易侵害食品。因此，库房应不定期消毒。运输用的手推车及其他载货设备也是微生物污染食品的媒介，应经常进行清洗和消毒。库内冷藏的食品，不论是否包装都要堆放在垫木上。垫木表面要光滑，并保持清洁。垫木、小车及其他设备，要定期在库外冲洗、消毒。加工用的各种设备，如秤盘、挂钩、工作台等，使用前后都应用清水冲洗干净，必要时还应用热碱水消毒。冷库内的过道和楼梯要经常清扫，特别在出入库时，对地坪上的碎肉等残留物要及时清扫，以免污染环境。冷库室内的卫生与消毒细节规范如表 3－10 所示。

表 3－10　冷库室内卫生消毒规范

条目	内容
消毒剂	（1）漂白粉消毒。漂白粉可配制成含有效氯 0.3% ～0.4% 的水溶液，在库内喷洒消毒，或与石灰混合粉刷墙面 （2）次氯酸钠消毒。可用 2% ～4% 的次氯酸钠溶液，加入 2% R 氯酸钠，在低温库内喷洒，并将门关闭 （3）乳酸消毒。每立方米库房空间需用 3 ～5ml 粗制乳酸，每份乳酸再加 2 份清水，放在瓷盘内，置于酒精灯上加热，再关门数小时消毒 （4）福尔马林消毒。不宜在低温库房内喷洒。每立方米可用 15 ～25g 福尔马林。福尔马林的气味很大，肉类吸收后即不能食用，为了吸收剩余的福尔马林，可在通风时用脸盆等容器盛氨水放在库内；福尔马林对人体有很大的刺激作用，使用时要注意安全
抗霉剂	（1）氟化钠法。在白陶土中加入 1.5% 的氟化钠或 2.5% 的氟化铵，配成水溶液粉刷墙壁 （2）氰基联苯酚钠法。发霉严重时，在正温的库房内，可用 2% 的氰基联苯酚钠溶液刷墙，或用同等浓度的药剂溶液配成混合剂进行粉刷。消毒后，地坪要洗刷并通风，而后库房才能降温使用 （3）硫酸铜法。将硫酸铜 2 份和钾明矾 1 份混合，取一份混合物加 9 份水在木桶中溶解，粉刷时再加 7 份石灰 （4）用 2% 过氧酚钠盐水与石灰水混合粉刷
消毒方法	（1）喷洒。将消毒剂配制成符合浓度要求的溶液，用喷洒设备进行喷洒消毒。喷洒时要关闭门窗，等时间到时，再打开门窗通风，通风要彻底 （2）粉刷。将消毒剂配制成溶液对墙面进行粉刷。粉刷前应将库内食品全部撤出，并清除地坪、墙和顶板上的冰霜，必要时需将库温升至正温 （3）紫外线消毒。一般用于设备和工作服的消毒，操作简单，节约费用，效果良好。每立方米空间装设功率为 1 瓦的紫外线灯，每天照射 3 小时，即起到对空气的消毒作用 （4）冷库消毒的效果要根据霉菌孢子的减少来评定。在消毒前后均要做测定和记录。消毒后，每平方厘米表面上不得多于一个霉菌孢子

3. 冷库工作人员的个人卫生

对冷库工作人员的个人卫生应有严格的要求。

(1) 要勤理发，勤洗澡，勤洗工作服，工作前要勤洗手，保持个人卫生。

(2) 定期检查身体，如患传染病者，应立即进行治疗并调换工作；未痊愈者，不能进入库房与食品接触。

(3) 工作人员不应将工作服穿到食堂、厕所和库房以外的场所。

关键点提示

保持冷库卫生可采取的方法有：

1. 保持冷库周围环境的卫生
2. 保持冷库工具设备的卫生与消毒
3. 保持冷库室内的卫生与消毒
4. 注意冷库工作人员的个人卫生

3.11 冷库商品质量管理

典型问题及案例

酒店冷库的专业管理规范

长春某酒店冷库担负着易腐食品的冷冻加工和储藏任务，由于冷库结构比较复杂，技术性、专业性比较强，应确保冷库在使用、维修、管理等各方面的科学管理，认真执行国家颁布的有关标准和法规，做到安全、卫生、低消耗。该酒店就冷库管理特列以下规范：

1. 加强商品保管和卫生工作，重视商品养护，严格执行《食品卫生法》，保证商品质量，减少干耗损失，加强卫检工作。库内要求无污垢、无霉菌、无异味、无鼠害、无冰霜等，并有专职卫检人员检查出入库商品。肉及肉制品在进入冷库时，必须有卫检印章或其他检验证件。严禁未经检疫检验的社会零宰畜禽肉及肉制品入库。

2. 为保证商品质量，冻结、冷藏商品时，严格遵守冷加工工艺要求。商品深层温度必须降到不高于冷藏间温度3℃时才能转库，如冻结物冷藏间库温为 -18℃，则商品冻结后的深层温度必须达到 -15℃以下。长途运输的冷冻商品，在装车、装船时的温度不得高于－15℃。外地调入的冻结商品，温度高于－8℃时，必须复冻到要求温度后，才能转入冻结物冷藏间。

3. 根据商品特性，严格控制库房温度、湿度。要求冻结物冷藏间昼夜温度升降幅度不得超过1℃，冷却物冷藏间不得超过0.5℃。在货物进出库过程中，冻结物冷藏间温升不得超过4℃，冷却物冷藏间不得超过3℃。

4. 对库存商品，严格掌握储存保质期限，定期进行质量检查，遵循先进先出原则。如发现商品有变质、酸败、脂肪发黄现象时，迅速处理。

同时，酒店要求冷库必须进行卫生管理工作：

1. 要求冷藏库工作人员注意个人卫生，定期进行身体健康检查，发现有传染病及时调换工作。

2. 库房周围和库内外走廊、汽车和火车月台、电梯等场所，设专职人员经常清扫，保持卫生干净。

3. 库内使用的易锈金属工具、木质工具和运输工具、垫木、冻盘等设备，规定需勤洗、勤擦、定期消毒，防止发霉、生锈。

4. 库内商品出清后，进行彻底清扫、消毒、堵塞鼠洞，消灭霉菌。

凡进入冷藏库保藏的食品，必须新鲜、清洁、合格。在食品到达前做好一切准备工作。食品到达根据发货单和卫生检查证，双方在冷藏库的月台上交接验收后，立即组织入库。严格控制库房的温度、湿度。对冷藏食品要认真掌握其贮藏安全期限，遵循先进先出的原则，并进行定期或不定期的食品质量检查。对特殊要求或出口的食品，按合同规定办理。下列商品严禁入库：

1. 变质腐败、有异味、不符合卫生要求的商品。

2. 患有传染病畜禽的肉类商品。

3. 雨淋或水浸泡过的鲜蛋。

4. 用盐腌或盐水浸泡，没有严密包装的商品，流汁、流水的商品。

5. 易燃、易爆、有毒、有化学腐蚀作用的商品。

解读与阐述

只有提高和改进冷加工工艺、保证合理的冷藏温度、采用有效的管理方法，才能确保冷库商品质量。

1. 温度控制

在正常生产情况下，冻结物冷藏库的温度应控制在设计温度的 ±10℃的范围内，冷却物冷藏库的温度应控制在设计温度 ±0.5℃的范围内。

货物在出库过程中，冻结物冷藏库的温升不超过4℃，冷却物冷藏库的温升不超过3℃。进入冻结物冷藏库的冻结物温度不应高于冷藏库温度3℃。

2. 分组管理

为保证冷库商品的质量，要采用分组管理的方法管理库内商品。按照商品的品种、等级和用途等分批分垛储藏，并按垛位编号，填制卡片悬挂于货位明显地方。要有商品保管账目，正确记载库存货物的品种、数量、等级、质量、包装以及进出的动态变化；还要定期核对账目，出库一批清理一批，做到账货相符。要正确掌握商品储藏安全期限，遵循先进先出的原则。定期或不定期地进行商品质量检查，如发现商品有霉烂、变质等现象时，应及时处理。

3. 特殊处理

有些商品（如家禽、鱼类、副食品等）在冷藏时要求表面包冰衣。可在垛位表面喷水，但要防止水滴在地坪、墙和冷却设备上。冻肉在码垛后，可用防水布或席子覆盖，在走廊边或靠近冷藏门处的商品尤其应覆盖好，要求喷水结成3mm 厚的冰衣。在热流大的时候，冰衣易融化，要注意保持一定的厚度。

易腐食品冷藏推荐条件如表 3 -11 所示。

表 3 -11 易腐食品冷藏推荐条件

(1) 肉、禽、蛋类冷藏推荐条件

类别、品名	温度（℃）	相对湿度（%）	预计冷藏期限	备注
冻猪肉	-12 -18 -20 -18	95 ~100 95 ~100 95 ~100 95 ~100	3 ~5 个月 8 ~10 个月 10 ~12 个月 10 ~12 个月	肥度较大的期限还应缩短
冻牛肉	-12 -18 -20	95 ~100 95 ~100 95 ~100	6 ~10 个月 10 ~12 个月 12 ~14 个月	
冻肉馅	-18	95 ~100	6 ~8 个月	
冻鸡肉、鸭肉等	-12	95 ~100	3 ~4 个月	
冻羊肉	-12 -18	95 ~100 95 ~100	6 ~10 个月 10 ~12 个月	

(2) 水产品冷藏推荐条件

类别、品名	温度(℃)	相对湿度(%)	预计冷藏期限	备注
鳗鱼 沙丁鱼	-25~-18	95~100	6~10个月	
比目鱼 黄花鱼	-25~-18	95~100	10~14个月	
鳖等	-25~-18	95~100	8~12个月	
贝类	-25~-18	95~100	6~10个月	
虾类	-25~-18	95~100	6~10个月	

(3) 副食品冷藏推荐条件

类别、品名	温度(℃)	相对湿度(%)	预计冷藏期限	备注
灌肠	-25~-18	95~100	4~8个月	
熏肉	-18	95~100	5~7个月	
油煎鸡	-18	95~100	3~4个月	

关键点提示

保证冷库内商品质量的方法有：

1. 温度控制
2. 分组管理
3. 特殊处理

3.12 冷库节能管理

典型问题及案例

如何挤掉能耗泡沫?

某冷库仓储公司冷库的制冷系统，每冻结1吨白条肉平均耗电为140W，而同行业最低耗电为70W，公司领导决定采取节能措施。首先，建立能耗管理制度，及时了解每台制冷设备的运行状态；其次，改进技术，淘汰能耗大的设备，用8AS-12.5氨活塞式制冷压缩机替代20世纪50年代生产的5-135/12氨活塞式制冷压缩机；最后，合理堆垛，提高库房的利用率。通过以上措施，现在每冻结1吨白条肉平均耗电降为90W。

解读与阐述

冷库用电量较大，可以通过对制冷系统进行技术改造和科学管理达到节能的目的。

1. 采用新工艺、新技术、新设备的设计方案

（1）减少冷库围护结构单位热流量指标。据统计，如果将qf降到6.98～8.14W（平方米·时），则对于一座5000～10000吨级的低温冷库，动力费将下降10%左右。

（2）缩小制冷剂蒸发温度与库房温度的温差。当库房温度一定时，随着蒸发温度与库房温度温差的缩小，蒸发温度就能相应提高，此时如果冷凝温度保持不变，意味着制冷量的提高；也就是说，要获得相同的冷量可以少消耗电能，而且小的温差对降低库房储藏食品的干耗也是极为有利的。因为小温差能使库房获得较大的相对湿度，能减缓库房内空气介质交换程度，从而减少储藏食品的干耗，尤其是对于未包装储藏食品，应该采用小的温差。提高蒸发量的主要措施是适当增大蒸发器的传热面积和增加风量。

（3）根据不同的冷藏食品和不同的储藏期确定相应的储藏温度。可针对食品在低温储藏期间的生化变化及低温细菌的滋长和繁殖被抑制程度，来确定相应的储藏温度。

（4）冻结间配用双速或变速电机的冷风机。食品在冻结间冻结过程中热量的释放，实际上是不均匀地放热过程，所以冻结过程对冷却设备的需冷量也是不均匀的。

食品的冻结过程有三个阶段：第一阶段是冷却阶段，食品温度由0℃以上降至0℃左右；第二阶段是冰晶形成阶段，食品温度由0℃降至－5℃左右；第三阶段是冻结阶段食品温度由－5℃降至－15℃左右。

三个阶段中，第二阶段需冷量最大，此间冻结间所配冻结设备要全部投入运转。第一阶段和第三阶段，由于单位时间内热负荷较少，可适当降低风速、减少风量，以达到节能的目的。

（5）冷却物冷藏库配用双速电机冷风机。冷却物冷藏库一般既用作冷藏又用作冷却。在货物进库时，用作冷却，此时热负荷较大，冷风机需较大的风量，电动机为高速挡。当货物经冷却后进入存储期，其热负荷较小，冷风机可开小些，电动机改为低速挡，以达到节能的目的。

2. 及时进行冷藏食品的结构改革

（1）在市场推广销售冷却肉。从卫生的角度出发，市场出售的新鲜肉均应进行冷却，这样可达到明显的节能效果，能耗上只有冻结肉的40%左右。

（2）肉胭体进行分割剔骨。将肉胭体进行分割剔骨，改变过去白条肉冻结和冷藏的做法。据统计，肉胭体经剐骨、去肥膘处理后进行冻结储藏，可节省劳动力 25%，节省冻结能耗 50%，节省低温冷藏空间 50%。

（3）冷藏肉食品包装后的节能效果。冷藏食品如无包装，在储藏时耗能较大。包装的冷冻食品在储藏期间的干耗大大减少，减少蒸发融霜次数，制冷压缩机的无效功也降到最低。

冷库能耗管理措施如表 3－12 所示。

表 3－12　冷库能耗管理措施

条目	规范内容
建立能耗管理制度	(1) 日常运行管理 要坚持填写设备运行日志，每隔 2 小时记录各种制冷设备工作的温度、压力状况（如蒸发温度、冷凝温度、中间温度和压力、排气温度、吸气温度、膨胀阀前液体温度、库温、水温、室外温度等），以便检查各种设备的工作状态和工作效率。按月进行统计，了解设备月平均工作状况 (2) 制定单位冷量耗电量定额 单位冷量耗电量定额是考核压缩机操作管理是否正常合理的指标。每月终了时，计算出压缩机实际单位冷量耗电量，并与定额进行比较，以考核压缩机操作管理情况 (3) 制定单位产品耗电量定额 单位产品耗电量是衡量冷库好坏的综合指标，它不但反映制冷设备的设计、运行和管理情况，而且还反映冷库结构的设计、使用情况和冷库储藏货物的管理情况。每座冷库的单位产品耗电量不同，应根据各自不同的情况制定单位产品耗电量定额
及时进行技术改造	要及时进行技术改造，用新技术、新设备代替旧设备、旧技术
合理堆垛	合理堆垛能增加库房装载量，提高库房空间的利用率，可节约能源
其他措施	(1) 对制冷系统定期放油、放空气、融霜和除水垢，以保持热交换设备良好的传热效果，充分利用传热面积，以达到降低制冷系统的能量消耗的目的 (2) 对冷却水系统要注意改善水质，减缓热交换器上的结垢，保持热交换器良好的传热效果，降低冷凝压力，以达到节能的目的 (3) 节约用水既能节省水源，又能节省电能 (4) 制冷系统运行时，应根据库房的热负荷和外界环境温度合理调配制冷设备

关键点提示

冷库节能措施包括：

1. 采用新工艺、新技术、新设备的设计方案
2. 及时进行冷藏食品的结构改革
3. 加强科学管理

3.13 危险品仓库管理

典型问题及案例

如何实现危险系统管理?

一家化工企业，长期以来需要对大量的化工危险品进行管理，但其仓库管理还停留在手工操作阶段，所有的出入库数据都得由仓管员手工录入。这种原始的仓库管理方式严重影响工作效率，许多出入库数据不能在系统中及时得到更新；无法实现有效的库位管理，无法了解到物料在仓库中的分布状态及仓库的仓储能力。工人在摆放和领取物料时，没有系统对其进行指导，会出现物料摆错位置或者物料领取错误的情况。以上各种弊端严重影响了仓库管理的效率，降低了企业仓库的仓储能力，增加了仓库管理成本，制约了企业的发展。

解读与阐述

危险品是指易燃、易爆、腐蚀性、有毒或具有放射性的危险物品，从仓库的选址、库房设计到危险品的储存保管都有特殊的要求，危险品仓库设计规范如表 3－13 所示。

表 3－13 危险品仓库设计规范

条目	内容
仓库选址	危险品仓库由于其储存的货物具有危险性，所以通常选择在郊区较为空旷的地带，而且位于长年主导风向的下风处，要避开交通干线、农业保护区、河流湖泊等
仓库结构	危险品库场、建筑形式有地面仓库、地下仓库和半地下仓库，还有窑洞及露天堆场，在使用中应根据货物的性质采用不同的形式 (1) 压缩气体。存放压缩气体的仓库应采用耐火材料建筑，库顶用轻质不燃材料，库内高度应大于 3. 25m，并安装有避雷装置，库门库窗应向外开启，以减小爆炸时的波及面 (2) 易爆炸性货物。储存易爆炸性货物最好采用半地下仓库，这种仓库 2/3 在地下，地面库壁用 45 度斜坡培土，库顶用轻质不燃材料，库外四周修建排水沟。库房面积不宜过大，一般小于 100 平方米，且要求通风好，并保持干燥 (3) 氧化剂。储存氧化剂的仓库应采取隔热和降温措施，并保持干燥 (4) 遇水易燃物品。这种物品遇水受潮后会发生化学反应使温度升高，在温度达到其燃点时会引起自燃。这类货物应储存在地势较高、干燥且温度、湿度易于控制的库房内 (5) 自燃物品。这类物品能与空气中的氧气发生反应，使货物本身升温，当温度达到其自燃点时就会燃烧。因此应置于阴凉、干燥、通风的库房内，库壁采用隔热材料 (6) 有毒物品。对于能散发有害气体的货物应单独存放在库房内，且通风条件要好，并配备毒气净化设备

续表

条目	内容
	(7) 腐蚀性物品。存放腐蚀性物品的仓库应采用防腐材料，物品应放置在阴凉、干燥、通风较好的库房内 (8) 放射性物品。放置放射性物品的库房应采用铅板材料铺设库壁和门窗，物品应放置在阴凉、干燥、通风较好的库房内
库区布局	在危险品仓库库区布置上应严格按照公安部颁布的《建筑设计防火规范》要求，设置防火安全距离 大中型甲类仓库和大型乙类仓库与临近居民点和公共设施的间距应大于150m，与企业、铁路干线间距离应大于100m，与公路间距离应保持或大于50m。在库区内，库房间防火间距根据货物特性取20～40m，小型仓库的防火间距在12～40m
管理重点	危险品仓库管理除了要遵守一般仓库管理的规定外，还要遵守一些特殊要求 (1) 货物入库 仓库业务员应对货物按交通部颁发的《危险品运输规则》进行抽查，做好相应的记录；并在货物入库后的2天内对其验收完毕。货物存放应按其性质分区、分类、分库储存。对于不符合危险品保管要求的货物，应与货主联系拒收 在入库验收方法上，主要是采用感官验收为主，仪器和理化验收为辅。在验收程序上，可按以下步骤进行： a. 检验货物的在途运输情况，检查是否发生过混装 b. 检查货物的外包装上是否沾有异物 c. 对货物包装、封口和衬垫物进行验查，看包装标志与运单是否一致，容器封口是否严密，衬垫是否符合该危险品运输、保管的要求 d. 货物本身质量的检查，看是否有变质、挥发、变色或成分不符等问题 e. 提出对问题的处理意见，对属于当地的货物，以书面形式提出问题和改进措施并退货；如为外地货物，又无法退回的，而且属于一般问题，不会造成危险的，可向货主提出整改意见；对于会影响库场安全的货物，则应置于安全地点进行观察，待问题解决后方可入库 (2) 货物堆垛 根据危险品的性质和包装确定合适的堆垛形状和货垛大小 a. 桶装危险货物不得超过3个桶高，袋装货物不得超过4m b. 库场内的危险货物之间及其与其他设备之间需要保持必要的间距，其中货垛顶距离灯具不小于1.5m；货垛距墙不小于0.5m，货垛之间不小于1m；消防器材、配电箱周围1.5m内禁止堆货或放置其他物品 c. 仓库内消防通道不小于4m，货场内的消防主通道不小于6m d. 危险货物堆叠要整齐，堆垛稳固，标志朝外，不得倒置

3.14 危险品应急处理

典型问题及案例

天津某危险品仓库爆炸事故的教训

天津某危险品仓库集装箱堆场突发大爆炸，继而发生二次爆炸，两次爆炸相当于24吨TNT当量，两公里内建筑玻璃全部被震碎，救援人员被困。

附近各大医院爆满，很多是高温灼伤，玻璃砸伤。

警方提醒周围群众远离现场、注意安全，听从救援人员调度指挥，以便于灭火救援工作的顺利开展。

解读与阐述

当发生危险品事故时，应采取应急措施，以减少损失和人员伤亡。具体内容如下：

（1）迅速撤离非必要人员，隔离危险区并禁止人员进入。

（2）让人员离开低洼地，在上风口处停留。

（3）拨打救助电话，请求应急支援。

（4）如发生水污染，应及时通知各有关单位采取措施。

现场人员首先要通过危险品标签、包装标志或依据货运票据、标签或包装箱上的名称确定危险品的名称，然后根据危险品事故的性质和处理要求采取相应的处理措施，危险品事故处理措施如表3－14所示。

表3－14 危险品事故处理措施

条目	内容
要根据火灾大小和危险品性质选择合适的灭火工具	（1）小火选用干化学剂、二氧化碳、喷射水或常规泡沫剂 （2）大火选用喷射水、雾剂或常规泡沫 （3）如无危险，将容器移出火区 （4）面临火焰的容器，向各边洒冷水直至火完全熄灭。注意远离储罐的各端 （5）对货区大面积火灾，使用无人操纵的水龙带支架或监控喷管；如不能采取此法，则撤离火区，任其燃烧
当发生溢流或泄漏时，需注意以下事项	（1）阻断引燃源，在危险区内禁止吸烟、出现火苗及火焰 （2）可燃物（木、纸、油等）需远离溢流物 （3）切勿触及溢流物或在溢流区行走 （4）小量溢流：用沙或其他不燃的吸着材料渗入溢流物中，将其放入容器内以便日后处理 （5）大量溢流：在液体溢流区远方构筑围堤防护，以备日后处理

续表

条目	内容
人工急救	(1) 将伤员移至空气新鲜处，请求派遣急救医护人员。伤员如已停止呼吸，应进行人工呼吸；如呼吸困难，应输氧 (2) 如已触及危险品，立即用流动的水冲洗皮肤或眼睛至少15分钟 (3) 脱下在现场受污染的衣服、鞋并予以隔离 (4) 使伤员保持安静使体温恢复正常

 **关键点提示**

危险品的应急处理措施包括：

1. 应急措施
2. 具体措施

3.15 危险化工产品养护管理

典型问题及案例

长春某危险品仓库的安全养护经验

长春某危险品仓库，从以下四个方面展开安全方面的养护工作：

1. 仓库建筑

对于仓库建筑，采用不导热的耐火材料作为屋顶、墙壁的隔热层；层檐适当加宽，不使阳光直射仓内，层墙适当加厚，宜不开窗；采用间接通风洞，双层门，双层屋顶，窗户尽量安装高，玻璃漆蓝色，仓内温度一般保持在28℃～30℃。

2. 仓间

屋面上应设冷却水管，水管上有一排小孔，水管下接消防水泵和消防水源。当气温在30℃以上时，启动消防水泵喷水降温，也可以在仓间内加冰块、深井水等降温（遇湿易燃物品除外）；有些燃点特别低的危险物品，如乙酸、石油醚等，可采取仓内放冰或设置冷冻盐水盘管等降温措施，使仓内温度控制在28℃以下。有的仓库早晚和夜间开窗通风，放进冷空气，同时排出可燃气体，中午关闭门窗，防止热空气进入，使仓内温度升高。

3. 露天临时堆场

采用不同材料搭建临时遮阳棚，有时需用橡皮管引水，定时喷水降温；防止因铁桶蓄热，使桶内危险品温度升高而引起“胖桶”发生爆破及燃烧或爆炸等事故。

4. 露天贮罐

贮罐顶部设置降温措施，一般用铁管绕成盘形。铁管上钻有小孔，在气温达到28℃时，开启防水泵进行喷水冷却，防止贮罐内温度过高导致易燃液体大量气化，以达到安全贮存目的。目前，有些仓库为了防止低沸点的易燃物品受热，在库内设置冷气、冷风等自动调温设施，保证了夏季贮存的安全。当然，专门仓库管理员应加强防护，经常检查，发现隐患，及时处理。

解读与阐述

危险化工产品分为爆炸品、氧化剂、压缩物质、易燃品、毒害品、腐蚀性物品和放射性物品等。因这些物品对储存环境和管理要求特殊，所以在养护管理时需要采取一些特殊方法，危险化工产品储存要求如表3－15所示。

表3－15 危险化工产品储存要求

条目	规范内容
降温	多数危险化工产品对温度十分敏感，高温往往导致库存物资融化、挥发、分解或变质。因此当气温较高时，通过以下措施使危险品降温： （1）通风降温。对温度和湿度都敏感的物资，通风时要严格控制温湿度条件，只有当库外温度低于库内温度，库外相对湿度也低于库内相对湿度时，才能进行通风降温；对于一些虽然受温度影响很大，但受湿度变化影响很小的物资，只需对比库内外的温度差，无须注意湿度条件即可进行通风降温 （2）加冰降温。加冰降温适用于密闭库房，采用冰或食盐与碎冰块的混合物使库房内降温；效果明显，降温速度快，可在短时间内使库房内温度下降10℃左右 实施加冰降温必须注意：冰吸热后融化成水，要将水及时导出或移出库外，并且降温的库房应使用吸湿剂，以降低库内湿度；因天然冰难以获得，而人造冰或加食盐费用较大，所以要根据具体情况严格控制冰和食盐的用量，以降低消耗，节约成本 （3）喷水降温。货场上堆放的物资，如果物资性能允许采用喷水降温，通常可直接将水喷洒到物资上，达到降温目的；也可持续地向库顶喷洒或淋水，使库内温度下降。喷水降温，尤其是库顶喷水法，虽方法简单易行，但耗水量过大，而且对防水防潮的物资应避免使用或慎用 （4）埋藏法降温。埋藏法降温实际上是一种绝热处理。对那些易燃性大，但存量不多的易燃液体采用此法，往往效果较其他方法更佳，埋藏材料多用河砂 （5）采用空调降温。现代仓库中，尤其是密封库，可使用空调调节库温。虽然设备费用和能源消耗都较大，但实施降温方法简捷，没有任何污染，因此其应用范围越来越广
降湿	很多化工产品对湿度敏感，易吸潮而发生霉变或融化，从而影响物资安全。主要的降湿措施是通风，同时还要根据具体情况选用吸湿剂，提高和巩固通风降湿效果。常用的吸湿剂有生石灰、氯化钙、硅胶等

续表

条目	规范内容
密封	对那些易吸潮而使物资本身潮解的品类，密封可以防止物资吸潮后融化。对密封性好的库房，只需将门窗等与外部环境的孔道关闭，即可获得密封效果。一般情况下，可采用牛皮纸条、塑料胶带等将门窗缝糊上，可得到满意的密封效果。作业人员必须通过库门，或用隔离门，或用二道门，也可以采取挂门帘的方法，使外部与库内隔断联系，保持库内的干燥条件
保温和采暖	高寒地区或严冬季节，如不相应地对库房采取保温或采暖措施，有些物资会因低温而受到损失。一般怕冻物资均应存放在保温或采暖库房内，养护管理要密切注意库内温度变化和物资自身变化，适时加温供暖，使库内温度适宜

关键点提示

危险化工产品的养护管理方法包括：

1. 降温
2. 降湿
3. 密封
4. 保温和采暖

3.16 粮仓管理

典型问题及案例

30万吨粮食霉变！

某市国有粮库，由于管理人员和保管人员的失职，造成30万吨粮食发生霉变。究其原因是由于管理松懈，库内的温湿度过高所致，打开粮仓时，蛾子满库飞。该市主要领导和粮库的主要领导及有关人员都受到了严厉的处罚。粮食是关系国计民生的重要物资，又是国家战略物资储备的主要物资。作为粮仓管理人员应该提高觉悟，制定严格的管理制度，按照规定进行粮食的储、藏保管，以确保粮仓安全。

解读与阐述

由于粮食本身具有呼吸性和自热性、易受虫害等特点，所以应对粮仓采取特殊的措施进行管理，具体如表3－16所示。

表 3－16 粮食仓储管理措施

条目	内容
清洁处理	粮仓要保证干净无污染，为保证粮食清洁干净，在粮食入库前必须保证粮仓内清洁干净 （1）仓库所建设的粮仓需要达到仓储粮食的清洁卫生条件，尽可能采用专用的粮筒仓 （2）采用通用仓存储粮食，仓库应是能封闭的，仓内地面、墙面进行硬化处理，不起灰扬尘，不脱落剥离，必要时使用木板、防火合成板固定铺垫和镶衬，作业通道进行防尘铺垫 （3）金属筒仓应进行除锈防锈处理，如采用电镀、喷漆、喷塑、内层衬垫等，确保无污染物、无异味时方可使用 （4）粮食入库前，应对粮仓进行彻底清洁，清除异物、异味。待仓内干燥、无异味时，粮食才能入库。地面条件不满足要求的，应采用合适的衬垫，如用帆布、胶合板严密铺垫
保持干燥、控制水分	（1）粮仓内不得安装日用水源，消防水源应妥善关闭，洗仓水源应离仓库有一定距离，并在排水下方。仓库旁的排水沟应保持畅通，无堵塞 （2）随时监控粮仓内湿度，将湿度严格控制在合适的范围内。仓内湿度升高时，要检查粮食的含水量；水量超过要求时，及时采取除湿措施 （3）粮仓通风时，要采取措施避免将空气中的水分带入仓内
控制温度	（1）粮食具有自热性，在温度、湿度较高时，自热能力更强。在气温高、湿度大时，要控制粮仓温度，采取降温措施 （2）每日要测试粮食温度，特别是内层温度，及时发现自热升温。当发现粮食自热升温时，及时降温，加大通风、进行货堆内层通风降温、内层释放干冰等，必要时进行翻仓、倒垛散热 （3）防止火源，粮食具有易燃特性，粮仓的防火工作有较高的要求。粮食出入库、翻仓作业时，应避免一切火源，特别要注意对作业设备运转的静电、粮食与仓壁、输送带的摩擦静电的消除，粉尘遇火源也会爆炸起火，应加强吸尘措施，排除扬尘
防霉变	粮仓防霉变以预防为主，主要措施有： （1）严把入口关，防止已霉变的粮食入库 （2）避开潮湿货位，如通风口、仓库排水口、漏水撇雨的窗、门口 （3）加强仓库内温湿度的控制和管理，保持低温和干燥 （4）经常清洁仓库，特别是潮湿的地角；清除随空气入库的霉菌以及清洁仓库外环境，消除霉菌源 （5）经常检查粮食和粮仓，发现霉变，立即清除霉变粮食，并针对性地在仓库采取防止霉变扩大的措施 （6）应充分使用现代防霉技术和设备，如使用过滤空气通风法、紫外线灯照射、释放食用防霉药物等。但是用药物时需避免使用对人体有毒害的药物 （7）粮食霉变除了因为细菌、酵母菌、霉菌等微生物污染外，还会因为自身的呼吸作用、自热而霉烂。微生物的生长繁殖需要较适宜的温度、湿度和氧气含量，在温度25℃～37℃，湿度75%～90%时，霉菌生长繁殖最快。霉菌和大部分细菌需要足够的氧气，而酵母菌则可以进行有氧呼吸、无氧呼吸的兼性厌氧微生物

续表

条目	内容
防虫鼠害	危害粮仓的昆虫种类很多，有多种甲虫、蜘蛛、米虫、白蚁等，这些昆虫往往繁殖能力很强，危害巨大，能在很短时间内造成巨大损害。因此应该采取有效措施预防虫鼠对粮食的损害 (1) 保持良好的仓库状态，及时用水泥等高强度填料堵塞建筑破损、孔洞、裂痕，防止虫鼠在仓内隐藏。库房各种开口隔栅完好，保持门窗密封 (2) 防止虫鼠随货入仓，对入库粮食进行检查，确定无害时方可入仓 (3) 经常检查，及时发现虫害鼠迹 (4) 使用药物灭杀。使用高效低毒的药物，不直接释放在粮食中进行驱避、诱食杀灭，或者使用无毒药物直接喷洒、熏蒸除杀 (5) 使用诱杀灯、高压电灭杀，合理利用高温、低温、缺氧等手段灭杀

 **关键点提示**

粮仓的管理措施如下：

1. 保证干净无污染
2. 保持干燥、控制水分、控制温度
3. 防止火源
4. 防霉变
5. 防虫鼠害

3.17 集装箱堆场管理

典型问题及案例

中远公司的集装箱堆场管理

中远公司拥有一流的软件硬件设施，专业管理经验，敬业高效的管理团队，规范的操作流程，提供全天候24小时的高效、优质的各类集装箱场站服务。

场站资源：

中远在长三角拥有20.8万平方米的堆场：上海临港物流园区内6.8万平方米，外高桥4万平方米，宁波10万平方米集装箱场站。

拥有近3万平方米修理场地，3000平方米专业修理车间（包括冷箱发泡车间、打磨喷沙车间）。

中远临港堆场有专门的冷箱PTI场地，可堆放1080TEU冷箱，拥有72个380V冷箱插座可同时进行PTI服务。

解读与阐述

集装箱堆场内有数以千计的各种集装箱和各种装卸搬运设备及船只，合理有效地进行集装箱堆场的管理，不仅可以提高作业效率，还可以保证货物的安全运送。

集装箱堆场的管理内容和方法主要有：

1. 堆场的堆垛管理

为保证集装箱堆放安全，减少倒箱率，集装箱堆垛时要根据集装箱的工艺、尺寸、货物种类采用不同的堆垛方式：

（1）轮胎龙门吊作业的堆垛

a. 集装箱堆垛的长度（一个箱区的长度）往往与泊位的长度相对应，通常一个箱区为六排集装箱。

b. 堆垛宽度由轮胎龙门吊的宽度决定。

c. 堆箱层数根据轮胎龙门吊的高度而定。堆三过四的轮胎吊，堆三层高，箱区最高限度堆四层；堆四过五的轮胎吊，堆四层高，箱区最高限度堆五层。轮胎吊作业区域，若是堆三过四的轮胎吊用箱区，第六排应比其他排少堆一层。若是堆四过五的轮胎吊用箱区，第六排应堆两层，第五排应堆三层。相邻排孤立的层高之差不得大于3。

d. 各箱之间要留有合适的通道，使集卡、铲车等机械能在堆场内安全行驶。集装箱在堆场的位置用“场箱位”来表示，场箱位由箱区、位、排、层组成，箱区的编码分为两种：一种是用一个或两个英文字母表示；另一种是由两位数字组成，第一位表示码头的泊位号，第二位表示堆场从海侧到陆侧后方堆场的顺序号。“位”的编码用两位数字表示，一个箱区由若干个位组成。“层”和“排”用一位数字表示。如“A0111”表示A箱区01位第一层第一排的集装箱。如下图所示：

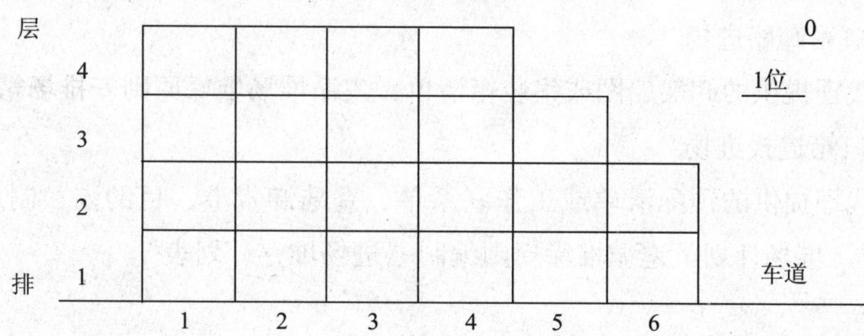

（2）不同箱形的堆垛原则

a. 重、空箱分开堆放，不同大小的集装箱分开堆放；

b. 冷藏箱、危险品箱、特种重箱堆放在相应的专用箱区；

c. 进口箱和出口箱分开堆放；

d. 出口重箱按装船要求分港、分吨堆放；

e. 空箱按不同持箱人、不同尺码、不同箱形分开堆放，污箱、坏箱分开堆放；

f. 重箱按堆场载荷要求堆放。

（3）出口箱进场安排

出口箱进码头堆场堆放时，必须遵循一定的原则，使出口箱在配载装船时，能减少倒箱，提高装船率。一般按以下原则安排出口箱进场：

a. 按排堆放。同一排内，堆放同一港口、同一吨级的箱；但同一位内不同的排，可以堆放不同港口、不同吨级的箱。

b. 按位、排堆放。同一位内，堆放同一港口、同一吨级的箱；而该位的同一排内，堆放相同港口、相同吨级的箱。

c. 同一位中，较重的箱堆放于靠近车道的第二排，较轻的箱放在最里面第二排，中间等级的箱堆放于较中间的排，而且重吨级的箱可以压较轻吨级的箱。

d. 在多条路进箱时，有两种方式可选择：一种是根据集卡的车号判别交替进箱，如第一辆车进 A 区，则第二辆车进 B 区，依次类推；另一种是先进完 A 区，再进 B 区。

（4）进口箱进场安排遵循的原则

a. 同一位中相同的提单号，进同一排。

b. 一个位结束后，再选另一个位。

（5）空箱进场安排

根据持箱人、箱形的不同，选择不同的进场位置。

2. 码头各类作业安排流程

（1）进口箱卸船进场

根据船代理提供的卸船船图或集装箱清单，遵循堆场堆垛原则安排场箱位。

（2）出口箱进栈进场

根据船代理提供的预配清单或工作联系单，登陆卸货港、目的港，制定“进栈分港分吨要求”，堆场计划员遵循堆垛规则编制“进场堆存计划表”。

3. 集装箱堆场内的归位、并位、转位

一般需两台场内作业机械及水平运输机械配合才可完成作业。

为了提高堆场利用率，提高箱区的作业效率，减少码头作业出差错的可能性，减少倒箱，需要对集装箱场进行归、并、转作业。通常在以下几种情况下进行集装箱的

归、并、转作业：

（1）在装船结束后，将集装箱转入指定区域。

（2）箱区内进行过提箱作业后，对零星的集装箱进行归并。

（3）根据客户申请的昼夜提箱计划，可将此类要作业的集装箱转入同一个箱区。这样可以在客户提箱时减少轮胎吊频繁跨箱区移动，加快客户的提箱速度。

（4）对完成拆箱提货作业后的空箱进行归并。

（5）提前进场的出口箱或中转箱，在装船前按不同的卸货港进行归转作业。

4. 集装箱的疏港

集装箱堆场是运输过程中的周转性堆场，不能用作中、长期储存。码头为了保证船舶装卸作业的正常，保证堆场畅通，根据国家关于集装箱疏港的有关规定，结合码头实际堆场的情况，可将进口集装箱疏运至港外堆场。

关键点提示

集装箱堆场的作业管理包括：

1. 堆场的堆垛管理
2. 码头各类作业安排流程
3. 集装箱堆场内的归位、并位、转位
4. 集装箱的疏港

第四章　仓储出入库业务管理

入库业务的管理是仓储管理工作的一项重要内容，入库是仓储工作的第一步，标志着仓储工作的正式开始。入库业务的水平高低直接影响到整个仓储作业的效率与效益，因此提高入库业务的管理水平十分重要。入库业务的工作内容主要包括货物的入库准备、入库手续、货物的检验、理货以及对搬运装卸合理化的管理。

出库业务是仓储管理工作中十分重要的一环，是整个仓储工作的结束，出库业务水平的高低直接影响到整个仓储作业的效率与效益，进而影响到企业的客户服务水平，因此提高出库业务的管理水平十分重要。企业需要严格按照出库业务的一般程序进行出库，严格遵守出库的各项规定，能够正确处理出库业务中的各种问题，从而做到出库业务的高效、准确、低成本。

4.1　货物入库准备

典型问题及案例

某石油设备公司的入库程序

四川某石油设备公司是一家专业从事石油钻采设备研究、设计、制造、成套和服务的大型民营企业。

供应商送货后由仓库检验员验收，并在系统中开具“实物验收移交清单”，实物验收清单由系统传递给库管人员和采购部，采购部根据订货合同和“实物验收移交清单”制作“采购到货单”；系统将“采购到货单”传送给库管人员。只有在“采购到货单”和“实物验收移交清单”同时齐备时才允许进行正常入库操作。

对于“采购到货单”迟迟不能到位的情况，系统提供特殊业务处理功能，允许库房管理处进行临时入库操作，即只要有“实物验收移交清单”即可办理临时入库手续。

在办理入库手续前，仓库管理员先用扫描枪扫描要入库的物资条码，没有条码的先给物资生成并打印条码；采集完后把扫描枪跟条码管理系统连接，并导入条码信息，系统会提示存放货位，选择物资明细和入库仓库就可以“生成入库单”；将物资明细导入“材料入库单”就可确认入库，保存相应入库单据。

解读与阐述

仓库应根据仓储合同或入库单，做好库场准备，以便货物按时入库，确保入库工作的顺利进行。

仓储管理者应定期同货主、生产厂家及运输部门联系，了解将要入库的货物情况，如货物的品种、类别、数量和到库日期，从而做好货物入库准备工作。货物入库准备细节规范如表4－1所示。

表4－1 货物入库准备细节规范

条目	内容
熟悉入库货物	仓库管理人员一定要认真查阅入库货物资料，必要时向货主查询，掌握入库货物的品种、规格、数量、包装状态、单件体积、到库确切时间、货物存放期、货物的理化特性、保管的特殊要求等。只有了解了上述内容，才能准确和妥善地进行库场的安排、准备
掌握仓库库场情况	了解在货物入库期间、保管期间仓库的库容、设备、人员的变动情况，以便安排工作。必要时对仓库进行清查、整理、归位，以便腾出仓容。对必须使用重型设备操作的货物，一定要确保可使用设备的货位
制订仓储计划	仓库业务部门根据货物情况、仓库情况及设备情况，制订仓储计划，并将任务下达到相应的作业单位、管理部门
妥善安排货位	仓库管理人员根据入库货物的性能、数量、类别，结合仓库分区分类保管的要求，核算货位大小；根据货位使用原则，妥善安排货位、验收场地，确定堆垛方法、苫垫方案等
合理组织人力	根据货物入库的数量和时间，安排好货物验收人员、搬运堆码人员及货物入库工作流程，确定各个工作环节所需的人员和设备
做好货位准备	仓库保管员应及时进行货位准备，彻底清洁货位，清除残留物，清理排水管道，必要时进行消毒除虫、铺地。详细检查照明、通风等设备，发现损坏及时通知修理
准备苫垫材料、作业用具	在货物入库前，根据所确定的苫垫方案，准备相应的材料，并组织苫垫铺设作业。对作业所需的用具，准备妥当，以便能及时使用
验收准备	仓库理货人员根据货物情况和仓库管理制度，确定验收方法。准备好验收时点数、称量、测试、开箱装箱、丈量、移动照明等各项工作所需的工具
装卸搬运工艺设定	根据货物、货位、设备条件、人员等情况，合理科学地制定卸车搬运工艺，保证作业效率
文件单证准备	仓库保管人员对货物入库所需的各种报表、单证、记录簿，如入库记录、理货检验单、料卡、残损单等预填妥善，以便使用

关键点提示

入库准备工作包括：

1. 熟悉入库货物
2. 掌握仓库库场情况
3. 制订仓储计划
4. 妥善安排货位
5. 合理组织人力
6. 做好货位准备
7. 准备苫垫材料、作业用具
8. 验收准备
9. 装卸搬运工艺设定
10. 文件单证准备

4.2 商品入库验收

典型问题及案例

某贸易公司仓库货物验收入库说明

1. 发货单位按照双方约定的托运方式，依照“货物订单”的数量、质量、规格将货物运送至指定的交货地点。

2. 将货物运送到指定收货地点后，货运司机通知仓管员验货。如交货地系公司仓库，货运司机必须将货物运送至仓库并找到仓管员，在仓管员的指引下，按便于卸货的方式将货车停放好；交货地点系公司仓库以外的其他货运站，送货司机必须根据收货方提供的电话通知仓管员到约定交货地点验货。

3. 仓管员接到送货司机或送货单位通知后，及时效验送货单据。效验内容包括：送货单据是否与“货物订单”内容相符，实际货物是否与“送货单”载记的数量、质量、品名、规格等内容相符。对于货物与单据不相符者，必须就货、单差异先电话请示公司，根据公司指示同意收货者，仓管员方可安排卸车验货。对于交货地点为货运站的，仓管员到达收货地点，发现货、单不符，不得安排提货装车，必须就货、单差异先电话请示公司，根据公司指示同意收货者，仓管员方可安排验货、提货装车。

4. 对于货、单相符或根据公司指示同意收货的货物，仓管员分两种情况收货入库：第一，交货地点在公司仓库的，卸车时验货；第二，交货地点系某收货站时，转货装车时验货。验货内容包括：货物包装、罐装、标签是否完整，货物是否在有效的保质期内。再次核实货物数量是否与送货单相符，以及其他验货时需要发现的问题。

5. 货物验收完毕后，仓库管理员开具收货凭据，收货凭据必须有仓管员签名，并加盖仓库印章。“收货单”分四联：第一联为客户联，交司机或货运站发货人员转交发货单位；第二联为财务联，交公司财务结算货款；第三联为装卸联，交装卸工结算装卸费用；第四联为仓库联，仓库人员自己留存入库。

6. 货物验收完毕，必须及时将到货信息反馈公司财务。

解读与阐述

所有到库商品，必须在入库前进行验收，验收合格后方可入库。商品入库检验工作包括验收准备、核对验收单证、确定验收比例和实物验收四个方面，具体如表 4－2 所示。

表 4－2　商品入库验收细节规范

条目	内容
验收准备	验收准备是货物入库验收的第一道程序，包括货位、验收设备和工具及人员的准备，要做好以下五个方面的准备工作： （1）收集、整理并熟悉各项验收凭证、资料和有关验收要求 （2）准备所需的计量器具、卡量工具和检测仪器仪表等，要准确可靠 （3）落实入库货物的存放地点，选择合理的堆码垛型和保管方法 （4）准备所需的苫垫堆码物料、装卸机械、操作器具和担任验收作业的人力。如为特殊性货物，还需配备相应的防护用品，采取必要的应急防范措施，以防万一 （5）进口货物或存货单位要求对货物进行质量检验时，要预先通知商检部门或检验部门到库进行检验或质量检测
核对验收单证	核对证件按下列三个方面的内容进行： （1）审核验收依据，包括业务主管部门或货主提供的入库通知单、订货合同、协议书等 （2）核对供货单位提供的验收凭证，包括质量保证书、装箱单、磅码单、说明书和保修卡及合格证等 （3）核对承运单位提供的运输单证，包括提货通知单和货物残损情况的货运记录、普通记录和公路运输交接单等。在整理、核实、查对以上凭证时，如果发现证件不齐或不符等情况，要与货主、供货单位、承运单位和有关业务部门及时联系解决 （4）入库商品必须具备下列凭证：入库通知单和订货合同副本；供货单位提供的材质证明书、装箱单、磅码单、发货明细表等；商品承运单位提供的运单。若商品在入库前发现残损情况，还要有承运部门提供的货运记录或普通记录，作为向责任方交涉的依据；核实凭证就是将上述凭证加以整理并进行全面核对。入库通知单、订货合同要与供货单位提供的所有凭证逐一核对，相符后才可以进行下一步检验工作

续表

条目	内容
确定验收比例	抽验比例应首先以合同规定为准，合同没有规定时，确定抽验的比例一般应考虑以下因素： (1) 商品价值。商品价值高的，抽验比例大；反之则小。有些价值特别大的商品应全验 (2) 商品的性质。商品性质不稳定的或质量易变化的，验收比例大；反之则小 (3) 气候条件。在雨季或梅雨季节，怕潮商品抽验比例大；在冬季速冻商品抽验比例大；反之则小 (4) 运输方式和运输工具。对采用容易影响商品质量的运输方式和运输工具运送的商品，抽验比例大；反之则小 (5) 厂商信誉。信誉好的抽验比例小；反之则大 (6) 生产技术。生产技术水平高或流水线生产的商品，产品质量较稳定，抽验比例小；反之则大 (7) 储存时间。储存时间长的商品，抽验比例大；反之则小
实物验收	(1) 实物验收是物资验收业务管理的核心，核对资料、证件都符合后，应尽快验收实物。仓库一般负责物资外观质量和数量的验收 (2) 对于有些入库物资，需要进行内在质量和性能检验，仓库应积极配合检验部门，做好此项工作

关键点提示

商品入库验收工作程序如下：

1. 验收准备
2. 核对验收单证
3. 确定验收比例
4. 实物验收

4.3 实物验收

典型问题及案例

某贸易公司的实物验收程序

北京某贸易公司新进一批设备，该公司按照事先的验收管理制度，由质量部门全程负责。

1. 实物点收

装备。核对××××有限公司报价单和实物到货情况，逐项和实物一一核对。注意主要零部件的规格、型号、生产厂商是否和报价单上一致，由设备部门填写完成“装备验收表”。

备品备件。在技术协议中规定备品备件保证供应的内容，或是备品备件的获取途径。

操作手册。核对操作手册、使用说明书、相关的软件操作说明。

2. 员工操作培训

培训教材。供方提供培训教材。

培训考核。培训后须对参训员工按照操作要求进行实际操作考核，合格后方可上岗。

3. 功能性验收

（1）安全性验收。参照公司《安全操作验收指南》填写“设备安全性/人机工程验收表”。

（2）人机工程验收。参照公司《人机工程验收指南》填写“设备安全性/人机工程验收表”。

（3）操作性验收。按照设备规定的生产效能进行试加工生产，进行两天的生产，结果应为可按要求操作，无故障发生。

（4）质量保证能力验收。进行两天的生产，无设备造成的质量问题。

（5）防错系统。

（6）功能性验收。逐项核实技术参数。

解读与阐述

实物验收包括内在质量、外观质量、数量、重量和精度验收。当商品入库交接后，应将商品置于待检区域，仓库管理员及时进行外观质量、数量、重量及精度等验收，并进行质量送检。

1. 外观质量验收

外观质量验收主要采用看、听、摸和嗅等各种感官检验方法。外观质量验收包括检验外观包装完好情况、外观质量缺陷、外观质量受损情况和受潮、霉变、锈蚀情况等。

2. 数量验收

（1）点件法。对商品逐件清点，一般适用于散装或非定量包装的商品。

（2）抽验法。按一定比例开箱点件，适合批量大、定量包装的商品。

（3）检斤换算法。通过重量过磅换算该商品的数量，适合商品标准和包装标准的情况。

3. 重量验收

（1）检斤验收法适合非定量包装、无码单的商品。其计算公式为：

$$实际磅差率=\frac{实收重量-应收重量}{应收重量}\times 100\%$$

$$索赔重量=应收重量-实收重量$$

商品的重量一般有毛重、皮重、净重之分。毛重是指商品包括包装重量在内的实重。皮重主要指包装重量。净重是指商品本身的重量，即毛重减去皮重的余数。我们通常所说的商品重量是指商品的净重。重量验收是否合格，是根据对验收的磅差率与允许磅差率的比较确定，若验收的磅差率未超出允许磅差率范围，说明该批商品合格；若验收的磅差率超出允许磅差率范围，则说明该批商品不合格。磅差是指由不同地区的地心引力差异、磅秤精度差异及运输装卸损耗等因素导致的重量过磅数值的差异。

（2）抄码复衡抽验法适用于定量包装并附有码单的商品。其计算公式为：

$$抽验磅差率=\frac{\sum 抽验重量-\sum 抄码重量}{\sum 抄码重量}\times 100\%$$

$$索赔重量=抽验磅差率\times 应收总重量$$

（3）平均扣除皮重法。

（4）除皮核实法。核对结果未超出允许磅差率，即可依其数值计算净重。

（5）约定重量法。

（6）理论换算法。适合定尺长度的金属材料、塑料管材等。

常见的钢材理论换算公式为：

圆钢单位长度重量（kg/mm）$=6.1654kg/mm^3\times d^2$

式中，d为直径（mm）。

钢管单位长度重量（kg/mm）$=24.66kg/mm^3\times S\times(D-S)$

式中，D为外径（mm）；S为壁厚（mm）。

方钢单位长度重量（kg/mm）$=7.85kg/mm^3\times a^2$

式中，a为边宽（mm）。

扁钢单位长度重量（kg/mm）$=7.85kg/mm^3\times a\times b$

式中，a、b为边宽（mm）。

钢板单位面积重量（kg/mm/m^2）$=7.85kg/mm^3\times d$

式中，d 为厚度（mm）。

（7）整车复衡法。适合散装的块状、粒状或粉状的商品。

4. 精度验收

精度验收包括仪器仪表精度和金属材料尺寸精度检验两个方面。

关键点提示

实物验收包括：

1. **外观质量验收**
2. **数量验收**
3. **重量验收**
4. **精度验收**

4.4 商品验收中发现的问题

典型问题及案例

验收登记要做好

在企业的验收工作中，若出现如下问题应该采取什么措施？

验收发现的问题	对策
价格不符	
证件不齐全	
单证不符	
数量短缺但在允许磅差率范围内	
商品未按时到库	

解读与阐述

商品验收中会出现一些问题，如证件不齐、数量短缺、质量不符合要求等，商品验收中经常出现的问题及其处理方法如表 4－3 所示。

表 4－3 商品验收中经常出现的问题及其处理方法

条目	内容
数量不准	数量短缺但在磅差允许范围内的，可按原数入账，凡超过规定磅差范围的，应查对核实，验收记录和磅码单交主管部门会同货主向供货单位交涉。凡实际数量多于原发料量的，可由主管部门向供货单位退回多发数，或补发货款

续表

条目	内容
质量不符合要求	在验收商品时，一定要严把质量关。对于不符合质量要求的，一定要求退换，绝不能入库，做到入库的商品无任何质量问题
证件不齐全	该类到库商品应作为待检商品处理，堆放在待验区，待证件到齐后再进行验收。证件未到齐之前不能验收，不能入库，更不能发料
单证不符	供货单位提供的质量证书与进库单、合同不符时，商品待处理，不得动用
商品未按时到库	有关证件已到库，但在规定的时间商品尚未到库，应及时向货主查询
价格不符	应按合同规定价格承付，对多收部分应予拒付。如果是总额计算错误，应通知货主及时更改
商品在入库前已有残损短缺	有商务记录或普通记录等证件者，可按照实际情况查对证件记录是否准确，在记录范围内者，按实际验收情况填写验收记录；在记录范围以外或无运输部门记录时，应查明责任。其残损情况可以从外观上发现，但在接运时尚未发现而造成无法追赔损失时，应由仓库接运部门负责；外观良好，内部残缺时，应做出验收记录，与供货方交涉处理
发错货	如发现无进货合同、无任何进货依据，但运输单据上却标明本库为收货人的商品，仓库收货后应及时查找该货的产权部门，并主动与发货人联系，询问该货的来龙去脉，并作为待处理商品，不得动用。依其现状做好记载，待查清后做处理
对外索赔	（1）对需要对外索赔的商品，应由商检局检验出证，对经检验提出退货、换货出证的商品应妥善保管，并保留好商品原包装，供商检局复验 （2）对进口物资经验收发现规格、数量等不符合合同规定，如属供货方责任的应在规定索赔期内向外商提出索赔。国际上规定：材料、燃料等对外索赔期为10天，一般五金钢材、机器、仪器等为90天，化工产品为60天，成套设备和大型机械设备等为1年，对外提出索赔需要有商检局的证明及验收报告、对外贸易合同、国外发货票、装箱单、质量证明书及运单等。在索赔期内应妥善保管物资，以备商检局或供货方复验

对国内供应的物资在验收中发现数量、产品质量不符时，如属运输部门责任时，应填制索赔单，随同运输部门的商务记录，交由运输部门处理；如属供货单位责任时，查询后处理。

关键点提示

商品验收中出现的问题有：

1. 数量不准
2. 质量不符合要求
3. 证件不齐全
4. 单证不符
5. 商品未按时到库
6. 价格不符

7. 商品在入库前已有残损短缺

8. 发错货

9. 对外索赔

4.5 办理入库手续

典型问题及案例

仓库管理员小李的小窍门

长春某商贸公司仓库管理员小李非常注重细节，因为其工作认真谨慎，所以公司未在出入库方面出过任何差错。下述问题是小李在工作中经常遇到的问题，并给出了解决的办法。

1. 记账时出现错字应做何处理?

应在错处画一条红线，表示注销，然后在其上方填上正确的文字或数字，并在更改处加盖更改者的印章，红线画过后的原来字迹必须仍可辨认。

2. 如何冲销账上数字?

进行冲账。

3. 露天存放的货物立卡片时，如何防止卡片损坏?

可以将卡片装在塑料袋中或放在特制的盒子里，也可用油漆写在铁牌上。

解读与阐述

物资一经验收入库，就必须办理登账、立卡、建档等一系列入库手续。具体如表4－4所示。

表4－4　入库手续办理细节规范

条目	内容
登账	商品入库登账，要建立详细反映库存商品进、出和结存的保管明细账，用以记录库存商品的动态，并为对账提供主要依据。登账应遵循以下规则： (1) 登账必须以正式合法的凭证为依据，如入库单、出库单等 (2) 一律使用蓝、黑墨水笔登账，用红墨水笔冲账。当发现登账错误时，不得刮擦、挖补、涂抹或用其他药水更改字迹；应在错处画一条红线，表示注销，然后在其上方填上正确的文字或数字，并在更改处加盖更改者的印章，红线画过后的原来字迹必须仍可辨认 (3) 记账应连续、完整，依日期顺序，不能隔行、跳页，账页应依次编号；年末结存后转入新账，旧账页入档妥为保管 (4) 记账时，其数字书写应占空格的2/3空间，便于改错

续表

条目	内容
	登记账卡前首先要认真审查凭证，记好日期、凭证编号，摘要栏要尽量简明扼要，认真填写；在过次页时，应在账页最后一行的摘要栏内注明转次页，并依次结出本月收、支、存数，在次页第一行摘要栏内注明承前页，并记录上页结出的收、支、存数。保管账可采取专职管理人员负责建立管理总账，与保管员一人一账的方法。不论采取哪种管理方法，均应做到每天登账，经常查对，保证账账相符、账卡相符、账物相符
立卡	（1）每次物资入库码垛时，即应按入库单所列内容填写卡片；发货时应按出库凭证随发随销货卡上的数字，以防事后漏记 （2）卡片式样根据物资存放地点不同而不同，存放在库房内的物资一般挂纸卡或塑料卡；存放在露天的物资，为防止卡片丢失或损坏，通常将其装在塑料袋中或放在特制的盒子里，然后再挂在垛位上，也可用油漆写在铁牌上
建档	建立商品档案的要求有： （1）商品档案应一物一档。存档资料包括： a. 商品出厂时的各种凭证和技术资料，如商品技术证明、合格证、装箱单、发货明细表等 b. 商品运输单据、普通记录或货运记录、公路运输交接单等 c. 商品验收的入库通知单、验收记录、磅码单、技术检验报告 d. 商品入库保管期间的检查、保养、损益、变动等情况的记录 e. 库内外温度、湿度记载及对商品的影响情况 f. 商品出库凭证 （2）商品档案应统一编号，妥善保管。商品档案资料的保管期限，根据实际情况酌定。其中有些资料如库区气候资料、商品储存保管的试验资料，应长期保留

关键点提示

办理入库手续包括：

1. 登账
2. 立卡
3. 建档

4.6 商品出库

典型问题及案例

某食品公司的出入库操作规范

北京某食品公司在长期出入库作业中，总结了以下常见且易出现的问题，并给出了具体操作规范。

商品出库过程中会遇到各种问题，如无单提货、凭证问题、单货不符、包装损坏、货未发完、货已错发等，这就需要管理人员针对不同问题进行协调处理。以下为各种不同问题的处理方式：

1. 无单提货

是指没有正式提货凭证而要求提货的情况，比如“白条”、电话提货。这种情况，一般不能发货。

2. 凭证问题

发货前验单有时会发现，抬头、印鉴不符，有涂改痕迹，超过提货有效期等提货凭证有问题的情况，这时应立即与货主取得联系，并向主管部门反映。配货后复核发现凭证有问题，仓库应立即停止发货作业。总之，手续不符，仓库有权拒绝发货。

3. 单货不符

发货之前验单，若发现提货凭证所列商品与仓库储存的商品不符，一般应将凭证退回开单单位，更正确认后再发货。特殊情况，如出库商品必须立即发运出口，货主要求先行发货，之后更改提货凭证，经主管部门批准后，方可发货；但应将联系方式详细记录，事后及时请货主补办更正手续。若配货后复核发现所备商品与提货凭证所列不符，应立即调换。

4. 包装损坏

为保证运输途中商品安全，应该对商品外包装有破损、脱钉、橙绳的实施整修加固。若发现包装内的商品有霉烂、变质等质量问题或数量短缺，不得以次充好、以溢余补短缺。

5. 货未发完

仓库发货，原则上按提货单当天一次发完；如确有困难，不能当日提取完毕，办理分批提取手续。

6. 货已错发

如果发现货已错发，首先应将情况尽快通知货主，同时报告主管部门负责人，并应了解商品已运到什么地方。能及时追回的应及时追回，无法追回的，应在货主帮助下采取措施，尽量挽回损失，查明原因，以防再犯。

解读与阐述

为保证商品能够快速、准确、保质保量地出库，一定要严格遵守出库作业的一般程序。其主要程序如表 4－5 所示。

表4－5 商品出库操作

条目	内容
出库准备	仓库应根据凭证的要求，做好以下准备工作： (1) 选择好发货的货区、货位 (2) 检查出库商品，拆除货垛苫盖物 (3) 安排好出库商品的堆放场地 (4) 安排好人力和机械设备 (5) 准备好包装材料
审核出库凭证	出库凭证（如提货单、领料单）到达仓库后，仓库管理人员要对出库凭证的以下内容进行审核： (1) 审核货主开出的提货单的合法性和真实性 (2) 核对商品的品名、型号、规格、单价和数量 (3) 核对收货单位、到站、开户银行和账号是否齐全正确
备货	备货时应注意以下事项： (1) 要按出库凭证所列的项目和数量进行，不得随意变更 (2) 备货计量一般根据商品入库验收单上的数量，不用再重新过磅，对被拆散、零星商品的备货应重新过磅 (3) 备好的货物应放于相应的区域，等待出库 (4) 出库商品应附有质量说明书或抄件、磅码单、装箱单等附件
复核	为避免出库商品出错，备料后应进行复核，复核的主要内容包括： (1) 商品名称、规格、型号、批次、数量、单价等项目是否与出库凭证所列的内容一致 (2) 机械设备的配件是否齐全，所附证件是否齐全 (3) 外观质量、包装是否完好 复核的主要方式有三种：由多个保管员交叉复核、由专职复核员复核、由运输员或包装员复核，不同企业可根据自己的管理模式选择相应的复核方式
包装	为保证商品在装卸搬运途中不受损坏，商品的包装一定要符合以下要求： (1) 根据商品的外形特点，选择适宜的包装材料，包装尺寸要便于商品的装卸和搬运 (2) 商品包装要符合运输的要求 a. 包装应牢固，怕潮的商品应垫一层防潮纸，易碎的商品应垫软质衬垫物 b. 包装外要有明显的标志，标明对装卸搬运的要求及其他标志，危险品必须严格按规定进行包装，并在包装外部标明危险品的有关标志。利用旧包装时，应彻底清除原有标识，以免造成标识混乱，导致差错 c. 不同运价的商品应尽量不包装在一起，以免增加运输成本 (3) 严禁性能抵触、互相影响的商品混合包装 (4) 包装的容器应与被包装商品体积相适应 (5) 要节约使用包装材料
刷唛	包装完毕后，在包装上写明收货单位、到站、发货号、本批商品的总包装件数、发货单位等，并在相应的位置印刷或粘贴条码标签

续表

条目	内容
清点交接	出库商品经复核、包装后，要向提货员点交，具体点交的内容有： （1）将出库商品及随行证件向提货人员当面点交 （2）对重要商品的技术要求、使用方法、注意事项交代清楚 （3）商品移交清楚后，提货人员应在出库凭证上签名；保管员应做好出库记录
清理	商品出库后，要对仓库进行清理，具体工作主要有： （1）要清理现场，根据储存规划要求，对货物进行并垛、挪位，腾出新货位，以备新来货物使用 （2）要清扫发货现场，保持清洁整齐 （3）要清查发货设备和工具有无丢失、损坏 （4）商品发货完毕，要整理商品出入库情况、保管保养情况及盈亏数据等，记入档案，妥善保管，以备查用

关键点提示

商品出库的主要程序如下：

1. 出库准备
2. 审核出库凭证
3. 备货
4. 复核
5. 包装
6. 刷唛
7. 清点交接
8. 清理

4.7 拣货作业

典型问题及案例

播种式拣货实例

现要拣选订单1和订单2所列的货物。首先要将订单1和订单2进行汇总形成拣货清单，然后由拣货员按照“拣货总表”的品类和数量，到指定储位去拣货，从下表可以看出，拣货员总共需要拣7箱355ml可口可乐、5箱太平苏打饼干、6箱统一绿茶。货物拣好后放到指定位置，再按订单1和订单2进行分类，最后由验收人员进行检验。

出货单编号1

品类号码	品类叙述	数量
101 -a1	可口可乐355ml	4
412 -01	太平苏打饼干	5

出货单编号2

品类号码	品类叙述	数量
101 -a1	可口可乐355ml	3
112 -01	统一绿茶	6

拣货清单

品类号码	品类叙述	总数量	储位
101 -a1	可口可乐355ml	7	A431 -4
412 -01	太平苏打饼干	5	C123 -2
112 -01	统一绿茶	6	D320 -3

解读与阐述

拣货就是按照订单的要求准确拣选客户所需商品，保证商品能够迅速、准确地出库，通常按表4 -6所示程序进行拣货。

表4 -6　拣货作业细节规范

条目	内容
确定拣货方式	拣货方式有摘果式、播种式两种，应根据出库商品的性质选择合适的拣货方式： （1）摘果式。以下情况一般采用摘果式拣货： a. 订单大小差异较大，订单数量变化频繁，尤其是季节性较强的商品配送 b. 商品外形体积变化较大，商品差异较大，如化妆品、家具、百货、电器、高级服饰等 （2）播种式。以下情况一般采用播种式拣货： a. 自动化、系统化程度较高的库房 b. 订单变化较小，订单数量稳定的配送中心 c. 商品外形较规则、固定的商品出货 每种拣货方式都有自己的优缺点，要综合评价决定
制作拣货清单	根据所选择的拣货方式制作不同的拣货清单： （1）摘果式。根据每一份订单形成一份拣货清单 （2）播种式。将多张订单集合成一批，按照商品品种类别把多张订单上的商品进行加总形成拣货清单
安排拣货路线	根据拣货清单上的商品储位来安排拣货路线，基本原则是让拣货人员行走最近的路线
分配拣货人员进行拣货作业	拣货员根据拣货清单，按照事先规划好的拣货路线巡回于仓库中，按照拣货清单所列商品及数量，把商品逐一从仓库储位或其他作业区中取出放在托盘或其他容器上，然后集中一起与出货单一同放在指定位置，由出货验收人员检查

关键点提示

拣货作业程序包括：

1. 确定拣货方式
2. 制作拣货清单
3. 安排拣货路线
4. 分配拣货人员进行拣货作业

4.8 货物装卸搬运

典型问题及案例

沃尔玛如何降低货物运输成本？

沃尔玛是世界上最大的商业零售企业。在物流运营过程中，尽可能地降低成本是其实现利润最大化的重要手段。沃尔玛有时采用空运，有时采用船运，还有一些货物采用公路运输。在中国，沃尔玛采用公路运输，如何降低运输成本成为沃尔玛物流管理面临的一个重要问题，为此采取了以下措施：

(1) 沃尔玛使用一种尽可能大的卡车，大约有16米加长的货柜，比集装箱运输卡车更长、更高。沃尔玛把卡车装得非常满，产品从车厢的底部一直装到最高，特别有利于节约成本。

(2) 沃尔玛的车辆都是自有，司机也是其内部员工。沃尔玛的车队大约有5000名非司机员工，3700多名司机，一次运输可以达7000~8000公里。

沃尔玛知道，卡车运输是比较危险的。因此，对于运输车队来说，安全是节约成本最重要的环节。沃尔玛的口号是“安全第一，礼貌第一”，而不是“速度第一”。运输过程中，卡车司机严格遵守交通规则。沃尔玛定期对运输车队进行调查。卡车上都带有公司的号码，如果看到司机违章驾驶，调查人员就可以根据车上的号码报告，进行惩处。沃尔玛认为，卡车不出事故，就是节省费用，就是最大限度地降低物流成本。由于狠抓了安全驾驶，运输车队创造了300万公里无事故的纪录。

(3) 沃尔玛采用全球定位系统对车辆进行定位。在任何时候，调度中心都可以知道车辆在什么地方，离商店有多远，还需多长时间才能运到商店，这种估算可以精确到小时。沃尔玛知道卡车在哪里，产品在哪里，进而可以提高整个物流系统的效率，有利于降低成本。

(4) 沃尔玛连锁商场的物流部门，无论白天或晚上，都能为卡车及时卸货。沃尔玛的运输车队利用夜间进行运输，从而做到当日下午进行集货，夜间进行异地运输，翌日上午即可送货上门，保证在15~18小时内完成整个运输过程，这是沃尔玛在速度上占据优势的重要措施。

(5) 沃尔玛的卡车把产品运到商场后，商场可以整车地卸货，不用对每个产品逐个进行检查，节省大量时间和精力，加快了沃尔玛物流的循环流程，从而降低了成本。

(6) 沃尔玛的运输成本比供货厂商运输成本要低。所以厂商也使用沃尔玛的卡车来运输货物，从而做到了把产品从工厂直接运送到商场，大大节省了产品流通过程中的仓储成本和转运成本。沃尔玛集中配送中心将上述措施有机地结合，做出最经济合理的安排，从而使沃尔玛的运输车队能以最低的成本高效率地运行。

解读与阐述

装卸搬运作业是仓储作业中投入劳动量最大、货物残损高发的重点环节，货物装卸搬运细节规范如表4-7所示。

表4-7 货物装卸搬运细节规范

条目	内容
减少装卸搬运次数	(1) 准确掌握仓储物品的流通动向，根据仓储协议确定货物流通计划，合理选择仓位，必要时采用分点存放 (2) 防止压堵出库货物，避免货物在仓库内倒仓 (3) 合理组织物流的各项活动，避免重复装卸搬运
采用托盘化、集成化等成组作业	将货物码放在托盘上，连同托盘一起进行装卸搬运，如能连同托盘一起出库，将会使货物全程的装卸搬运效率大大提高。此外，还可以采用其他器材，如绳网、货箱或其他较大容器进行成组集成，会大大提高装卸搬运效率
使装卸搬运移动距离最近	(1) 尽可能使运载车辆、搬运工具接近货物存放的位置，或尽量使车辆进入装卸作业区 (2) 使装卸作业设备能够直接进入作业的位置，尽可能消除完全采用人力的水平搬运
省力化作业	省力化作业的主要方法有： (1) 充分利用重力。从卡车、铁路货车上卸物时，利用卡车与地面或小搬运车之间的高度差，采用滑板、溜槽等，依靠货物自身的重力自上而下作业 (2) 减小重力影响 a. 在装卸时要尽量配合简单的机具，尽量避免重物提升作业，从而减小重力的影响，也能减少体力的消耗，达到省力的目的 b. 在出库作业区建设与车厢同样高度的车辆作业平台

续表

条目	内容
使装卸搬运作业衔接流畅	要尽量避免货物先卸，在地面堆放，然后再从地面装上车辆的装卸和搬运脱节的现象发生
提高货物的灵活性指数	在货物装卸搬运过程中避免把货物散落在地面上，尽可能把货物码放在托盘、送货小车上，或装载到台车上，最好直接码放在传送带上；尽可能提高货物装卸搬运的灵活性指数，从而提高下一道工序的完成效率

装卸搬运灵活性指数是指对于不同放置状态的货物做了不同的灵活性规定，装卸搬运的灵活性指数分0~4共5个等级（如表4-8所示），货物的装卸搬运灵活性指数越高，其下一道工序越容易完成，装卸搬运的效率越高；灵活性指数越低，下一道工序越不容易完成，装卸搬运的效率越低。

表4-8 装卸搬运灵活性指数

编号	物品码放状态	灵活性指数
1	零散放在地面上	0
2	放入箱内	1
3	码放到托盘、送货小车上	2
4	装载到台车上	3
5	码放到传送带上	4

关键点提示

货物装卸搬运合理化的措施有：

1. 减少装卸搬运次数
2. 采用托盘化、集成化等成组作业
3. 使装卸搬运移动距离最近
4. 省力化作业
5. 使装卸搬运作业衔接流畅
6. 提高货物的灵活性指数

4.9 出库商品数量检验

典型问题及案例

条形码的威力

某生产企业的成品仓库原来一直采用人工点数的方法进行出库检验，不仅工作效率低下，而且经常出现数量点错、货物丢失，作业人员相互扯皮推诿的现象。为此，该公司采用成型条形码技术，及时对货物进行编码，并购买了条码扫描仪器。经过一段时间的观察，该公司不仅商品出库检验的效率得到了很大的提高，而且仓库管理中其他环节的效率也有了明显改善，作业人员相互扯皮的现象也被完全杜绝了。

解读与阐述

为确保出库商品准确无误，对出库商品数量进行检验十分必要。通过以下方法可以检验出库商品的数量，具体如表4－9所示。

表4－9 出库商品数量检验

条目	内容
商品条形码检验法	作业员用条形码扫描器读取条形码内容，并把扫描的数据导入计算机。计算机可以自动把扫描信息与发货单信息进行对比，从而检查出商品数量和号码是否有误 条形码是由一些规则排列的条、空和相应的数字组成，可以供机器识读的数据编码。目前使用频率最高的是EAN、UPC、39码、交插25码和EAN128码。 条形码的优点：可靠准确；数据输入速度快；经济便宜；灵活、实用；自由度大；设备简单
声音输入检验法	作业员通过发声读出商品名称、代码和数量后，计算机接收声音并自动判断，转变成资料信息再与发货单信息进行对比，从而判断是否有误
重量计算检验法	这种方法是把发货单上的货品重量自动相加起来，然后称出货品的总重量，将两种重量进行对比，可以检查发货是否正确

关键点提示

检验出库商品数量的方法：

1. 商品条形码检验法
2. 声音输入检验法
3. 重量计算检验法

4.10 商品出库凭证问题处理

典型问题及案例

小张的原则

小张是一家仓库的保管员，主要负责电器电子产品储存保管工作。由于这些产品价值高，所以小张平时工作十分认真，遵守原则，生怕有一丝一毫的差错。

一次，公司财务部门的经理想通过小张暂借公司库房里的计算机使用一周，并说好给小张打一张借条并按时完好归还。小张十分为难，他既不想得罪公司领导，又不想违反商品出库的规定——没有出库凭证商品不能出库。

经过再三考虑，小张决定坚守原则，没有答应公司领导的要求。

解读与阐述

商品出库凭证作为商品出库的依据，出现问题会影响货物的准时、准确出库。可通过以下方法来解决出库凭证遇到的各种问题，具体如表4－10所示。

表4－10　商品出库凭证问题处理方法

条目	内容
出库凭证假冒、复制、涂改	如果发现出库凭证有假冒、涂改等情况，应及时与仓库主管部门及领导联系，进行妥善处理
出库凭证规格开错或印鉴不符	如果发现出库凭证规格开错或印鉴不符，保管员不得调换规格发货，必须通过制票员开票方可重新发货 严禁无凭证、电话、口授发货；任何“白条子”都不能作为发货凭证 任何人都不能强制保管员将库存商品借用、试用
出库凭证超过提货期限	当出库凭证超过提货期限，用户前来提货，必须先办理手续，按规定缴足逾期仓储保管费，才可以发货
商品进库时未验收，或者期货未进库	当遇到商品进库时未验收，或者期货还没进库的出库凭证时，一般应暂缓发货，并通知货主，等货物到了并经验收后才能发货
出库凭证遗失	如客户因各种原因将出库凭证遗失，客户应及时与仓库发货员和账务人员联系挂失；如果挂失时货物已被提走，保管员不承担责任，但要协助报案，尽量帮助货主单位找回商品；如果货物还没被提走，保管人员和账务人员查实后，做好挂失登记，将原凭证作废，缓期发货

关键点提示

商品出库凭证问题的处理：

1. 出库凭证假冒、复制、涂改：应及时报告
2. 出库凭证上规格开错或印鉴不符：重新开票方可发货
3. 出库凭证超过提货期限：缴足费用后方可出库
4. 商品进库时未验收，或者期货未进库：商品到货验收后方可发货
5. 出库凭证遗失：挂失后缓期发货

4.11 商品出库中问题处理

典型问题及案例

某公司应对出库问题措施

下面是常州某公司根据商品出库时常见问题所给出的具体处理措施，可供参考。

序号	出库问题	对策
1	因损耗造成的提货数与库存不符	要和货主协商解决，合理范围内的损耗由货主承担，不合理范围内的损耗由仓储企业负责赔偿
2	因发货员失误把货物发串，但货物还未发出	应重新组织发货
3	因发货错误造成客户退货	按照退货程序处理
4	因商品入库时记错账造成的发货数与库存数不符	采用报出报入法处理

解读与阐述

商品在出库的过程中会出现很多问题，正确处理这些问题可以挽回企业和客户的损失。针对不同的问题应该采取不同的方法，具体如表 4－11 所示。

表 4－11 商品出库中问题处理

条目	内容
提货数与实际数不符	当遇到提货数量大于商品实际库存数量时，无论是何种原因造成的，都需要和仓库主管部门及货主单位及时取得联系后再处理。具体处理方式如下： （1）如属于入库时记错账，则可以采用报出报入法进行调整 （2）如属于仓库保管员串发、错发而引起的问题，应由仓库方面负责解决库存数与提单数间的差数 （3）如属于货主单位漏记账而多开出库数，应由货主单位出具新的提货单，重新组织提货和发货 （4）如果是仓储过程中的损耗，需考虑该损耗数量是否在合理的范围内，并与货主单位协商解决。合理范围内的损耗，应由货主单位承担；超过合理范围之外的损耗，则由仓储部门负责赔偿
串发货与错发货	在这种情况下，如果商品尚未离库，应立即组织人力重新发货。如果商品已经提出仓库，保管人员要根据实际库存情况，会同货主单位和运输单位共同协商解决。一般在无经济损失的情况下由货主单位重新按实际发货数冲单解决。如果造成了直接的经济损失，应按赔偿损失单据冲转调整保管账。 串发和错发主要是指发货人员对商品种类、规格不太熟悉的情况下，或者由于工作中的疏漏，把一定规格、数量的商品错发出库的情况
退货处理	商品出库后，因出库时发生的差错造成商品退货，这时要对这部分商品进行妥善处理，才能树立企业形象，最大限度地挽回损失。退货一般按照以下程序进行： （1）用户填写“退货申请表”，在收到同意退货的通知后，须按规定的运输方式办理运输 （2）仓库在收到客户的退货时，应尽快清点完毕；如有异议，必须以书面形式提出 （3）退回的货品与退货申请表是否相符，以仓库清点为准 （4）仓库应将退入仓库的货品，根据其退货原因，分别存放、标识。对属供应商造成的不合格品，应与采购部门联系，催促供应商及时提回 （5）登记入账。对于已发放的货品和退回的货品，要及时入账，并按时向其他部门报送有关材料

关键点提示

商品出库问题的处理：

1. 提货数与实际数不符
2. 串发货与错发货
3. 退货处理

4.12 制定拣货效率分析指标

典型问题及案例

查找拣误的元凶

某仓库通过计算仓库一段时间内的拣误率，发现拣误率高、拣货效率低。为改变这种状况，工作人员具体分析了造成拣货质量差的原因，并针对不同的问题采取了相应的改进措施。

下表是其对拣货质量中造成商品拣取错误的部分原因的分析，并根据造成错误的原因分别制定了措施，以改善仓库的拣货质量，从而提高拣货效率。

拣货质量分析表

结果		原因分析		对策	
商品拣取错误	抽取数量错误	看错数字	照明不够	使用易见的显示器	光电管表示器
			液晶显示不清		显示器应有箭号表示
			视角问题		
	商品不易辨别	代码接近		使商品容易辨别	注意易错商品的陈列
		形状相似			相似箱子的颜色管理
	看错商品	包装外形相似			相似箱子贴区分标识

解读与阐述

拣货作业是配送中心最复杂的一项作业，拣货作业的效率直接影响整个物流中心的配货效率。欲提高拣货效率和效益，必须对人员、设备、策略、时间、成本和品质进行分析和评价。

1. 拣货人员

对拣货人员作业效率的评价指标如下：

（1）每人时平均拣取能力

$$每人时拣取品项数=\frac{拣货单笔数（一行为一笔）}{拣取人数\times每日拣货时数\times工作天数}$$

$$每人时拣取次数=\frac{拣货单位累计总件数}{拣取人数\times每日拣货时数\times工作天数}$$

（2）拣取能力

$$拣取能力=\frac{订单数量}{拣取人数\times每日拣货时数\times工作天数}$$

（3）拣货责任品项数

$$拣货责任品项数=\frac{总品项数}{分区拣取区域数}$$

（4）拣取品项移动距离

$$拣取品项移动距离=\frac{拣货行走距离}{订单总笔数}$$

拣货责任品项数越大，表示每位拣货员负责品项越多，必然影响分拣效率。因此，为了提高效率，应尽量减少责任品项数。

拣取品项移动距离用来研究拣货规划是否符合动作规律，并可检查拣货区布置是否合理。指标太高，表示工作人员在拣货中耗费太多的时间和体力，影响整体效率。

2. 拣货设备

拣货设备的优劣直接影响拣货效率及效益，可用下列指标来分析拣货设备问题，从而可评估投资的合理化程度和效率大小。

（1）拣货员装备率（代表设备的投资程度）

$$拣货员装备率=\frac{拣货设备成本}{拣货人员数}$$

（2）拣货设备投入与产出（表示已投入设备的拣货效率）

$$拣取设备投入与产出=\frac{发货品金额数}{拣货设备成本}$$

（3）每人时拣货金额数

$$每人时拣货金额数=\frac{发出品金额数}{拣取人数\times每日拣货时间\times工作天数}$$

3. 拣货策略

拣货策略制定是否合理对于拣货效率影响很大，通常采用以下指标来分析拣货策略：

（1）每批量包含订单数

$$每批量包含订单数=\frac{订单数量}{拣货分批次数}$$

（2）每批量包含品项数

$$每批量包含品项数=\frac{订单总笔数}{拣货分批次数}$$

（3）每批量处理次数

$$每批量处理次数=\frac{发货箱数}{拣货分批次数}$$

（4）每批量拣取体积数

$$每批量拣取体积数=\frac{发货品体积数}{拣货分批次数}$$

（5）批量拣货时间

$$批量拣货时间=\frac{拣货人数\times 每日拣货时间\times 工作天数}{拣货分批次数}$$

4. 拣货时间

拣货时间的长短可以反映拣货能力的大小，从而影响拣货效率，具体评价指标如下：

（1）单位时间处理订单数

$$单位时间处理订单数=\frac{订货数量}{每日拣货时数\times 工作天数}$$

（2）单位时间拣取品项数

$$单位时间拣取品项数=\frac{订单数量\times 每日订单平均品项数}{每日拣货时数\times 工作天数}$$

（3）单位时间处理次数

$$单位时间处理次数=\frac{拣货单位累计总件数}{每日拣货时数\times 工作天数}$$

（4）单位时间拣取体积数

$$单位时间拣取体积数=\frac{发货品体积数}{每日拣货时数\times 工作天数}$$

5. 拣货成本

物流成本中，拣货成本占比很大，因此降低拣货成本至关重要。要具体研究这些成本，应采用如下指标来评判分析：

（1）每订单投入拣货成本

$$每订单投入拣货成本=\frac{拣货投入成本}{订单数量}$$

（2）每订单笔数投入拣货成本

$$每订单笔数投入拣货成本=\frac{拣货投入成本}{订单总笔数}$$

（3）每拣货单位投入拣货成本

$$每拣货单位投入拣货成本=\frac{拣货投入成本}{拣货单位累计总件数}$$

（4）单位体积投入拣货成本

$$单位体积投入拣货成本=\frac{拣货投入成本}{发货品体积数}$$

6. 拣货质量

拣货质量主要是指拣货的准确度，若拣货质量差，将会对后续工作造成不良影响，并影响到配送中心的服务质量和信誉。因此，降低拣误率是拣货作业管理的目标之一，必须加以重视。拣误率可以用以下公式表示：

$$拣误率=\frac{拣取错误笔数}{订单总笔数}$$

 **关键点提示**

拣货效率分析指标包括：

1. 拣货人员
2. 拣货设备
3. 拣货策略
4. 拣货时间
5. 拣货成本
6. 拣货质量

4.13 理货管理

典型问题及案例

理好货，把好关

北京某大型物流仓库，主要从事大众和通用等汽车公司仓储管理工作，汽车全部零部件6000多个，如果零件混淆，后果将不堪设想。

仓库理货首要是划分区域，不能盲目地将货物放置在一起。例如一个仓库划分几个区域，每个区域的货架贴上编号，每个货架上放置的货物编号和条形码一致，例如1号货架放置1～20号的货物，2货架放置21～40号的货物，依次类推。客户需求，保证不发错货，做到对每种产品的库存量心中有数，就要求仓库管理人员通过理货确定货物的数量、质量状况，以保证仓储质量。

解读与阐述

在仓储活动中，理货是指仓库在接收入库货物时，根据入库仓单、运输单据、仓储合同和仓储规章制度，清点货物数量、检查货物外表质量、分类拣选和数量接收等工作。通过对货物的全面检查，及时发现货物的不良情况，并采取措施妥善处理，或采用特别保管手段，提高保管质量。理货管理规范如表4－12所示。

表4－12 理货管理规范

条目	内容
清点货物件数	对于件装货物，包括有包装的货物、裸装货物、捆扎货物，根据合同约定的计数方法，点算完整货物的件数。如合同没有约定，则仅限于点算运输包装件数（又称大数点收）。合同约定计件方法为约定细数以及需要在仓库拆除包装的货物，则需要点算最小独立（装潢包装）的件数，包括捆内细数、箱内小件数等；对于件数和单重同时要确定的货物，一般只点算运输包装件数。理货的作用： （1）仓库履行仓储合同的行为。仓库理货工作是仓库确认收存货物实物的作业过程，经过理货意味着接收货物，因而是仓库践行仓储合同保管人义务的行为 （2）仓库保管质量的第一道关口 （3）划分责任。通过理货确定货物的数量、质量状况，发现货物短少、残损，则仓库对所发现的短少和残损不承担责任，否则未发现的原残就会成为仓储期间的损耗，要由仓库承担责任。通过对货物质量隐患的认定，减轻了仓库对货物保管质量的负责程度。另外，理货工作从时间上划分了仓库负责的期间，在理货之后发生的残损，原则上由仓库负责 （4）仓储作业的过程 （5）交接工作。货物经过理货确认后，由理货人员与送货部门或者承运人办理货物交接手续，签署送货单或交接清单，签署现场单证，接受送货文件

续表

条目	内容
查验货物重量	查验货物单重、尺度货物单重是指每一运输包装的货物重量，一般通过称重的方式核定，按照数量检验方法确定称重程度 衡重方法可以采用： 衡量单件重量，则总重等于所有单件重量之和 分批衡量重量，则总重等于每批重量之和；入库车辆衡重，则总重 = 总重车重量 - 总空车重量 抽样衡量重量，则总重 = （抽样总重/抽样样品件数） × 整批总件数 抽样重量核定，误差在 1% 以内，则总重 = 货物单件标重 × 整批总件数 对设有连续法定计量工具的仓库，可以直接用该设备进行自动衡重 连续计量设备主要有轨道衡、胶带衡、定量灌包器、流量计等。连续计量设备必须经国家计量行政管理部门检验发证（审证）方可有效使用
检验货物表面状态	理货时应对每一件货物进行外表感官检验，查验货物外表状态，接收货物外表状态良好的货物。外表检验是根据仓库基本质量的检验要求，确定货物有无包装破损、内容损坏、变质、油污、散落、标志不当、结块、变形等不良质量状况
剔除残损	在理货时发现货物外表状况不良、内容损坏等，应将不良货物剔除，并单独存放，避免与其他正常货物混淆。待理货工作结束后再进行质量确定，确定内容有无受损以及受损程度。对不良货物可以采取退货、修理、重新包装等措施进行处理，或者制作残损报告，以便明确划分责任
货物分拣	仓库原则上采取分货种、分规格、分批次的方式储存货物，以保证仓储质量。对于同时运入库的多品种、多规格货物，仓库有义务进行分拣、分类、分储。理货工作就是要进行货物确认和分拣作业。对于仓储委托的特殊的分拣作业，如对外表的分颜色、分尺码等，也应在理货时进行，以便分存。需开包进行内容分拣时，则需要独立进行作业
安排货位、指挥作业	由理货人员进行卸车、搬运、垛码作业指挥。根据货物质量检验的需要，指定检验货位，无须进一步检验的货物，直接确定存放位置。要求作业人员按照预定的堆垛方案堆码货或者上架。对货垛需要的垫垛、堆垛完毕的苫盖，指挥作业人员按要求进行。作业完毕，要求作业人员清扫运输、搬运、作业现场，收集地脚货物
处理现场事故	对于在理货中发现的货物残损，不能退回的，仓库只能接收，但要制作残损记录，并由送货人、承运人签署确认。对作业中发生的工损事故，也应制作事故报告，由事故责任人签署
办理交接	由理货人员与送货人、承运人办理货物交接手续，接收随货单证、文件，填制收费单据，代表仓库签署单证，提供单证由对方签署等

关键点提示

理货作业的内容有：

1. 清点货物件数
2. 查验货物单重、尺度
3. 查验货物重量
4. 检验货物表面状态

5. 剔除残损

6. 货物分拣

7. 安排货位、指挥作业

8. 处理现场事故

9. 办理交接

4.14 划分货区

典型问题及案例

某大型超市的经验

北京某大型超市在商品配置及货区划分方面积累了宝贵经验：

1. 商品配置的面积分配

水果蔬菜面积10%～15%、肉食品15%～20%、日配品15%、一般食品10%、糖果饼干10%、调味品南北干货15%、小百货与洗涤用品15%、其他用品10%。

需要说明的是，每一个地区消费水平差异较大，消费习惯也不尽相同，经营者必须根据所处商圈的特点和超市本身定位及周边竞争者的状况做出商品面积配置的抉择。

2. 商品位置的配置

商品位置的配置应该按照消费者每日所需商品的顺序做出动态规划，按照消费者的购买习惯和人流走向来分配各种商品在卖场中的位置。通常消费者到超市的购物顺序为：

蔬菜水果—畜产水产类—冷冻食品类—调味品类—糖果饼干—饮料—速食品—面包牛奶—日用杂品。

为了配置好超市的商品，该将超市经营的商品划分为以下几个商品部：

面包及果菜品部。这一部门是超市的高利润部门，由于顾客在购买面包时，也会购买部分蔬菜水果，所以，面包和果菜品采用岛式陈列，沿着超市的内墙设置。

肉食品部。肉食品是大多数顾客光顾超市的主要目的之一，肉食品沿着超市的内墙摆放，方便顾客一边浏览一边选购。

冷冻食品部。冷冻食品主要用冷柜进行陈列，摆放在靠近蔬菜，在购物通道的最后段，这样冷冻食品解冻的时间最短，给顾客的携带提供了一定的便利。

膨化食品部。膨化食品包括各种饼干、方便面等。这类食品存放时间较长，只要在保质期内都可以销售。被摆放在超市卖场的中央，用落地式的货架陈列。具体布局以纵向为主，突出不同的品牌，满足顾客求新求异的偏好。

饮料部。饮料与膨化食品有相似之处，但消费者更加注重饮料的品牌。饮料的摆放以落地式货架为主，货位紧靠膨化食品。

奶制品部。顾客一般在购买过程的最后阶段才购买容易变质的奶制品，奶制品摆放在蔬菜水果部的对面。

日用品部。日用品包括洗涤用品、卫生用品和其他日用杂品，摆放在超市卖场的最后部分，采用落地式货架，以纵向陈列为主。顾客对这些商品持有较高的品牌忠诚度，往往习惯于认牌购买。

解读与阐述

在确定货物存放地点时，应注意对货物进行分区存放，确保货物的储存安全，同时，还应便于检查和取货。货区按照作业性质可以分为预备货区、保管货区、动管货区和移动货区；其中进货作业在预备货区，入库作业在保管货区；拣货作业在动管货区，发货作业在预备货区，配送作业在移动货区。

1. 预备货区

在预备货区，包括对货物进行标识、分类，依据需求情况，将货物整齐存放到货位上等，突出“暂存”的作业特点。为此，货位要明确，货物流通要通畅，以缩短寻货、送货的时间。预备货区的管理一般采用目视和颜色管理相结合的方式，例如在进货暂存区，货物进入暂存区前应先分类，根据划分的暂存区域，配合标识记录看板，把货物配置到指定的暂存区货位。发货作业，每一车或每一区域路线的待发货物必须排放整齐并加以区分隔离，安置在事先划分好的货位上，再配合看板上的标识，按照发货单所示依序点收货上车。

2. 保管货区

保管货区作业要点：

（1）保管区只存放验好的货物，因此，待验与验好的货物在储存前应区分清楚。

（2）盘点作业应在各货区中分别进行，保管货区货物量大、品种多，应考虑便利性。

（3）货位以及货架位置应视实际情况适时并能方便地调整。

（4）应依据入库单，迅速接收预备货区的货物。需要时，依据补货单补货到动管区。

(5) 保管区要注重颜色管理、目视管理和看板管理，保证货物实现分类储存、分区储存、标识清楚、谨防混淆。

(6) 根据货物特性采用相应的货位方式。

(7) 为保证货物的时效性，收发货物应遵循先进先出的原则。周转率高的货物应靠近通道放置。

(8) 做好安全防范措施。

入库作业所使用的中长期存货区域称为保管区，是仓库面积最大且最主要的货区。保管货区的规划应考虑以下几点：

(1) 地面承载能力。

(2) 货物状况。根据储存货物的品种、规格、数量、重量、尺寸、形状等确定储存方式。

(3) 出入口及通道。应根据货物、运输工具等的状况，确定入口大小、位置、数量及通道的宽窄、走向等。通道与货区应以不同的颜色标示。

(4) 其他因素。如消防设施、非货区、照明等。

3. 动管货区

由于动管货区的功能是满足拣货的需求，为了缩短拣货时间及距离并降低拣误率，必须在拣取时能方便迅速地找到欲拣取货品所在位置，因此对于储存的标示及位置的指示就非常重要。

4. 移动货区

对移动货位管理，应做到：

(1) 合理安排车辆排序，优化车辆行驶路线。

(2) 车内应预留一定空间，以便货物在车上的搬运及人员的站位。

关键点提示

货区划分包括：

1. 预备货区
2. 保管货区
3. 动管货区
4. 移动货区

4.15 设计保管空间

典型问题及案例

某物流公司的分货区货品管理

仓库的货区布局和规划是仓储业务和仓库管理的客观需要，其合理与否直接影响到各项工作的效率和储存物资的安全。因此，不仅要重视新建仓库货区的合理布置，还应重视对旧仓库进行必要的改造。

一、仓库货区布局的基本形式

货区布局的目的一方面是提高仓库平面和空间利用率；另一方面是提高物品保管质量，方便进出库作业，从而降低物品的仓储处置成本。

（一）货区布置的基本思路

（1）根据物品特性分区分类储存，将特性相近的物品集中存放。

（2）将单位体积大、单位质量大的物品存放在货架底层，并且靠近出库区和通道。

（3）将周转率高的物品存放在进出库装卸搬运最便捷的位置。

（4）将同一供应商或者同一客户的物品集中存放，以便于进行分拣配货作业。

（二）货区布置的形式

仓库货区布置分为平面布置和空间布置。

1. 平面布置。平面布置是指对货区内的货垛、通道、垛间距、收发货区等进行合理的规划，并正确处理它们的相对位置。平面布置的形式可以概括为垂直式和倾斜式。

（1）垂直式布局。是指货垛或货架的排列与仓库的侧墙互相垂直或平行，具体包括横列式布局、纵列式布局和纵横式布局。

a. 横列式布局。是指货垛或货架的长度方向与仓库的侧墙互相垂直。这种布局的优点是：主通道长且宽，副通道短，整齐美观，便于存取查点，不仅有利于库房布局，还有利于通风和采光。

b. 纵列式布局，是指货垛或货架的长度方向与仓库侧墙平行。这种布局的优点是：可以根据库存物品在库时间的不同和进出频繁程度安排货位；在库时间短、进出频繁的物品放置在主通道两侧；在库时间长、进库不频繁的物品放置在里侧。

c. 纵横式布局。是指在同一保管场所内，横列式布局和纵列式布局兼而有之，可以综合利用两种布局的优点。

2. 倾斜式布局。是指货垛或货架与仓库侧墙或主通道成60°、45°或30°夹角。具体包括货垛倾斜式布局和通道倾斜式布局。

a. 货垛倾斜式布局。是横列式布局的变形，是为了便于叉车作业、缩小叉车的回转角度、提高作业效率而采用的布局方式。

b. 通道倾斜式布局。是指仓库的通道斜穿保管区，把仓库划分为具有不同作业特点，如大量存储和少量存储的保管区等，以便进行综合利用。这种布局形式，仓库内形式复杂，货位和进出库路径较多。

2. 空间布置。空间布置是指库存物品在仓库立体空间上布局，其目的在于充分有效地利用仓库空间。空间布置的主要形式有就地堆码、上货架存放、加上平台、空中悬挂等。

使用货架存放物品的优点有以下几个方面：

（1）便于充分利用仓库空间，提高库容利用率，扩大存储能力。

（2）物品在货架里互不挤压，有利于保证物品本身和其包装完整无损。

（3）货架各层中的物品，可随时自由存取，便于做到先进先出。

（4）物品存入货架，可防潮、防尘，某些专用货架还能起到防损伤、防盗、防破坏的作用。

二、非保管场所布置

仓库库房内货架和货垛所占的面积为保管面积或使用面积，其他则为非保管面积。应尽量扩大保管面积，缩小非保管面积。非保管面积包括通道、墙间距、收发货区、仓库人员办公地点等。

解读与阐述

保管空间是货物采购、运输和配送的中继站，有效地利用保管空间可以提高物品保管质量，方便进出库作业，从而降低物品的仓储处置成本。

影响保管空间的因素有以下三个方面：

（1）影响货架摆放、搬运车辆移动和输送分类设备安置的柱子距离。

（2）影响货架高度和货物堆放高度的屋梁下高度。

（3）影响保管使用面积及搬运方便性的通道布置。

1. 柱子距离计算

在设计柱子距离时，除考虑楼层数、楼层高度、地面承重、地震抗力等因素外，还应该考虑保管效率和作业效率。影响柱子距离的因素有：

（1）根据库内停靠卡车台数和种类计算柱距。因为车辆不同，其载货体积和长度不同，要求空间及柱距也不同。室内货车停靠场合柱距及停靠月台柱距计算公式为：

$$W = C_1N + C_2\ (N-1)\ + 2C_3$$

式中，W 为柱距；C_1 为货车宽距；N 为货车的台数；C_2 为货车间距（一般为1m）；C_3 为货车与柱子距离（一般为0.75m）。

（2）根据保管区存放设备的种类和规格尺寸计算柱距。托盘货架正面宽度方向柱距计算公式为：

$$W = C_1N + C_2\ (N-1)\ + 2C_3$$

式中，W 为柱距；C_1 为托盘宽度；N 为托盘台数；C_2 为托盘间距（一般为50mm）；C_3 为托盘与柱子距离（一般为50mm）。

（3）根据通道宽度和储存设备间距计算柱距。在设计保管区时必须考虑柱子位置是否影响堆垛机出入口位置及输送机安装位置。在设计柱距时保证通道宽度和储存设备的间隔要求。托盘货架自动化立体仓库的柱距设计公式为：

$$W = (C_1 + 2C_2 + C_3)\ N$$

式中，W 为柱距；C_1 为托盘（货架）背面距离；C_2 为托盘（货架）深度；C_3 为堆垛机通道宽度；N 为双排货架间距数。

2. 梁下高度计算

在设计保管空间时，必须优化设计梁下高度。这个高度受到货物堆积高度、堆垛机扬程和货架高度的影响。影响梁下高度的因素有：

（1）货态、设备型号和堆积高度。根据保管设备和货物堆积方式来确定梁下高度。地面堆积梁下有效高度计算公式为：

叉车最大提升货高：$H = H_1 \times N + F$

式中，H 为最大提升高度；H_1 为货物高度；N 为堆叠层数；F 为货叉抬货高度。

梁下高度：$H = H_1 + R$

式中，H 为梁下有效高度；H_1 为最大提升高度；R 为梁下间隙尺寸。

（2）货态叉车型号规格。叉车型号规格不一样，最大提升货物高度也不一样。因此，叉车型号规格直接影响到堆货高度和梁下有效高度。

（3）货态货架高度。各种货架都有其基本设计高度，按设计高度装货最经济。梁下高度是在货架高度的基础上设计出来的。在设计梁下高度时必须留有富余尺寸，即梁下高度等于最大提升货高加梁下富余尺寸。一般梁下富余尺寸取0.3～0.6m。

保管空间各个组成部分的含义：

物理空间：货物实际占用的空间。

潜在利用空间：在保管空间中可以争取利用的空间，一般有 10% ~30% 的潜在利用空间可以利用。

作业空间：作业方法顺利进行所需要的空间。

无用空间：在保管空间中除了物理空间、潜在空间和作业空间之外的空间。

关键点提示

保管空间设计需注意的问题：

1. 柱子距离计算

2. 梁下高度计算

4.16 堆码管理

典型问题及案例

"五五化"堆码

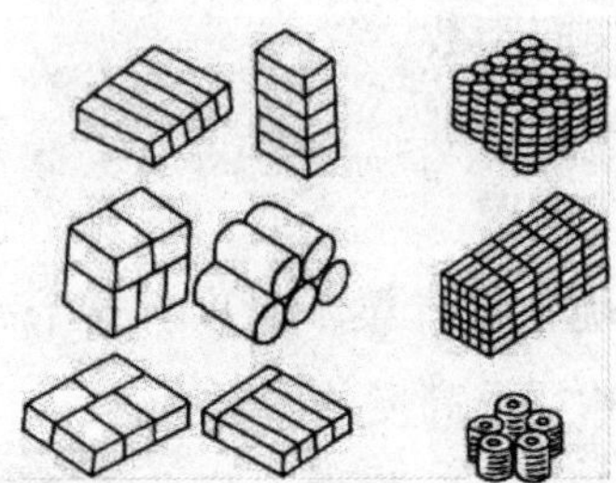

堆码的基本要求：

合理。商品堆垛时选择的垛形必须符合商品性能特点，对不同品质、规格牌号、等级、批次、产地、单价的商品，均应分开堆码，以便合理保管。堆垛时要分清先后次序，遵循"先进先出"原则。

牢固。货垛必须不偏不抖确保商品堆垛安全牢固。

定量。每行每层数量力求为整数，尽量做到"五五化"堆放。

整齐。垛形应有一定规格，货垛排列整齐有序，横竖均成行、成列。商品的包装标识和标志一律朝外。

节省。堆垛时要考虑节省货位，提高仓容利用率，节约劳动消耗。

方便。堆垛时必须考虑到检查、拆垛、分拣、发货等作业的方便并保证装卸作业的安全，有利于提高堆码作业的机械化水平。

解读与阐述

商品堆码也称码垛，是将存放的商品整齐、有规划地摆放成货垛的作业。是根据商品的包装外形、重量、数量、性能和特点，结合地坪负荷、储存时间，将商品分别堆成各种垛形。商品堆码合理与否，对储存商品的完好、仓容利用程度及安全作业等都有重要影响。

合理的堆码是保证商品不变形、不受损的重要条件，同时也是提高仓储作业效率、减少差错的必要措施。

1. 堆码前的准备工作

（1）计算垛的占地面积

$$占地面积=\frac{总件数}{总码层数}\times 每件物资底面积$$

$$或\quad 占地面积=\frac{总重量}{层数\times 单位面积重量}$$

$$单位面积重量=\frac{每件（物资）毛重}{每件（物资）底面积}\ (t/m^2)$$

（2）计算层数

$$可堆层数=\frac{（地坪）单位面积最大负荷量}{单位面积重量}$$

$$垛高=可堆层数\times 每件（物资）高度$$

2. 堆码技术

（1）货垛堆码法

货垛堆码法适用于有外包装的商品（如箱、包、桶、袋等），或不需要包装的大宗商品（如钢材）。商品的性能不同，规格不同，包装各异，外形多样，故货垛堆码形式较多。常见的形式及示意图如下：

重叠式

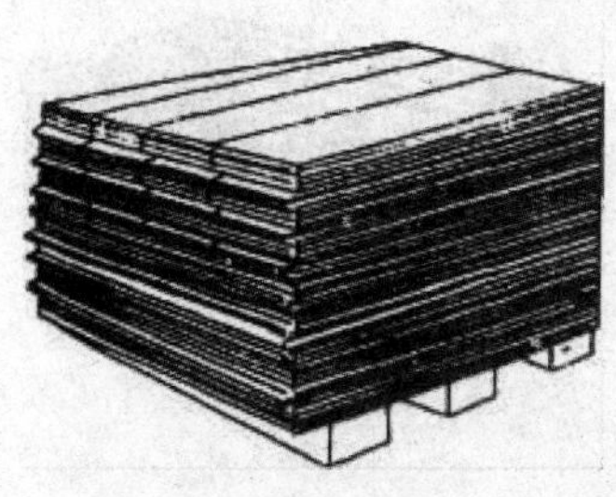

纵横交错式

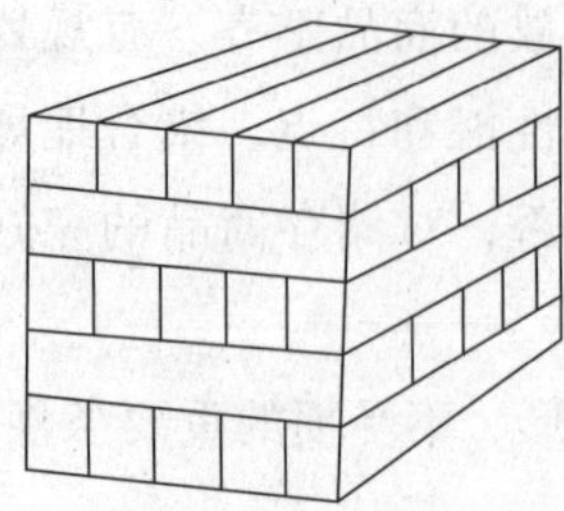

仰俯相间式

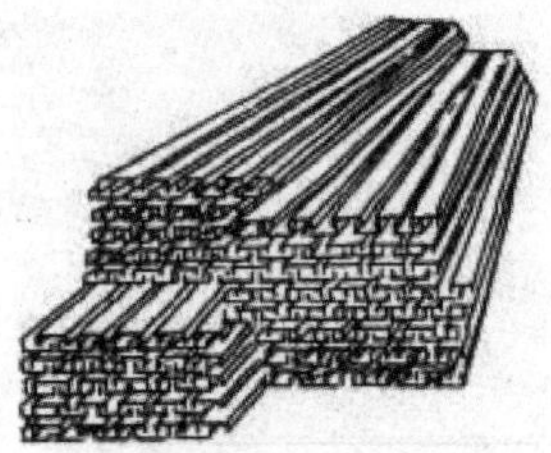

鳞式

压缝式

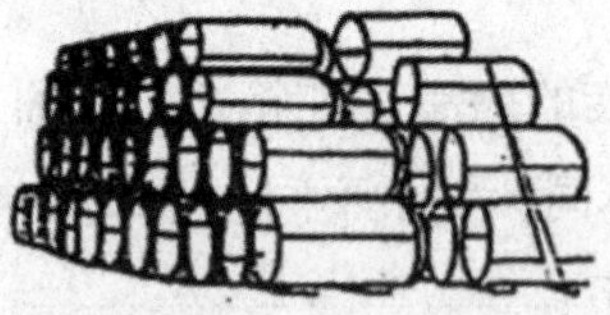

柱式

通风式

宝塔式

（2）货架堆码法

在使用货架堆码时，要在库房地坪、货场地面负荷能力允许的范围内，尽量向空中发展。要根据商品性能特点、设备条件，积极开展技术改造，努力设计和制作既经济方便又能充分利用仓容的各种货架。

（3）散堆法

散堆法适用于露天存放的无包装或不需要包装的各种大宗商品，如煤炭、生铁等。露天存放商品的数量有的占仓库总库存量的70%以上。

（4）“五五化”堆放法

根据物资的不同形状，有各种五五摆放法，如大的五五成方，高的五五成行，散装的五五成堆，小的五五成包，带眼的五五成串等。“五五化”是以“五”为基本计算单位，根据物资的形状码成各种不同垛形的方法。每垛总数为“五”的倍数，它的优点是有利于物资的清点，过目成数，提高工作效率，并减少差错。

关键点提示

堆码技术包括：

1. 货垛堆码法
2. 货架堆码法
3. 散堆法
4. “五五化”堆放法

4.17 物资堆码累进计量法

典型问题及案例

某仓储公司的物资堆码问题处理

上海某仓储公司总结了如下关于物资堆码相关问题的具体处理措施：

序号	问题	答案
1	管材垛第一层重量115kg，第二层109kg，用累进计量法如何标识	2×（109/224）
2	标识写在哪里	写在第二层材料右侧面
3	采用累进计量法按照什么顺序计量	按照从里到外、从左到右、从下到上的顺序
4	物资出库发货时，按照什么顺序	按照相反的顺序

解读与阐述

物资堆码保管实行计量化管理是多年来实践经验的总结。它适用于不等量物资和大量物资进行单件计量、分层计量和分捆计量堆码货垛，具体应用如下：

1. 各类棒、管材料分层累进计量

如果第一层质量（重量）为102kg，第二层为103kg，则两层累进数量为205kg，即在第二层材料右侧面写“2×（103/205）”，当第三层为98kg时，其三层累进数应为303kg，同样在第三层右侧面写上“3×（98/303）”，依次类推，码完垛后的最大数量在最上层。

2. 大型材料单件累进计量

大型材料在检斤堆垛时，一般都采取单根计量，累进计数堆放保管。最上层靠右边的一根为货垛的最大数量。

累进计量是指将所需储存保管的物资，从开始堆垛时，根据以往发放量的多少，分别采取单件、分层、分捆累进记数，按从里到外、从左到右、从下到上的顺序累计，码完垛后其最大数量在最上层。而物资出库发货时，则必须沿着从外到里、从右到左、从上到下的顺序递减，会出现差错。累进计量保管物资，可以做到过目知数。其意义在于减少物资盘点工时的消耗，提高保管业务的工作效率。

累进计量方式图例如下：

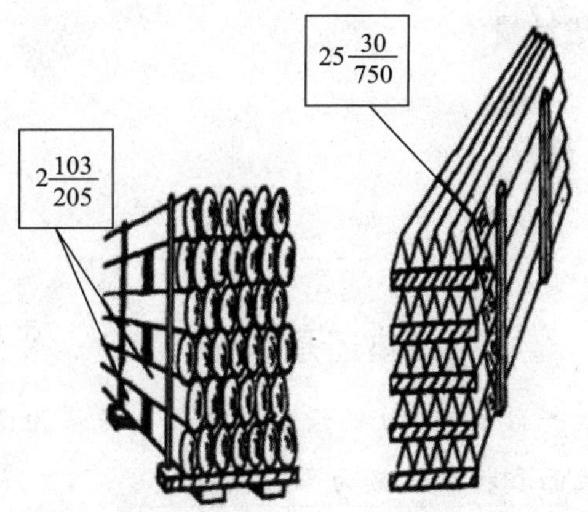

图中，整数25代表25捆，分子（30）代表本件数量，分母（750）代表累进数量。

3. 小型和中型金属材料单捆累进计量

多以单捆累进计量堆码保管，即按捆检斤累进计数。每捆均应有一个检斤计量的标牌，每层应有分层计量，每垛应有累进计量。

4. 各类检尺物资累进计量

检尺验收时应遵循由里到外的次序，在每米的位置写上数量，依次类推写上累进递增数量。验收完毕后，其最大数在最外层，出库发货时，应遵循由外向里次序递减。

5. 散装物资定量累进计量

大宗煤、焦碳、散装水泥等可以按照发放量，结合货场的具体情况“五五化”堆码，按从左向右的次序累进计量堆放保管，从右到左递减发放。

综上所述，累进计量保管物资有利于检斤、点数，可以减少损耗、避免重复劳动。物资发放不必再进行，降低了物资保管成本，且便于物资盘点，过目知数，提高保管业务的工作效率。

关键点提示

物资堆码累进计量法的应用包括：

1. 各类棒、管材料分层累进计量

2. 大型材料单件累进计量

3. 小型和中型金属材料单捆累进计量

4. 各类检尺物资累进计量

5. 散装物资定量累进计量

4.18 苫垫管理

典型问题及案例

垫还是不垫？

某仓库内要存放一台自重30t的设备，该设备底架为两条2m×0.2m的钢架，该仓库库场单位面积技术定额为$3t/m^2$。

需不需要垫垛？如何采用2m×1.5m、自重0.5 t的钢板垫垛？

答：

货物对地面的压强为：30÷（2×2×0.2）=37.5（t/m^2）。远远超过库场单位面积技术定额，必须垫垛。假设衬垫钢板为n块，则重量（含衬垫重量）=面积×库场单位面积技术定额

即

$$30+n\times0.5=n\times2\times1.5\times3$$

$$n=3.53\text{（块）}$$

故需要使用4块钢板衬垫。将两块钢板平铺展开，设备的每条支架分别均匀地压在两块钢板上。

解读与阐述

部分商品堆垛时需要垫垛。露天存放的商品，货垛上有的还要苫盖。苫垫是保管商品的必要措施，包括垫垛和苫盖。

1. 垫垛

在露天货场垫垛，首先要平整夯实货场的地面，以免堆垛后地面下沉而造成倒垛事故；然后再摆放水泥墩、石墩或固定垛基，墩与墩之间留有一定的间距，促使空气流通；必要时在垫墩上铺上一层防潮纸，再放置储存商品。垫垛的高度，露天货场可保持在40厘米上下；库房和货棚内根据地坪和商品防潮要求而定，如水泥地面一般只需垫仓板、枕木或水泥条，高度达20厘米以上即可。楼层干燥地面可以不垫，只需铺一层防潮纸。而对化工材料、动植物制品及易受潮霉变的商品，应尽可能加高垫层，使垛底通风良好。

2. 苫盖

（1）直接苫盖法。苫好之后用绳子拉紧固定，防止被风刮掉。如果垛大苫盖物小，需用几块苫盖物时，搭接的地方要保留一定宽度，以防雨水渗入。苫盖材料的选择应符合“防火、安全、经济、耐用”的要求。

常用的苫盖材料有铁皮、芦席、竹席、油毡、塑料布、苫布、玻璃钢瓦等。在易燃、易爆品仓库内，不得使用芦席、油毡纸等易燃的苫盖物。不论使用何种苫盖物，货垛苫盖时不要留空隙，垛底的垫木、垛基等不可露在苫盖物外面，以防雨水顺沿渗入垛内。苫盖物不能苫到地面，避免阻止垛底通风。

（2）隔离苫盖法。此方法与其他苫盖法的区别在于苫盖材料与货垛商品不直接接触，而采用隔离物使苫盖材料与货垛间留有一定空隙。其优点是便于垛内通风散潮，便于排水，防止雨水渗透。

（3）活动棚架苫盖法。根据堆垛形状制成棚架，在棚架上面及四周铺围铁皮、玻璃钢瓦等物，并在棚柱底部装上轮子。整个货棚可沿着固定轨道移动，外形与固定棚架相似。活动棚既是储存物资的棚子，也是苫盖物。

关键点提示

苫盖技术包括：

1. 直接苫盖法
2. 隔离苫盖法
3. 活动棚架苫盖法

4.19 商品编码管理

典型问题及案例

如何正确处理商品归类纠纷？

某公司在甲海关出口20票钢铁类产品，申报品名为镍铁，出口税税率为10%。甲海关在监控中发现其存在归类风险，认为该商品的正确品名为“合金生铁”，出口税税率为20%，对该公司进行补税处理。2007年下半年，该公司在乙海关又申报出口12票同类产品，申报过程中，该公司均向海关提供了真实的出口合同、发票、质检机构的检验报告，但没有接受甲海关的归类纠正，申报商品名称仍然为镍铁，出口税税率为10%。

乙海关发现该公司的违法行为，于2008年以申报不实对该公司进行了行政处罚。该公司不服乙海关行政处罚决定，向乙海关的上一级海关申请行政复议，复议机关按照《中华人民共和国进出口税则》（以下简称《税则》）的有关规定，认定该公司出口的含镍量不超过8%的钢铁制品，在《税则》中已明确归入合金生铁。该公司在被甲海关纠正商品归类后，对此归类不服，事后又故意向乙海关申报错误的商品名称与商品编码。

海关考虑到该公司主要是为了表示对海关商品归类的不满，而非出于偷逃税款的主观故意，并向海关提供了正确的发票等相关材料，因此将其故意错误申报行为定性为申报不实而非走私行为。

该公司在对甲海关商品归类不服时，没有采取正确的方式表达诉求，反而采用更换申报海关的方式规避对商品的归类纠纷，最终导致承担违法责任的后果。那么，当出现商品归类纠纷时，应采取哪些途径来解决争议、化解纠纷呢？

首先，可将自己对商品归类及所适用税率的意见通过行业协会、海关门户网站等渠道反馈给相关职能部门。

其次，可按照《中华人民共和国海关总署公告》（2007年第51号）明确规定程序与海关进行磋商。

最后，可对商品归类的具体行政行为直接提起行政复议。

解读与阐述

为了保证仓储作业准确而迅速地进行，必须对商品进行有效的编码。商品种类成百上千，若不进行商品编码，容易出现管理混乱，特别是通过计算机管理，商品编码必不可少。

1. 流水编码法

流水编码法是最简单的编码法。由1开始，按顺序一直编下去，又叫延伸式编码，多用于账号或发票编码。

例如：

编码	货物名称
1	香皂

续表

编码	货物名称
2	肥皂
3	洗涤剂
⋮	⋮
n	牙膏

2. 数字分段法

把数字分段，每一段代表具有某一共同特性的一类货物。

例如：

编码	货物名称
1	6 支装牙膏
2	12 支装牙膏
3	牙膏预留编码
4	牙膏预留编码
5	佳洁士
6	高露洁

3. 分组编码法

按货物特性分成多个数字组，每个数字组代表货物的一种特性。

例如：

类别	形状	供应商	尺寸
07	5	006	112
饮料	圆筒	健力宝	100 ×200 ×400

4. 实际意义编码法

按照货物名称、重量、尺寸、分区、储位、保存期限等实际情况来编码。

例如：

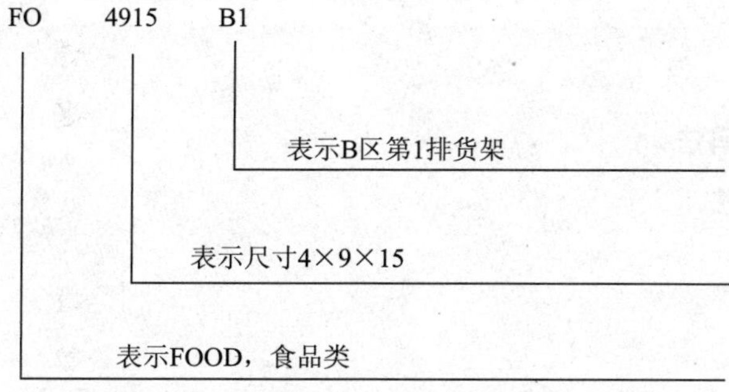

5. 后数位编码法

利用编码末尾数字，对同类货物进一步分析。

例如：

编码	货物类别
380	服饰
390	女装
391	上衣
3911	衬衫
39111	白色

商品编码的作用：

（1）增进商品资料的准确性。

（2）提高商品管理的效率。

（3）减低商品库存、降低成本。

（4）防止各种商品舞弊事件的发生。

6. 暗示编码法

用数字和文字组合来编码，暗示货物内容，易记忆又不易让外人知道。

例如：

BY	05	W	B	10
自行车	型号大小 5 号	白色	儿童型	供应商代号

关键点提示

商品编码的具体方法有：

1. 流水编码法

2. 数字分段法

3. 分组编码法

4. 实际意义编码法

5. 后数位编码法

6. 暗示编码法

4.20 货位编码管理

典型问题及案例

某仓储公司的货位编码法

郑州某仓储公司的货位编码经验和操作手法。

（1）区段式。把保管区域分割为几个区段，再对每个区段进行编码。这种编码方式以区段为单位，每个号码所代表的储区较大，适用于单元化装载的货品，以及量大或保管周期短的货品。ABC 分类中的 A 类、B 类货品很适合这种编码方式。货品所占区段的大小根据物流量大小而定，其配置顺序取决于进出货频率。

（2）货品类别式。把相关性货品划分成几个货品大类，再对每类货品进行编码。这种编码方式适用于按货品类别保管或品牌差距大的货品，如服饰类、五金类、食品类等。

（3）地址式。利用保管区域中的现成参考单位，按相关顺序进行编码。其为目前仓储使用较多的编码方式，例如第 12 区第 5 排第 6 号货位。

（4）坐标式。利用 x、y、z 空间坐标来对货位进行编码。这种方式直接对货位定位，货位分割较细，管理上比较复杂，适用于周转率低、存放时间较长的货品。储存货品特性不同，采用的货位编码方式也不同。实践当中，应根据货品储存量、流动率、储存空间布置和储存设备等选择合适的货位编码方式。

解读与阐述

为了使存取工作顺利进行，必须对货位进行编码。货位编码如同货物的地址，有了相应的地址，存取才能迅速而准确。常见的货位编码方法有：

1. 区段法

这种方法是以区段为单位，每个号码代表的储区较大因此适用于单位化装载的货品以及量大而保管期短的货品。货品所占区段大小根据物流量大小而定，进出货暂存区的货位编码可采用区段法。图例如下：

A1	A2	A3
	通道	
B1	B2	B3

2. 品项群法

品项群法是把相关性货品分成几个品项群，再对每个品项群进行编码。这种方法适用于容易按商品品群保管或品牌差距大的货品，如服饰群、五金群、食品群等。

3. 地址法

利用保管区中现成的参考单位，如建筑物第几栋、层、格等，按相关顺序编码，如同邮政地址的区、胡同区段、排、行、号一样。较常用的编号方法一般采用“四号定位法”。

四号定位货位编码图例：

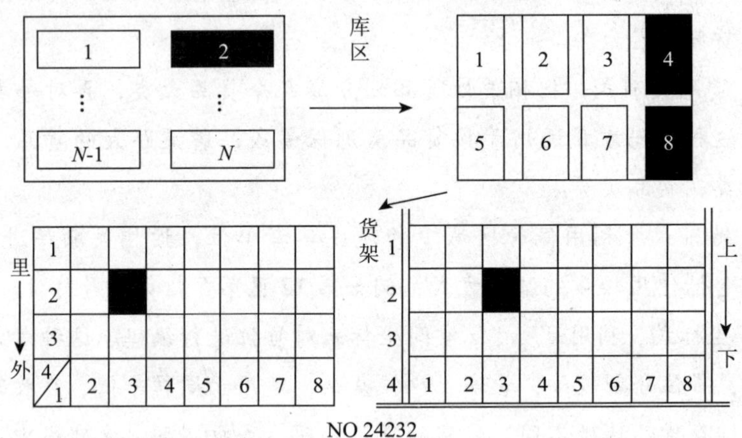

4. 坐标法

利用 x、y、z 空间坐标对货位进行编码。这种编码方式直接对每个货位定位，管理上比较复杂，适用于流通率很小且存放时间长的物品。

货位编码的作用：

（1）确定储位资料正确性。

（2）给计算机提供货位记录，以便识别。

（3）为发货、拣货、补货人员提供存取货物位置，提高工作效率。

（4）提高调仓和移仓的工作效率。

（5）便于计算机分析处理。

（6）盘点货物方便。

（7）便于规划储存空间、控制货量、降低成本。

货位编码的注意事项：

尽量不要在相同货位编码中存放几种不同的商品；如果必须在相同货位编码中存放几种不同物品时，可采用货位切割的方法：即用隔离板把货位空间分成小区，每小区按花色种类标明货号。

关键点提示

货位编码的常用方法有：

1. 区段法
2. 品项群法
3. 地址法
4. 坐标法

4.21 盘点作业管理

典型问题及案例

有关盘点的主要问题

通过分析下表左栏的问题，请在右栏中给出你的答案并填写：

问题	答案
期末盘点法有什么缺点	
循环盘点法有什么优点	
什么是现货盘点	
什么是账面盘点	

答：

期末盘点法的缺点是关闭仓库、停止业务会造成损失，并且占用大量人力，加大了工作量；不能随时反映存货收入、发出和结存的动态，不便于管理人员掌握情况；容易掩盖存货管理中存在的自然和人为的损失，不能随时结转成本。

循环盘点法的优点是对盘点结果出现的差错容易及时查明原因，不用加班，节省费用。

现货盘点是实际去清点、调查仓库内商品的库存数，再依商品单价计算出库存金额的方法。

账面盘点是把每天入库及出库商品的数量及单价记录在电脑或账簿上，而后不断累计加总算出账面上的库存量及库存金额。

解读与阐述

商品在储存过程中，因其自身特性、自然条件的影响、计量工具的误差，或人为的原因，易造成商品数量和质量的变化。为及时了解和掌握商品在储存过程中的各种变化，需要进行经常和定期盘点。

盘点作业的程序如表4－13所示。

表4－13 盘点作业规范

条目	内容
准备工作	盘点作业前的准备工作十分重要，具体要做好如下工作： (1) 确定盘点的程序和方法 (2) 培训盘点人员 (3) 准备好盘点用表格以及库存资料 (4) 盘点人员熟悉盘点表格 (5) 配合会计决算进行盘点
确定盘点时间	视物品性质来确定周期： (1) A类重要物品，每天或每周盘点一次 (2) B类物品每2~3周盘点一次 (3) C类物品一般每月盘点一次
确定盘点方法	(1) 动态盘点法。该方法有利于及时发现差错并及时处理 (2) 循环盘点法。采用循环盘点法时，日常业务照常进行，按照顺序每天盘点一部分。所需时间和人员较少，发现差错也可及时分析和修正。其优点是对盘点结果出现的差错容易及时查明原因，不用加班，节约费用 (3) 期末盘点法。期末盘点必须关闭仓库做全面性商品清点，对商品的核对十分方便和准确，可减少盘点中的不少错误，简化存货的日常核算工作。缺点是关闭仓库、停止业务会造成损失，并且有大量员工从事盘点工作，加大了期末的工作量，不能随时反映存货收入、发出和结存的动态；不便于管理人员掌握情况，容易掩盖存货管理中存在的自然和人为损失，不能随时结转成本

盘点分为账面盘点和现货盘点。账面盘点又称为永续盘点，是把每天入库及出库商品的数量及单价记录在电脑或账簿上，不断累计加总算出账面上的库存量及库存金额。现货盘点也称实地盘点或实盘，就是实际去清点、调查仓库内商品的库存数，再依商品单价计算出库存金额的方法。

关键点提示

盘点作业的程序如下：

1. 准备工作

2. 确定盘点时间

3. 确定盘点方法

第五章　包装与流通业务管理

包装是生产的终点、物流的起点，商品包装的合理化是商品包装追求的最终目标，其目的是为了提高物流系统对客户的服务水平，提高物流效率，使物流服务增值。

5.1　包装设计管理

典型问题及案例

山姆森玻璃瓶——一个价值600万美元的玻璃瓶

说起可口可乐的玻璃瓶包装，至今仍为人们所称道。1898年，鲁特玻璃公司年轻的工人亚历山大·山姆森与女友约会时，发现女友穿着一套筒型连衣裙，臀部突出，腰部和腿部纤细，非常好看。他突发灵感，根据女友穿着这套裙子的形象设计出一个玻璃瓶。

亚历山大·山姆森设计的瓶子不仅美观，而且非常安全，易握不易滑落。令人叫绝的是，瓶型的中下部是扭纹型的，如同少女的条纹裙子。此外，由于瓶子中大下小，用它盛装可口可乐时，给人的感觉分量很多。

采用亚历山大·山姆森设计的玻璃瓶盛装可口可乐，可口可乐的销量飞速增长，两年的时间内，销量翻了一番。

解读与阐述

包装有营销和物流两种基本功能。包装是一位"无言的推销员"，它可以向顾客提供产品的相关信息，并通过外观、颜色等宣传产品。包装还可以起到组织、保护、识别产品或物料的作用，是运输、配送、仓储等物流服务的重要环节。

物流服务的包装设计应当依据产品或物料的品质特征和性能特点，针对物流活动的需要，以满足保护功能为基础，以实用和节约为指导原则。包装设计管理细节如表5－1所示。

表5-1 包装设计管理细节

条目	内容
满足产品特性要求	不同的产品或物料由于种类、性质、状态以及功能作用的不同，对包装有着不同的要求。包装的设计首先应当考虑产品的特性，满足货物在物流作业过程中不被损坏、不变质、不滴漏的要求，防止异物混入和被污染，通过包装实现对产品或物料的保护。包装所用的材料应当和产品的特性相适应，不至于影响产品的质量和使用寿命，包装材料的寿命应当和产品的自然寿命相匹配
具有足够的强度	物流作业过程中，产品或物料的包装会直接受到冲击、碰撞、震动、挤压等外力作用，尤其是在装卸、搬运和运输的过程中。这就要求包装的结构必须牢固可靠，防止出现包装的严重变形和破损，保证货物不受破坏
满足物流作业要求	包装的设计必须考虑物流作业的要求，包装内货物的有关信息（如品名、数量、重量、保管要求、装运方法等）应当清楚地标明，以便于查找和识别。包装应当有合适的尺寸和重量，既要有利于提高作业效率，又要考虑机械和人力的作业能力
满足标准化要求	包装形状式样应当规范化，外形尺寸应当符合模数，满足托盘、集装箱等容器和运输工具的要求，达到充分利用运输工具的空间，提高运输效率的目的
满足制作简单和低成本的要求	包装的制作、加工和拆卸过程不能过于复杂，要便于操作，方便使用。应当选用合适的包装材料和包装方法，减少包装材料的消耗，尽可能地降低包装成本

合理的包装设计应当满足上述五个方面的要求，既要对产品或物料起到应有的保护作用，又要便于物流活动的开展。

关键点提示

包装设计应当：

1. 满足产品特性要求
2. 具有足够的强度
3. 满足物流作业要求
4. 满足标准化要求
5. 满足制作简单和低成本的要求

5.2 包装方法选择

典型问题及案例

易拉罐：包装容器之王

易拉罐的诞生和发展，使其广泛运用于各类商品包装，啤酒、饮料、罐头目前大多以易拉罐包装，全世界每年生产的铝制易拉罐已经超过2000亿个。易拉罐是应用范围最广、消费者接触使用最多、最频繁的包装容器，是名副其实的包装容器之王。易拉罐消费量的快速增长，使得制造易拉罐的铝材消费量大幅增长，目前制作易拉罐的铝材已经占到世界各类铝材总用量的15%。

解读与阐述

包装设计中的一个重要环节就是选择适当的包装方法，选择包装方法的主要依据是产品或货物特性、包装成本，以及是否有利于提高物流作业效率。

按照包装的形态可分为逐个包装、内包装和外包装三种。逐个包装是交付用户的最小包装；内包装是将逐个包装的物件合并为两个或两个以上的较大单位，放进中间大小的容器中；外包装主要是从运输作业的角度考虑进行的再包装。

托盘包装和集装箱包装是两种能够显著提高物流作业效率的成组化包装方法。托盘包装可以采用平托盘和箱形托盘作为包装的主体，平托盘的四周是开放的，可以采用绳子、角柱、钢带或采用拉伸包装、收缩包装的方法将堆垛的货物固定。集装箱包装是以集装箱这种特殊的刚性容器作为包装主体，它几乎适用于所有货物的包装与运输，能够与多种运输工具结合使用，具有安全、简便、节省等优点，被广泛使用。

常见的包装方法如表5－2所示。

表5－2 包装方法举例

条目	内容
防震包装	防震包装是应用非常普遍的一种包装方法，它是为了防止在运输、保管、装卸以及堆码过程中震动、冲击而造成内装物品机械性损伤的一种保护性包装。通常是在内装物与外包装之间填入各种防震材料，以减缓外力冲击。对于某些贵重易损的物品，还可以采用将物品用绳、带或弹簧等悬吊在坚固的外包装容器中的悬浮式防震包装方法

续表

条目	内容
危险品包装	危险品可以分为易燃、易爆、有毒、有放射性、有腐蚀性等10余大类。每类危险品都有特殊的包装要求，必须按照国家相关的包装标准和有关规定进行包装。同时，必须在包装上标明不同类别和性质的危险品标志，危险品标志应当按照国家颁布的《危险货物包装标志》印制
防潮包装	对有防潮要求的货物，必须使用防潮包装。防潮包装是为了防止物品在储运过程中因空气中的水蒸气而发生锈蚀、变质、潮解、凝结等现象的包装方法。通常是将物品用透湿度低的材料密封起来，如果有更高的防潮要求，还应当预先排除湿气或在包装中封入干燥剂
防锈包装	防锈包装是为防止被包装的金属制品发生锈蚀现象而采用的包装方法。典型的防锈包装方法是使用防锈油或气化性防锈剂，将金属表面与空气隔绝开，达到防止金属大气锈蚀的目的。此外，还包括可剥性塑料封存包装、干燥空气封存包装、茧式包装等
防虫包装	在包装中放入具有驱虫、灭虫作用的药物或利用经过特殊处理的防虫包装材料进行包装，以防止虫害。使用这种包装方法，应当尽量避免使有毒材料或药物直接接触货物

总之，包装方法，必须满足货物自身的特点和对包装的内在要求，并在可能的范围内降低包装成本。

关键点提示

常见的包装方法有：

1. 一般包装方法
2. 防震包装法
3. 危险品包装法
4. 防潮包装法
5. 防锈包装法
6. 防虫包装法

5.3 选择合适的包装方案

典型问题及案例

香奈尔5号香水　香水瓶成为艺术品

1921年5月，当香水创作师恩尼斯·鲍将他发明的多款香水呈现在香奈尔夫人面前让她选择时，香奈尔夫人毫不犹豫地选出了第五款，即如今享誉全球的香奈尔5号香水。然而，除了其独特的香味以外，真正让香奈尔5号香水成为“香水贵族中的贵族”却是那个看起来不像香水瓶，像药瓶的创意包装。

香奈尔5号香水瓶以宝石切割般形态的瓶盖，透明水晶的方形瓶身造型，简单明了的线条，成为新的美学潮流，迅速俘获了消费者。从此，香奈尔5号香水在全世界畅销至今。

1959年，香奈尔5号香水瓶以其独有的美荣获“当代杰出艺术品”称号，跻身于纽约现代艺术博物馆展品行列。香奈尔5号香水瓶成为名副其实的艺术品。对此，中国工业设计协会副秘书长宋慰祖表示，“香水的包装本身不仅是艺术品，还是其最大的价值所在。包装的成本甚至可以占到整件商品价值的80%。香奈尔5号的成功，依靠的就是它独特的、颠覆性的创意包装。”

解读与阐述

包装强度不足或者过度、材料不当、成本过高以及包装尺寸不标准是包装管理中常见的问题。随着新型包装技术和包装材料的不断涌现，可以使上述问题得到有效的解决。实现包装的合理化主要有以下途径，具体如表5-3所示。

表5-3　包装方法设计方案举例

条目	内容
协调包装模数与物流模数	包装尺寸的确定不但要考虑保护内装物品的要求，还要从物流系统的角度出发，使包装模数与物流基础模数统一起来，把实现整个物流活动的合理化作为包装合理化的目标。由于包装系统与物流系统二者的不同特点，必须以托盘和其他成组包装的容器作为媒介，使包装模数与物流模数相协调，提高物流运作效率
采用机械化包装作业	采用机械化包装作业，可以提高包装作业效率，减轻人工包装作业强度，有利于保证和控制包装质量，降低包装成本
采用大型化和集装化包装	大型化和集装化包装有利于在物流活动中使用装卸机械，节省装卸、搬运的时间，加快物流全过程的速度。同时，采用大型化和集装化包装还可以减少单位包装，节约包装材料
采用轻薄化包装	在满足包装的强度、寿命以及成本的前提下，应当尽可能采用轻薄的包装材料，这样不但可以减轻货物的重量，还可以在一定程度上减少废弃物

续表

条目	内容
实行标准化包装作业	标准化的包装作业不仅包括包装作业流程的标准化，还包括包装材料的种类、规格应当尽可能地单一，以满足标准化作业的要求，提高包装作业的效率
实现包装的循环利用	包装的循环利用是降低包装成本非常有效的方法。包装中使用的大量瓦楞纸箱、木箱、塑料容器等通用包装要消耗大量的自然资源；应当循环多次使用或实现包装的阶梯利用，以达到节约自然资源、降低包装成本的目的
采用周转包装	如果企业的产品有固定的流通渠道和一定的数量规模，就可以采用周转包装。较为常见的周转包装形式是企业根据产品流通的速度、渠道和批量确定一定数量的周转托盘，通过对其进行多次反复的利用实现包装合理化，降低总的包装成本

总之，包装合理化是包装管理中的重要内容，也是企业开展物流服务必须重视的环节。

关键点提示

实现包装合理化的途径有：

1. 协调包装模数与物流模数
2. 采用机械化包装作业
3. 采用大型化和集装化包装
4. 采用轻薄化包装
5. 实行标准化包装作业
6. 实现包装的循环利用
7. 采用周转包装

5.4 流通加工服务管理

典型问题及案例

红星青花瓷珍品二锅头　创意包装改变品牌形象

作为一家有着50多年历史的酿酒企业，北京红星股份有限公司（以下简称“红星公司”）生产的红星二锅头历来是北京市民的餐桌酒，一直受到老百姓的喜爱。然而，由于在产品包装上一直是一副“老面孔”，使得红星二锅头始终处在白酒低端市场，无法获取更高的经济效益。

随着红星青花瓷珍品二锅头的推出，红星二锅头第一次踏进了高端白酒市场。红星青花瓷珍品二锅头在产品包装上融入中国古代文化的精华元素。酒瓶采用仿清乾隆青花瓷官窑贡品瓶型，酒盒图案以中华龙为主体，配以紫红木托，整体颜色构成以红、白、蓝为主，具有典型中华文化特色。该包装在中国第二届外观设计专利大赛颁奖典礼上荣获银奖。国家知识产权局副局长邢胜才看了此款包装后表示，“这款产品很有创意，将中国的传统文化与白酒文化结合在一起，很成功”。

解读与阐述

物流服务过程中的流通加工活动通常是在配送中心或流通加工中心内完成的，它的形式虽然与生产制造活动中的加工环节相似，但两者的目的却有本质的区别。流通加工服务是以强化流通阶段的保管功能、提高商品的附加价值、满足客户需求的多样化和提高物流活动的效率为目的的，对流通加工服务的管理应当从以下几个方面进行，具体如表 5－4 所示。

表 5－4　流通加工服务管理规范

条目	内容
流通加工的计划管理	流通加工的计划管理主要有两个方面的内容： （1）流通加工是对生产制造加工的补充，流通加工的计划管理首先应当明确是否需要流通加工，需要哪种类型的流通加工。通常的流通加工服务有以下几类： a. 为满足需求多样性的加工。这种类型的流通加工是由物流服务企业承担一些对产品或原材料的初级加工，以减少客户的加工环节。比如，按照客户的要求预先将平板玻璃切割成合适的尺寸，再进行配送 b. 为提高物流效率的加工。对一些本身不利于物流作业的物品，通过分割、液化、解体、冷冻等使之变成容易进行物流操作的形态，以提高物流作业的效率。比如大型设备、家具的解体使其便于装卸和运输 c. 为促进销售的加工。通过流通加工可以起到一定的促销作用。比如将大包装货物分装成小包装货物，以满足消费者对不同包装规格的要求；将精选后的蔬菜、肉类洗净切块以方便消费者选用等 企业应当结合需求情况，综合考虑技术、设备、成本等因素，对开展流通加工服务的可行性进行必要的分析 （2）提供流通加工服务的企业应当制订合理的加工计划。通过加工计划对整个加工活动进行组织、协调和控制。加工计划包括加工方式、种类、流程、时间、人员配备计划以及质量控制和成本预算等具体控制指标
流通加工的生产管理	不同类型流通加工的生产管理的侧重点不同，但基本上都会涉及劳动力、设备、动力、财务、物资、安全等方面。从加工活动本身看，流通加工与生产制造活动中的加工环节相似，所以生产制造企业的一些有效的管理方法同样适用

续表

条目	内容
流通加工的质量管理	流通加工的质量管理是对加工产品的质量控制。在提供流通加工服务的过程中，应当全面控制影响产品质量的各种因素，制定相关的质量控制标准，建立严格的质量责任制和质量检查体系，使流通加工产品质量符合客户要求
流通加工的费用管理	流通加工的费用包括设备费、材料费、人工费以及电力、燃料、油料等其他费用。由于流通加工的特殊性，其费用应当进行单独管理、单独核算，以便检查和分析流通加工费用的使用情况，确定流通加工的经济效益
流通加工的绩效管理	流通加工不同于生产制造活动中的加工，因而不能将生产企业的技术经济指标全部套用。在考核流通加工的绩效时，除了可以使用一些通用的指标，如劳动生产率、成本利润率等，还应当运用能够反映流通加工特征的经济指标进行考核。这些指标包括：反映流通加工后单位产品的增值程度的增值指标；反映资源利用情况的出材率、利用率；反映产品规格品种情况的品种规格增加率等

总之，与物流服务的其他内容相比，流通加工服务有其特殊性，在物流服务管理的过程中应当予以充分重视，提高流通加工的效率，进而保证完整物流活动的顺利进行。

关键点提示

流通加工服务管理应当从以下方面进行：

1. 流通加工的计划管理
2. 流通加工的生产管理
3. 流通加工的质量管理
4. 流通加工的费用管理
5. 流通加工的绩效管理

5.5 包装费用计算

典型问题及案例

如何节约包装成本

某洗衣剂制造厂从前包装洗衣剂的箱子每一面皆为瓦楞纸。

如用瓦楞纸围住箱体侧面的四面，另两面则用聚乙烯薄膜作为收缩包装（卷上薄膜后，经过高温加工收缩），最少节约了外箱的两面所需的瓦楞纸。

解读与阐述

有些企业的包装物流费用所占比例不小，因此对包装成本的计算应予以重视，物流费用计算方法如表5－5所示。

表5－5 物流费用计算方法

条目	内容
包装材料费	（1）购入材料成本确定：包装材料大多是外购，外购材料成本按购买价款加上材料入库前发生的各种附带成本（如保险费、运输中的合理损耗等）计算。附带成本可能直接计入材料成本，也可能需要在购买的各种材料间分配后计入相应的材料成本 （2）发出材料成本确定：企业购买的材料批次不同，单价不同。因此，在发出材料时，应按不同方法确定发出的材料成本。例如，假设先买入的材料先发出，在确定发出材料成本时，用先购入材料的成本作为发出材料的成本；或把1个月内购入材料总成本除以购买的总数量得到平均单价，再用平均单价乘以当月发出的材料数量确定当月发出材料的成本
包装技术费	（1）包装技术设计费用： a. 设计人员工资：包括设计人员的标准工资、奖金、津贴、补助、加班加点工资和特殊情况下支付的工资。设计人员工资应根据考勤记录和个人工资标准计算 b. 设计用材料或产品：指为设计领用的材料成本。设计用材料或成本与企业当期领用的材料（包装材料）成本相同，为试验领用的产品成本与企业计算的产品成本相同 c. 其他与设计有关的费用以实际支出额计入设计费用 （2）包装技术实施费用： a. 内包装材料费：常见如塑料泡沫、干燥剂、防潮纸等。内包装材料费在期末时按实际发生数计入设计费用 b. 其他费用：指不属于内包装材料费的其他费用，如控制温度的电费、水费。其他费用按实际耗用数量和单价计算计入成本
包装机械费	包装机械费主要是包装机械的折旧费和维修费。折旧费受包装机械原值、折旧期限、净残值和计提折旧年限影响。包装机械的折旧费可以直接引用财务会计的相应数据计入包装成本。对一般维修费用直接计入当期包装成本，大修理费用应分期计入包装成本
包装人工费	包装人工费指支付给所有包装工人和其他有关人员的工资总额。包装人工费根据工资和福利费分配表中有关的部分计入包装成本 通过以上四个方面的计算，加以汇总就是包装总成本。如果需要，还可进一步计算单位包装成本

关键点提示

包装成本包括：

1. 包装材料费
2. 包装技术费
3. 包装机械费

4. 包装人工费

5.6 包装设计成本控制

典型问题及案例

豆腐厂的包装窍门

某豆腐厂在确定冷冻豆腐的尺寸时，同时将包装的箱子标准化。规定了几种大小不同的规格，确保装在铁路集装箱（5 吨装）里时不留一丝空隙。如此降低运输成本带来的效益非常可观，且有利于促进销售和缩减库存。

解读与阐述

包装设计对包装成本有着先决作用，设计包装时应考虑以下几方面因素：

1. 产品设计

从产品设计初期就需考虑产品的包装要求对包装成本的影响。尽可能利用现有的包装技术和包装设备，尽可能利用标准模数尺寸设计包装。

2. 包装物的形态、特性

包装物可能是固体、液体或气体。设计包装时，根据包装物各自的特性，充分利用各种简易包装形式，甚至无包装物流，如散装水泥的管道运输。

3. 包装形态区别

在设计包装形态时，外包装、内包装、个体包装都应有明显的区别。设计外包装和内包装时，除设法降低本身费用外，还必须考虑这种包装能否降低其他物流费用。

4. 包装材料的经济性

包装材料成本占包装成本的比例最大。当存在多种包装材料可供选择时，在保证包装质量的基础上，使用低价、轻薄的材料，以降低包装成本。

5. 防包装过剩

防止因包装强度设计过高、包装材料选择过高、包装技术过高、体积过大导致包装成本过高。例如，对价值低的商品允许适度破损率，在经济上仍是可行的。商品的价值和特点不同，包装设计也应不同。

6. 其他物流活动

包装只是物流活动的一个环节，在进行包装设计时还应考虑对其他物流活动的影响。集装单元容器多采用标准模数尺寸制作包装，使用集装箱、托盘可降低总体物流成本。

好的包装设计，不仅可以降低包装成本，还能对整个物流活动、对营销战略发挥积极作用。

适当包装是合理、恰当的包装，是实现合理价格和商品保护的最佳选择。在日本JIS标准中，适当包装意思是“合理、恰当”的包装。工业包装物在流通过程中，由于振动、冲击、压缩、水渍、温湿度等会产生破损。为了减少包装不当造成的损失和耗费，就要以适当的包装成本对商品进行恰当的包装。适当包装不仅可以有效保护商品，而且可以为客户带来直接的效益。

关键点提示

包装设计要考虑的因素包括：

1. 产品设计
2. 包装物的形态、特性
3. 包装形态区别
4. 包装材料的经济性
5. 防包装过剩
6. 其他物流活动

5.7 优化包装

典型问题及案例

包装成本有文章

某款小型汽车用的电机产品，原来外包装使用瓦楞纸，内包装使用塑料袋，缓冲材料用硬化蔗渣压制板，其包装成本构成如下：

材料费	72%
直接人工费	12%
管理费	13%

运输费	3%
总包装费	100%
其中材料费：	
硬化蔗渣压制板	47%
瓦楞纸	33%
平面板	10%
各种捆扎带	8%
塑料带	1%
缝合针	1%
合计	100%

通过价值分析，设计人员设计了六个改善方案：

（1）变更瓦楞纸的材料质量。

（2）改变上部和下部的硬化压制板以发泡聚苯乙烯代替。

（3）改变上部硬化压制板，代之以增强片面板，使其兼有硬化板的构造。

（4）改变上部硬化压制板，采用与产品外形相符合的冲孔瓦楞纸板。

（5）废止增强平板的使用。

（6）以瓦楞纸带取代黏糊法。

试验结果表明，采用方案（1）、方案（2）、方案（5）、方案（6）四个方案使包装材料费用降低了15%。

解读与阐述

降低包装成本，不仅可以从包装设计入手，还可以在包装生产、包装作业等环节做一些改进。

1. 包装尺寸标准化

包装尺寸标准化不仅能有效联结物流各作业环节，提高作业效率，而且可以发挥规模经济效益，降低生产单位包装物的成本，从而降低产品的包装成本。

2. 包装作业机械化

劳务费在包装成本中所占比例仅次于材料费。机械化具有省力化、自动化特点，可大大提高劳动生产率，缩减工资费用，有利于减少包装费用。

3. 回收和利用旧包装

包装回收是将使用过的商品容器和包装辅助材料，通过各种渠道和方式收集起来，由有关部门进行处理。旧包装利用是将回收上来的旧包装，经修复、改制后再次使用的过程。包装物的回收利用可以相对节约包装材料，节约包装加工劳动，节约因包装而造成的能源、电力的损耗等。

4. 包装改造和创新

包装改造和创新需要经常对包装材料进行市场调查，分析其性能和价格等，以便用物美价廉的材料代替价高质次的材料；需要采用新的包装技术和设备、更合理的包装工艺；需要利用价值分析法从品质、使用、外观和耐用性等方面考虑，降低包装费用。利用价值分析法分析商品包装时，专业人员必须对以下内容进行调查分析：

（1）必要性：通过逐项必要性检查，找出不必要的环节。

（2）效果：包装的各种功能是增强了还是减弱了？

（3）成本与用途对比是否相称？

（4）物品本身的性能是否需要、适应？

（5）价格是否合理，能否降低？

（6）规格尺寸是否恰当，是否符合标准？

（7）包装生产时是否经济，效率高低？

（8）包装的安全性。

（9）成本各项构成是否合理？

近年来，人们越来越强调环保包装，即采用节约资源、用后可回收利用、焚烧时无毒害气体、填埋时少占耕地并能生物降解和分解的包装。可用4R形象归纳：

（1）Reduce，减少包装材料消耗量。

（2）Refill，大型容器可再次填充使用。

（3）Recycle，可循环利用。

（4）Recovery，可回收利用。

关键点提示

优化包装作业的措施包括：

1. 包装尺寸标准化

2. 包装作业机械化
3. 回收和利用旧包装
4. 包装改造和创新

5.8 流通加工成本计算

典型问题及案例

在产品的计算方法

某流通加工中心的加工车间，对甲产品进行流通加工，其工艺过程为单步骤流水线加工。该流通中心另设有供水、机修两个辅助生产车间，为基本加工车间及其他部门提供产品及劳务。该中心采用品种法计算流通加工成本。加工产品计算单如下：

产成品：100 件

在产品：20 件

单位：元

加工产品名称：甲产品

成本项目	月初在产品	本月费用	成本费用合计	分配率	流通加工成本	月末在产品加工成本
材料费	100	3000	3100	31	2480	620
人工费	400	17600	18000	163.64	16364	1636
制造费用	258.50	31041.5	31300	284.55	28455	2845
合计	7658.50	51641.5	52400	448.19	44819	5101

解读与阐述

物流中心、配送中心，甚至仓库都可以提供各种各样的流通加工服务，流通加工成本的计算对此至关重要，具体计算细节如表 5－6 所示。

表 5－6 流通加工成本计算细节

条目	内容
流通加工材料费用	流通加工材料费用是指流通加工过程中消耗的辅助材料、包装材料等的费用 （1）流通加工材料费用的归集：流通材料费用由材料消耗数量和材料消耗价格决定 a. 数量确定：根据“领料单”“限额领料单”“退料单”等原始凭证，连续、及时记录材料消耗数量

续表

条目	内容
流通加工材料费用	b. 价格确定：购入流通加工材料成本的计算与包装材料成本计算相同，包括材料购买价款和材料入库前发生的各种附带成本。由于不同批次材料购进的单价不同，与包装材料类似，必须选择恰当的方法计算发出材料的价格 （2）材料费用的分配：按全部领料凭证汇总并编制“耗用材料汇总表”。对能直接分配至某一加工对象的材料成本直接计入该加工对象；否则，应选择合理、简便的分配标准分配计入各加工对象
流通加工人工费用	流通加工人工费用是指直接进行加工生产的工人的工资总额（包括计时工资、计件工资、奖金、补贴等）和按工资总额提取的职工福利费 （1）流通加工人工费的归集：根据“工资结算单”按人员类别汇总编制“工资结算汇总表”和“职工福利费计算表”来计算人工费。“工资结算单”应当依据职工工作卡片、考勤记录、工作量记录等原始凭证编制 （2）流通加工人工费的分配：计件工资形式的工资成本一般直接计入所加工的对象成本中。计时工资形式的工资成本，如果只加工一个对象则计入该对象成本；如果加工多个对象，需要按加工工时分配计入各对象成本中
流通加工制造费用	（1）制造费用归集：通过编制“折旧费用计算汇总表”得出各生产单位的折旧费，再依此得出流通加工部门的折旧费用。修理费用一般计入当月的成本中，一次发生的费用数额较大时，可分期计入制造费用。其他费用一般按会计期间编制制造费用预算，控制总额即可 （2）制造费用分配：制造费用的受益对象是当期进行加工的全部产品。如果只加工一个对象，则全部计入该对象成本。如果加工多个对象，可采用生产工时分配法、机器工时分配法等在各加工对象间进行分配
流通加工费用在完工产品和在产品之间的分配	就像生产过程一样，流通加工也存在完工产品和在产品。流通加工费用在它们之间的分配方法与传统生产过程中生产成本在完工产品和在产品之间的分配方法类似 流通加工成本的计算与产品生产成本计算相似，只是内容、程序更简单。流通加工具有多种形式，大致有： （1）以保存产品为目的的流通加工。如水产品的保鲜、保质加工 （2）为满足需求多样化的流通加工。如平板玻璃开片加工 （3）为提高物流效率、降低物流损失的流通加工，如气体的液化 （4）为实现配送的流通加工

关键点提示

流通加工成本计算包括：

1. 流通加工材料费用
2. 流通加工人工费用
3. 流通加工制造费用

4. 流通加工费用在完工产品和在产品之间的分配

5.9 流通加工成本管理

典型问题及案例

降低路面加工成本的着力点

填写下表，为你所在公司流通加工费用管理提出改进方案。

项目	内容
加工对象	
加工组织	
加工方法	
加工目的	
加工批量	
加工深度	

解读与阐述

流通加工同生产活动一样，需要对其进行管理。流通加工活动的管理水平越高，越有利于流通加工成本的降低。

1. 选择适当的加工方式和加工深度

应根据服务对象和服务需要，选择适当的加工方式和加工深度，进行经济核算和可行性研究，合理确定加工费用的支出。

2. 均衡加工批量和数量

流通加工成本与加工批量和加工数量成正比，批量越大，数量越多，流通加工成本越高。批量的均衡、数量的稳定，能使加工能力得到充分、有效的利用。加工能力不足和加工能力过剩，将引起费用增加。

3. 全面管理

流通加工就像生产作业一样，需要对劳动力、设备、动力等进行全面管理。

（1）计划：计划涉及加工作业和技术经济方面的内容。可制定标准成本、目标成本等制度。

（2）组织：包括流通加工时间组织、空间组织和劳动组织。难点在于满足用户需求，按时按量按规格低成本同步作业。

（3）控制：表现在加工进度控制、成本控制和质量控制。

4. 单独核算

流通加工活动不同于其他物流活动，流通加工成本的形式和支出与运输成本等存在很大区别。为检查和分析流通加工费用的使用、支出情况，分析流通加工的经济效益，应对流通加工费用单独管理、单独核算。

5. 制定经济指标

对成为商品的产品进行流通加工只是生产过程的补充。为更好地反映流通加工的经济效益，需要根据流通加工对象、流通加工方式等特点，制定反映流通加工的经济指标。

流通加工作业管理对流通加工成本的降低有重要作用。

与生产加工相比，流通加工具有以下特点：

（1）流通加工对象是进入流通的商品，生产加工对象是最终产品。

（2）流通加工一般是简单加工，是对生产加工的一种辅助及补充。

（3）流通加工的目的在于完善使用价值在没有大改变的情况下提高价值。

（4）流通加工组织者是从事物流工作的人。

（5）流通加工是为促进消费而进行的加工，或以流通自身为目的。

关键点提示

流通加工成本管理的措施包括：

1. 选择适当的加工方式和加工深度

2. 均衡加工批量和数量

3. 全面管理

4. 单独核算

5. 制定经济指标

5.10 优化流通加工作业流程

典型问题及案例

流通加工流程的把控

设某流通加工中心欲进行六项加工任务，所需时间及预定交货期如下表所示：

单位：天

任务	W_1	W_2	W_3	W_4	W_5	W_6
所需时间（t_i）	5	8	2	7	9	3
预定交货期（d_i）	26	22	23	8	34	24

该流通中心管理层按最短加工时间进行排序。

任务	W_3	W_6	W_1	W_4	W_2	W_5	合计
所需时间（t_i）	2	3	5	7	8	9	—
计划完成时刻（F_i）	2	5	10	17	25	34	93
预定交货期（d_i）	23	24	26	8	22	34	—
交货延期量（D_i）	0	0	0	9	3	0	12

加工排序方案：$W_5-W_6-W_1-W_4-W_2-W_5$

最大加工流程时间：93 天　平均加工流程时间：15.5 天

最大交货延期量：9 天　　平均交货延期量：2 天

将上面例子中的六项任务按最短加工时间和最早预定交货期综合排序，填写下表：

单位（天）

任务	W_4	W_3	W_6	W_2	W_1	W_5	合计
所需时间（t_i）	7	2	3	8	5	9	—
计划完成时刻（F_i）	7	9	12	20	25	34	107
预定交货期（d_i）	8	23	24	22	26	34	—
交货延期量（D_i）	0	0	0	0	0	0	0

最大加工流程时间：107 天　平均加工流程时间：17.8 天

最大交货延期量：0　　　　平均交货延期量：0

解读与阐述

同样的加工任务，采用不同的加工作业次序，将产生不同的生产效率和经济效益。优化作业排序，可缩短加工周期、节约加工费用、减少延期交货和违约损失，使物流成本降低。

优化流通加工作业排序的方法：

1. 最短加工时间

最短加工时间法按所需加工时间的长短排列各加工任务，加工时间最短的排在最前，加工时间最长的排在最后，依此顺序进行加工。这一方法可使平均流程时间最短，滞留在制品平均占用最少，有利于减少流动资金占用，减少厂房、仓库及加工作业面积并节约保管费用。但这种方法忽视了交货期，可能存在着延期交货问题。

2. 最早预定交货期

最早预定交货期法按预定交货期的先后顺序进行排序，交货期最早的排在最前，交货期最晚的排在最后，依此顺序进行加工。这种方法减少了延期交货现象，减少了违约金和企业信誉损失，但使平均流程时间增加，在制品和流动资金占用增加。

3. 最短加工时间和最早预定交货期综合法

最短加工时间和最早预定交货期综合法按以下步骤进行：

（1）先根据最早预定交货期法排列一个最大延期量最小化的加工方案。

（2）计算所有加工任务的总流程时间。

（3）查出初始方案中预定交货期大于总流程时间的加工任务，按最短加工时间规则，把加工时间最长的排在最后。

（4）根据步骤（2）、步骤（3）反复调整，最终排定加工顺序。

（5）这种方法不但消除了延期量，还缩短了加工流程时间。

（6）优化流通加工作业排序的作用是综合的，根据客户需求变化，及时改变作业排序，将取得良好的经济效益。

评价加工顺序安排的主要指标包括：

最大流程：在某个工作地完成各项加工任务所需要的时间之和。最大流程要求最短。

平均流程：在某个工作地完成各项加工任务平均所需的时间。平均流程也要求最短。

最大延期量：延期完成任务中，延期时间最长的时间。

平均延期量：在某个工作地完成各项任务延期量的平均值。

关键点提示

优化流通加工作业排序的方法包括：

1. 最短加工时间

2. 最早预定交货期

3. 最短加工时间和最早预定交货期综合法

5.11 装卸搬运成本计算

典型问题及案例

折旧费的计算

某公司一台装卸搬运设备原值200 000元，预计全部工作小时为191 000小时，预计净残值率为原值的4.5%，本月统计该机器工作小时为500小时。

则该设备按工作量法计算的本月折旧额为500元。

计算式为：200 000×（1－4.5%）/191 000×500＝500（元）。

解读与阐述

车间、站台和仓库都有装卸搬运活动，装卸搬运活动是物流活动中出现频率最高的一项作业。因此，对其成本计算要予以重视。

1. 计算对象

装卸搬运成本的计算对象视具体情况而定，如以机械装卸作业为主、人工作业为辅，可不单独计算人工装卸成本；如以人工装卸作业为主、机械装卸作业为辅，可不单独计算机械装卸成本。当然，也可将两者分别计算。

2. 计算单位

装卸搬运活动的计算单位有装卸自然吨和装卸操作吨。装卸自然吨是指一吨货物不论经过几个操作过程，均以一吨计算。装卸操作吨是指一个完整操作过程所装卸、搬运的一吨货物。

3. 计算内容及方法

装卸搬运成本包括的内容与运输成本类似，各成本项目的计算方法如下：

（1）工资和福利费：指按规定支付给装卸搬运工人、装卸机械司机的计时工资、计件工资等以及按工资总额计提的职工福利费。工资和福利费分配表中装卸搬运的部分计入装卸搬运成本。

（2）燃料和动力：指装卸机械在运行和操作过程中所耗用的燃料、动力和电力等。燃料费用月末根据领用燃料记录，计算实际消耗数量和金额；电力费用根据收费单或企业分配单直接计入装卸搬运成本。

（3）轮胎：指装卸搬运机械领用的外胎、内胎、垫带及轮胎翻新费和零星修补费。轮胎费按实际领用数和发生数计入成本。如一次领用轮胎数较多，可在一年内分月计入成本。

（4）修理费：指为装卸机械和装卸工具进行维修和小修所发生的工料费和大修理费用。其中属于专职装卸机械维修工进行维修的工料费，直接计入装卸搬运成本；其他情况需要通过分析将有关装卸搬运的部分计入装卸搬运成本。对耗用的机油、润滑油等月末按领料单直接计入装卸成本。

（5）折旧费：指装卸搬运机械按规定方法计提的折旧费。可直接引入财务会计的相应装卸搬运机械设备的折旧费计入装卸搬运成本。

（6）工具和劳保费用：指装卸机械耗用的工具费和使用的劳动保护用品、防暑、防寒以及劳保案例等发生的各项费用。工具和劳保费用在领用时按实际数一次计入成本。

（7）事故费：指在进行装卸搬运作业时，为发生的货物破损、货物差错损失和装卸搬运设备损坏所支付的修理费。事故费应将由本期负担的净损失计入成本。

（8）其他费用：指属于装卸搬运基层直接开支的费用，发生和支付时直接计入成本。

4. 总成本和单位成本计算

将计算期内各装卸搬运成本计算对象的成本加总即得总成本，再除以数量，就得到单位装卸搬运成本。

对于公司的外付装卸费，应将实际发生数直接计入本公司装卸成本。

5. 装卸搬运工资计算

在实行计件工资时，应付工人的计件工资等于工人装卸搬运完成的合格品数量与计件单价的乘积。作业中发生的货损货差，如果是因工作不慎造成的，不支付工资。如果工人在同一月内进行了多种作业，各单价不同，需逐一计算相加。如果实行班组集体计件工资按每人贡献大小进行分配，通常先算出工资分配率，再乘以某工人的日工资率和出勤数计算出该工人的工资。

关键点提示

装卸搬运成本计算包括：

1. 计算对象
2. 计算单位
3. 计算内容及方法
4. 总成本和单位成本计算
5. 装卸搬运工资计算

5.12 分拣配货方法选择

典型问题及案例

分拣式分拣配货法

某物流公司的小型配送中心，每天下午将从上级物流中心运到的货物先放到货架，第二天早上再进行配货、送货。后来，该配送中心采用了分拣式作业方法。上一级物流中心到货时，直接进入分拣线进行分拣，第二天一早就可发货。这种方法减少了货架需要量，减少了劳动消耗，提高了工作效率，取得了可观的经济效益。

解读与阐述

不同的分拣配货法的特点和适用范围不同。同一作业采用不同的分拣配货方法，很可能导致不同的分拣配货成本。选择恰当的分拣配货方法进行作业是降低装卸搬运成本的途径之一。

1. 认识不同分拣配货法的特点

（1）拣选式配货法。拣选式配货作业按单拣选，一单一拣，准确率高，不容易发生货差等错误，且具有灵活机动的特点。

（2）分货式配货法。分货式配货法是分拣人员或分货工具从储存点集中取出各用户共同需求的货物，再将这些货物按各用户需求量进行分配。当所需货物全部分配完毕，也就同时完成了多个用户的配货工作。这种方法需要较强的计划性，容易发生货物差错，但具有规模效益。

（3）分拣式配货法。分拣式配货法是分拣人员或分货工具从储存点集中取出各用户共同或不同需要的多种货物，然后巡回于各用户的货位点，按用户需要的种类和数量进行分配，同时完成多个用户的配货工作。这种方法是拣选式和分货式一体化的配货方法，综合了两者的优点。

（4）自动分拣式配货法。自动分拣式配货法建立在信息化基础上，由控制装置、分类装置、输送装置和分拣道口组成。自动分拣式配货法因其系自动化、无人操作分拣作业，误差小，且不受气候、时间、体力等因素限制，能够连续作业，工作效率高。

2. 分析各分拣配货法的适用范围

（1）拣选式配货法。拣选式配货法适用于以下情形：

a. 用户不稳定，用户波动较大，不能建立相对稳定的用户分货货位。

b. 用户间需求差异较大，共同需求小。

c. 用户需求的种类太多，统计和共同取货难度大。

d. 用户要求的配送时间不同。

（2）分货式配货法。分货式配货法适用于以下情形：

a. 用户稳定且数量较多，可建立稳定的用户分货货位。

b. 用户需求有很强的共同性，差异较小。

c. 用户需求的种类有限，易于统计，分货时间不太长。

d. 用户要求的配送时间没有严格限制。

（3）分拣式配货法。分拣式配货法适用于以下情形：

a. 需配备的货物掺杂、混乱。

b. 从上一级物流中心或大的配送中心进货，为若干个用户配备不同种类货物。

（4）自动分拣式配货法。自动分拣式配货法适用于以下情形：

a. 货物底部平坦有刚性。

b. 货物包装和分拣设备符合标准化要求。

c. 有较大的作业量。

3. 选择适当的分拣配货法

根据四种分拣配货法的特点和适用范围，结合本作业特点和需要，选择恰当的方法进行分拣配货。

合理、恰当的分拣配货方法能够节约人力和设备的作业时间，提高工作效率，带来更高的物流服务水平，并降低物流成本。

企业装卸搬运活动按作业场所的不同大体可分为：

（1）车间装卸搬运：指在车间内各道工序间进行的各种装卸搬运活动，如原材料、半成品、产成品的取放、分拣、堆码、输送等作业。

（2）站台装卸搬运：指在企业车间或仓库外的站台进行的各种装卸搬运活动，如装车、卸车等。

（3）仓库装卸搬运：指在仓库、堆场、物流中心等进行的装卸搬运活动，如堆码取拆、分拣配货、挪动、移位等。

关键点提示

选择恰当的分拣配货法的过程包括：

1. 认识不同分拣配货法的特点
2. 分析各分拣配货法的适用范围
3. 选择适当的分拣配货法

5.13 装卸搬运设备购置费用计算

典型问题及案例

联华公司的装卸搬运系统

联华公司创建于1991年5月，是上海首家发展连锁经营的商业公司。联华公司的快速发展，离不开高效便捷的物流配送中心的大力支持。目前，联华共有4个配送中心，分别是2个常温配送中心、1个便利物流中心、1个生鲜加工配送中心，总面积7万余平方米。

联华便利物流中心总面积8000平方米，由4层楼的复式结构组成。为了实现货物的装卸搬运，配置的装卸搬运机械设备主要为：电动叉车8辆、手动托盘搬运车20辆、垂直升降机2台、笼车1000辆、辊道输送机5条、数字拣选设备2400套。

在装卸搬运时，操作过程如下：将来货卸下后，把其装在托盘上，用手动叉车将货物搬运至入库运载处，入库运载装置上升，将货物送上入库输送带。当接到向第一层搬送指示的托盘在经过升降机平台时，不再需要上下搬运，将直接从当前位置经过一层的入库输送带自动分配到一层入库区等待入库；接到向二至四层搬送指示的托盘，将由托盘垂直升降机自动传输到所需楼层。当升降机到达指定楼层时，由各层的入库输送带自动搬送货物至入库区。货物下平台时，由叉车从输送带上取下托盘入库。

出库时，根据订单进行拣选配货，拣选后的出库货物用笼车装载，由各层平台通过笼车垂直输送机送至一层的出货区并装入相应的运输车上。

先进实用的装卸搬运系统为联华便利店的发展提供了强大的支持，使联华便利物流运作能力和效率大大提高。

解读与阐述

装卸搬运设备的选择、购置与装卸搬运设备作业时发生的费用存在很大关系。购置装卸搬运设备时，需要分析以下费用：

1. 装卸搬运设备投资费用

用公式表示为：

$$S_c = \frac{S_t}{365G}$$

式中，S_c 为装卸机械设备投资费用；S_t 为平均每年装卸机械设备的总投资（下同）；G 为装卸机械平均每日装卸作业量。

平均每年装卸机械设备的总投资由装卸机械的购置费用、安装费用和与机械设备直接有关的附属费用构成。

用公式表示为：

$$S_i = (S_j + S_z)K + S_f K$$

式中，S_j 为装卸机械的购置费用；S_z 为机械安装费用；S_f 为附属设备费用，包括车库、充电设备、起重运行轨道等的费用。

2. 装卸搬运设备运作费用

设备运作费用是指在某一种装卸机械作业现场，1 年内运营总支出和机械完成装卸量之比。用公式表示为：

$$S_y = \frac{S}{S_n}$$

式中，S_y 为装卸每吨货物支出的运营费用；S_n 为装卸机械年作业量；S 为 1 年内运营投资总费用（下同）。

运营投资总费用包括有关装卸搬运活动的维修费用、工资费用、燃料和动力费用及照明费用等。

3. 装卸作业成本

装卸作业成本是指某一作业现场，装卸机械每装卸 1 吨货物所支出的费用。它用每年平均设备投资支出和运营费用支出总和与每年装卸机械设备作业现场完成的装卸总吨数的比值表示，其计算公式为：

$$S_b = \frac{S_t + S}{G_n}$$

式中，S_b 为装卸 1 吨货物的作业成本；G_n 为装卸机械每年完成的总吨数。

不同装卸搬运设备具有不同的投资费用、运作费用和作业成本。因此，在购置时要综合考虑各种费用水平，选择费用小的设备，从而降低装卸搬运成本。

应根据不同类物品的装卸搬运特征和要求，合理选择具有相应技术特性的装卸搬运机械设备，具体的原则如下：

（1）应根据物流过程输送和储存作业的特点，合理选择装卸搬运机械设备。

（2）根据运输和储存的具体条件和作业的需要，正确估计和评价装卸搬运机械设备的使用效益。

（3）根据现场具体作业情况，选择合适的装卸搬运机械设备。

（4）在完成同样作业效能的前提下，应选择性能好、节省能源、便于维修、利于环境保护、利于配套的装卸机械设备。

关键点提示

计算装卸搬运设备购置费用应考虑：

1. 装卸搬运设备投资费用

2. 装卸搬运设备运作费用

3. 装卸作业成本

5.14 装卸搬运系统成本控制

典型问题及案例

西方各国对装卸搬运系统成本的控制方法

俄罗斯装卸搬运业通过计算基建投资、运营费、作业成本来确定追加投资回收期，回收期小于国家规定标准的方案都是可行的。可行方案中，标准回收期内折现支出（基本投资和标准回收期内运营费总和）或年折现费用最小的方案是最优的。西方国家对于大型和服务期限长的装卸搬运系统采用动态分析法，将系统服务期限内各年度发生的费用都折算到计算基点来进行比较；对于小型和服务期限短的装卸搬运系统，则采用静态法。比较的对象是收益、成本、投资利润率和投资回收期。

解读与阐述

装卸搬运作业往往需要不止一台机械设备协同工作，对装卸搬运系统的运作成本、占用资金的分析显得十分必要。

1. 综合费用比较法

综合费用比较法的原则是选择综合费用最低的装卸搬运系统作为最优系统。

计算各装卸搬运系统中各设备的作业成本，求出各装卸搬运系统作业总成本 C。计算各装卸搬运系统的总效益或总利润 L。

将总成本和总利润进行比较。方案多时可采用两两比较法，最后得出最优方案。当 $C_1 < C_2$ 且 $L_1 = L_2$ 时，方案1好；当 $C_1 < C_2$ 且 $L_1 < L_2$ 时，如 $C_1/C_2 > L_1/L_2$，则方案2好。

2. 资金利润率法

当有些数据难以确定时，可采用资金利润率法进行分析。由于装卸搬运系统占用的主要是固定资金，流动资金少。因此，具体比较时，可用固定资金代替资金总额。资金利润率法用公式表示为：

$$r = L/（V_{设备} + V_{设施}）$$

式中，r 为资金利润率；L 为装卸搬运系统年利润和税收支出总和；$V_{设备}$ 为设备的投资总额，包括运输、保管等附属费用；$V_{设施}$ 为设施的投资总额如作业场、轨道等的投资。

上式中，$L=QK-D$

其中，Q 为年作业量；K 为费率；D 为年总支出，由设备和设施的大修费、维修费，工人年工资总支出，年动力总支出和年管理费及其他杂费组成。

r 值越大，说明装卸搬运系统的经济效益越好，故应选择 r 值大的装卸搬运系统。

无论采用哪种方法进行装卸搬运系统的经济分析，都以利润最大、总成本最低为原则。

关键点提示

比较装卸搬运系统经济性的方法包括：

1. 综合费用比较法
2. 资金利润率法

5.15 优化装卸搬运作业

典型问题及案例

优化装卸搬运作业好处多

某机械工厂需采购金属作为原材料，采购煤作为锅炉房燃料。之前，采购的货物先卸下，再过秤，然后装入仓库和燃料场。后采用动态电子秤，装在卸载设备上，在装卸作业的同时，就完成了检斤作业，省去单独检斤作业环节，减少了装卸作业次数。

解读与阐述

影响装卸搬运作业合理化的因素有作业次数、作业距离、货物活性等，从这些方面改善作业，可大大降低装卸搬运费用。

1. 减少次数

减少装卸搬运作业次数，也就减少了装卸搬运作业量。不但可以减少装卸搬运成本，而且还能加快物流速度，减少场地占用和装卸搬运事故的发生。减少装卸搬运次数应遵循以下原则：

（1）当厂房、库房等建筑物的结构类型、结构特点及建筑参数与装卸搬运设备相匹配时，能减少作业次数。

（2）如果各种物流设备配套好，适用性强，能减少作业次数。

（3）装卸搬运作业组织调度工作水平越高，越有利于减少作业次数。

2. 缩短距离

货物发生的水平位移由搬运作业完成，垂直位移由装卸作业完成。位移距离短，能节省劳动消耗，缩短搬运时间，减少作业损耗。为缩短装卸搬运距离，应遵循以下原则：

（1）车间、库房、铁路专用线、主要通路的布局处理得好，物流顺畅、便捷，能缩短作业距离。

（2）在平面布局一定时，高水平的组织工作，能缩短作业距离。

3. 提高可运性

装卸搬运可运性是指装卸搬运作业的难易程度，可用物品马格数值来表示。物品马格数值由货物的密集度、形状、状态、价值等因素确定。马格数值降低意味着装卸搬运作业可运性提高，作业容易度增加。

所谓"1个马格"，是指可以方便地拿在一只手中，相当密实，形状紧凑并可以码垛，不易损伤及相当清洁、坚固、稳定的物品。任何一种物品的马格数可用公式表示：

$$M = A + \left\{\frac{1}{4}A\ (B + C + D + E + F)\ Y\right\}$$

式中，M 表示某种物品的马格数；A 表示某种物品的基本马格数值；B、C、D、E、F 分别表示物品的笨重程度、形状、损伤可能性、所处状态、价格。

4. 实现省力化

减轻劳动力和其他能源的消耗，实现装卸搬运作业的省力化应遵循以下原则：

（1）将重力转化为促使货物移动的动力。

（2）设法将物体的重力所产生的阻力降到最小。

（3）按最经济原则制定作业动作标准。

5. 提高货物活性

散放在地面上的货物的活性程度为0；货物成捆或装入箱内的活性程度为1；货物置于托盘内的活性程度为2；货物置于搬运机械上的活性程度为3；货物处于搬运状态的活性程度为4。活性程度越高，装卸搬运作业越容易。根据实际需要与可能，选择货物放置的适当方式，能提高货物活性。

6. 选择恰当的作业机械、 作业方式和作业方法

装卸搬运作业成本受作业机械、作业方式和作业方法的影响，选择恰当的作业机

械、作业方式和作业方法应遵循以下原则：

（1）根据物流速度、劳动强度、经济合理性选择相应的自动化机械。

（2）根据货物种类、性质、形状等确定以分块、散装还是以托盘、集装箱进行作业。

（3）利用排队论、网络技术等方法改进装卸搬运的顺序、路线。

采取各种措施优化装卸搬运作业，可提高装卸搬运作业效率，减少各种耗费，降低装卸搬运成本。

关键点提示

优化装卸搬运作业的措施包括：

1. 减少次数
2. 缩短距离
3. 提高可运性
4. 实现省力化
5. 提高货物活性
6. 选择恰当的作业机械、作业方式和作业方法

5.16 装卸搬运损失控制

典型问题及案例

装卸搬运损失漏洞务必堵

某商店仓库的装卸搬运工人为了赶时间，经常从食品站台上搬运四个托盘，因此，常发生托盘倒塌事件，造成的损失往往超过商店两个工作日的利润。针对这种情况，管理层制定了装卸搬运标准作业程序及奖惩措施。很快，由于装卸搬运疏忽造成的物品损坏基本没有了，情况得到很大改善。

解读与阐述

装卸搬运是比较容易发生货损和事故的环节。对装卸搬运作业的安全管理，既可以防止和消除货物损坏、人员伤亡事故，又可以减少装卸搬运的事故损失成本。装卸搬运的安全管理可以从以下几方面着手，具体见表5－7。

表 5-7 装卸搬运安全管理规范

条目	内容
统一现场指挥	装卸搬运作业现场应统一指挥，有明确固定的指挥信号，防止作业混乱。现场操作人员要严格遵守纪律，服从指挥；非作业人员不得在作业区内逗留
机械安全	装卸搬运机械安全方面有以下注意事项： (1) 机械运转前，必须认真检查；发现问题必须修理完好后才能使用 (2) 装卸搬运作业人员应明确工作任务，并参与制定作业程序 (3) 严格按设备规定的负载作业，不超载，不超速 (4) 起重机械绝对禁止人和物一同吊运或提升 (5) 遇到停止信号时，不论是谁发出，都应立即停止作业 (6) 对某些装卸搬运机械配备安全保险装置 (7) 采取有效的技术措施，实行使用与维修相结合的做法，从而保证装卸搬运机械一直处于良好状态
货物安全	货物安全方面有以下注意事项： (1) 在工序间运送或搬运时，对易磕碰的关键部位提供适当的保护（如保护套、保护罩等） (2) 对精密、环境因素的影响 (3) 对易燃、严格的控制程序 特殊产品还要防止装卸搬运过程中的震动和温度湿度等，易爆或对人身安全有影响的产品，装卸搬运作业应有安全防护措施 (4) 对有防震、防压等特殊要求的物品，装卸搬运作业中要采取专门的防护措施，并加以明显的识别标记 (5) 注意包装上的标志，发现货物包装有渗漏损坏时，必须立即进行修补 (6) 注意稳挂、稳吊、轻抬、轻放，以免造成物品变形、残损、散失或包装损坏
人员安全	人员安全方面有以下注意事项： (1) 对装卸搬运人员进行培训，使其掌握必要的作业规程和要求 (2) 作业人员应根据装卸搬运的货物的特性，穿戴相应的防护用具。作业前，由专人对防护用具进行检查，完工后进行清洗和消毒 (3) 在进行危险品搬运时，不得进食和吸烟。完工后，必须淋浴、漱口 (4) 遇到有中毒情况时，应立即将中毒者送至空气新鲜处休息，重者应立即送往医院 (5) 夏季作业应避开中午，冬季作业应注意防滑

安全装卸搬运是安全生产的重要环节。减少装卸搬运过程的货物损坏和事故损失，对减少装卸搬运费用具有重要意义。

关键点提示

减少装卸搬运损失的措施包括：

1. 统一现场指挥
2. 机械安全
3. 货物安全
4. 人员安全

第六章 仓储商务服务管理

仓储商务是仓储企业基于仓储经营而进行的对外经济交往活动，是一种商业性行为，涉及商务磋商和仓储合同签订、履行等问题。通过实施有效的仓储商务管理，可以帮助企业更好地处理合同履行中的问题，规避风险，塑造企业形象，最大限度地获得经济效益，保持企业的可持续发展。

6.1 物流服务战略分析

典型问题及案例

中外运的物流战略分析

经过50年的不懈努力，中外运已成为一家以运输为主业，全面发展的跨地区、跨行业、跨国经营的大型企业集团。

近年来，中外运敏锐地认识到世界经济环境正随着经济全球化和信息技术的不断发展发生深刻变化，客户对物流服务越来越“挑剔”，原有的服务方式已不能满足客户需要，需要更高层次、更个性化的服务。2013年初，经过集团内外广泛和深入的论证，中外运制定并实施了面向21世纪企业发展战略，即从传统的外贸运输企业转变为由多个物流主体组成，按照统一的服务标准流程和规范体系运作，国际化、综合性大型物流企业集团。

随后，中外运成立了物流发展部，将食品饮料、电子通信产品、电子消费产品三大行业定为目标市场，为用户提供全新的物流服务。中外运以客户为中心，以降低客户成本为服务目标，以伙伴式双底策略为准则，为客户提供完善的物流解决方案和全方位的物流服务。如今中外运已经为明基、爱立信、夏普、联想、飞利浦、摩托罗拉、卡夫、帕玛拉特、柯达等知名跨国企业提供产品的库存管理、分拨和配送等服务，不断扩大自己的市场份额。

解读与阐述

面对激变的环境，多样的需求，企业只有全面审查现行的经营战略，才能赢得先机。物流服务战略是企业经营战略的重要组成部分，对企业的物流服务战略进行分析可以从以下几方面着手：

1. 是否满足高层次物流需求

物流需求不断向高层次方向发展是整个物流服务环境变化中最为重要的因素。现代物流服务必须真正达到5R标准才有可能满足个性化、准时制（JIT）和高附加值的需求。那种大量生产、大量销售体制下产生的大量运输将会越来越少，从而对物流企业原有的利益格局产生冲击。这种情况下，对物流服务战略的重新审定势在必行。

2. 是否满足激烈竞争的要求

经营环境对战略的影响除了需求方面的因素外，对供给方面也有相当大作用。一方面表现在参与物流服务竞争的企业越来越多，竞争的范围越来越广；另一方面则表现在先进物流技术和手段的运用使物流服务竞争程度越来越深。企业的物流服务战略必须综合竞争对手的因素全面考虑。

3. 是否满足可持续发展的要求

在战略上合理安排、管理物流不仅关系到企业自身的效益问题，而且关系到整个社会可持续发展的问题。企业对社会的发展是有责任的，如何选择运输工具、如何运用共同配送以减少物流活动对环境、交通等方面的负面影响，都是在企业物流服务战略中应当涉及的。

从以上三个方面对物流服务战略进行分析，将有助于企业在变化的环境中做出正确的战略决策，为企业制定整体、长期的经营战略提供重要的依据。

关键点提示

对企业的物流服务战略进行分析可以从以下几方面着手：

1. 是否满足高层次物流需求

2. 是否满足激烈竞争的要求

3. 是否满足可持续发展的要求

6.2 物流服务环境分析

典型问题及案例

华联超市的物流战略布局

不足十年时间，华联超市已经建成覆盖上海、江苏、安徽、北京、河南、山东等10余省市的特许经营网络。

华联超市的优势可以归结为以下几个方面：

管理优势。

物流配送优势。

信息系统优势。

人才优势。

品牌优势。

华联超市决策层经过全国调研、反复论证制定了华联超市五年发展战略。总体目标：计划用五年时间构建全国六大市场板块：华东、华北、华中、华南、西部、东北地区；在条件许可的情况下，跨国出门，开拓亚洲市场。业务方面，华联超市将拓展四个层面：第一，传统的食品超市。这是企业比较成熟的核心业务，为企业主要利润来源。第二，大型卖场。这是企业下一阶段的经济增长点。第三，便利店。第四，电子商务。华联超市根据不同形态的城市和地区，开发不同的层面，构建一个互补型的全国发展战略布局。

解读与阐述

企业在制定物流服务战略时必须以不断变化的环境背景为依托，准确把握物流服务的发展趋势，这就必须对物流服务环境有清醒的认识。可以从以下几个角度对物流服务环境进行分析：

1. 供应链角度

作为提供专业物流服务的第三方物流企业是整个供应链的一部分，在通常情况下，不可能向客户提供整个供应链的物流服务。即便是在供应链的某些环节的服务，第三方物流只能完成其中的部分内容。从为整个供应链服务的角度提出的第四方物流，不但使物流服务的内容变得更加丰富，也为当前物流服务企业制定发展战略在方向上提供了新的思路。

2. 零售业角度

从零售业物流服务系统的发展来看，最具代表性的是24小时便民连锁店。其物流服务系统的设计、管理成为零售业物流发展的标志。怎样通过物流中心提升效率？如何实现商品配送的计划化和集约化？怎样实现物流成本的合理分担？这些问题的答案都指向为零售业提供服务。

关键点提示

对物流服务环境进行分析可以从以下角度入手：

1. 供应链角度
2. 零售业角度

6.3 制定物流服务战略

典型问题及案例

中外运的物流服务战略

2014年，为了确保公司的竞争优势和可持续发展，中外运总公司开始进行发展战略的研究。经过一年多深入、广泛的调研和论证，中外运确定了面向21世纪的发展战略，并制定了《中国对外贸易运输（集团）总公司发展战略纲要》（以下简称《纲要》），明确把中外运从一个传统的对外贸易运输企业建成由多个物流主体组成的，按照统一的服务标准流程和规范体系运作的现代化、国际化、综合性的大型物流企业集团。

2015年，中外运总公司开始贯彻实施《纲要》，与此同时，总公司物流部又提出《中外运物流营销体系建设方案的设想》《中外运物流作业体系方案的设想》和《中外运物流仓储信息系统实施方案的设想》等方案，形成了一套相对完善的物流服务战略。

解读与阐述

物流服务战略的制定是企业经营管理活动中一项重要任务，科学、合理地制定物流服务战略要按以下几个步骤施行具体如表6－1所示。

表 6－1　物流服务战略制定细节规范

条目	内容
确定物流服务的要素	一般而言，明确备货、接收订货的截止时间、进货期、订货单位等要素是物流服务战略策划的第一步。只有清晰把握这些物流服务的要素，才能使决策顺利进行，并加以控制
收集有关物流服务的信息	制定物流服务战略需要收集的信息主要包括客户对物流服务重要性的认识、客户的满意度以及与竞争企业的物流服务相比是否具有优势等。这种信息资源的收集可以通过问卷调查、座谈、访问以及委托专业调查公司来进行
整理物流服务的信息	分析整理信息的目的是要明确：①企业现有的物流服务水平与客户需求之间有什么差距，据此明确企业需要改善或提高的物流服务。需要注意的是，客户需求有先后顺序。一般位于优先地位的是企业物流服务的核心要素，而对于不同的细分市场，服务要素的先后顺序也不尽一致。②企业现有的物流服务水平与竞争对手或其他优秀企业的服务水平有何差距。要找出企业物流服务的不足可以运用定点超越的方法
划分客户群	由于客户需求受客户思维方式、行动模式以及地区差异等因素影响。因此，以什么样的特性为基础来区分客户群成为制定物流服务战略的重要问题。同时，在划分客户群的过程中，应当充分考虑不同客户对企业的贡献度以及客户的潜在能力
制定物流服务组合	对客户群划分后，首先要做的就是针对不同的客户群制定相应的物流服务基本方针，确保将企业资源优先配置给重点客户群。在对企业物流服务水平预算分析和对主要竞争对手的物流服务水平分析的基础上，为不同的客户群制定相应的物流服务组合

物流服务战略的制定是一项系统工作，应当按照上述步骤综合考虑企业外部和内部的各种因素有序进行，只有这样才能使制定的战略成为企业朝正确方向前进的有力保障。

关键点提示

制定物流服务战略的主要步骤：

1. 确定物流服务的要素
2. 收集有关物流服务的信息
3. 整理物流服务的信息
4. 划分客户群
5. 制定物流服务组合

6.4 物流服务水平划定

典型问题及案例

如此计算确定库存服务水平?

某美国公司在其仓库中存放了大量畅销品，可以保证4年内都不缺货，此时该产品的服务水平超过了99%。根据公司的经验，服务水平每变化1%，毛收入就变化0.1%。服务水平为补货提前期内仓库有存货的概率。每箱的成本5.38美元，销售毛利0.55美元，年销售量59904箱，平均每周1152箱，标准差为350箱。年库存持有成本估计为25%，补货提前期为1周。

收入变化量△R =销售毛利×销售反应系数×年销量

= (0.55×0.001×59904) =32.95 (美元)

已知安全库存的变化

△C =年库存持有成本×产品成本×订货周期内需求的标准差×△Z

=0.25×5.38×350×△Z

=470.25△Z

其中，Z为现货供应概率的正态分布曲线系数（正态偏差）。

计算出对应不同△Z值的安全库存成本的变化△C值，按照描点法绘制出在不同服务水平下△R和△C曲线，两者的交点就是最优服务水平（SL），为93%。现有的库存服务水平超过了最优水平。

该公司以多个仓库的数千种产品为大样本进行了类似分析，预计可以节约库存成本数百万美元。

解读与阐述

物流服务水平是构筑物流服务体系的基础，应当从战略的高度予以重视，必须统一思想，取得共识。

可以按照以下方法确定物流服务水平：

1. 明确物流服务水平与物流成本的关系

根据特定的物流服务组合，每一个物流服务水平都有相应的成本水平。在对公司销售—成本的大致关系分析的基础上，将成本与服务对应起来。不同服务水平下，收入与成本之差就决定了利润曲线（见图6-1）。我们要做的工作就是找到这一理想的服务水平，该点一般在服务水平最低和最高的两个极端点之间。

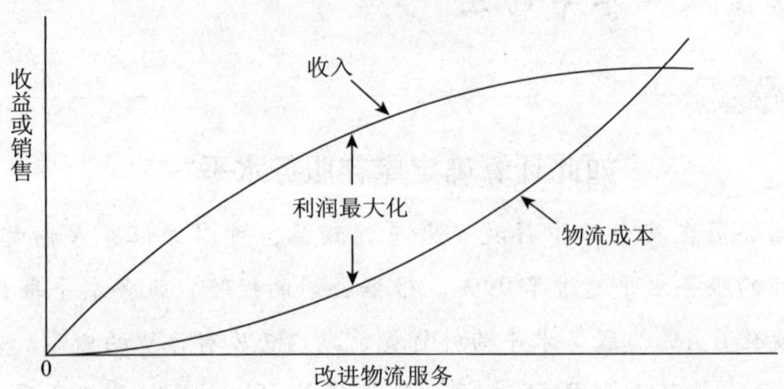

图 6-1 不同物流服务水平下，成本—收入悖反关系示意图

2. 确定最优物流服务水平

要确定最优的物流服务水平，关键是必须弄清楚物流服务水平与收入、物流成本之间的关系。只有了解了它们之间定性和定量关系，才能求出最优物流服务水平。

假定企业目标是利润最大化，即物流服务收入与成本之差的最大化。

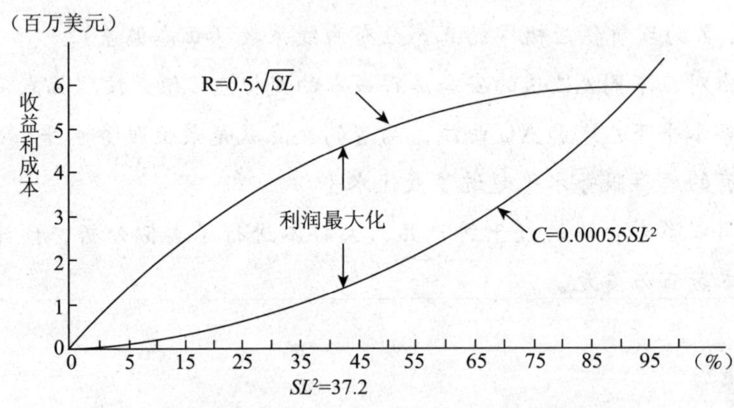

图 6-2 订货周期为五天的订单占订单总数的比重

利润最大点，即为边际收入等于边际成本之时。设已知的销售收入曲线为 $R=0.5\sqrt{SL}$，其中 SL 是服务水平，表示订货周期为五天的订单所占的比重。绘制出曲线图（见图 6-2）。相应的成本曲线已知，为 $C=0.00055SL^2$，最大化利润表达式为：

$$P=0.5\sqrt{SL}-0.00055SL^2$$

其中，p 为利润。

用微积分法，求出在利润最大化条件下，服务水平的表达式为：

$$SL^{*}=\left[\frac{0.5}{4\ (0.00055)}\right]^{2/3}$$

因此，SL* =37.2，也就是约37%的订单应该有五天的订货周期。

3. 确定服务水平的最佳波动范围

传统上人们认为只要服务水平的波动始终在可以接受的范围之内，就是令人满意的，不会有惩罚成本（见图6－3）。但是按照田口玄一的损失函数理论，当预定的服务水平没有达到时，就会产生费用浪费、声誉损失、机会丧失等情况。随着服务偏离目标值，损失会增加，递增的速度可以用以下公式表示：

$$L=k\ (y-m)^{2}$$

式中，L为单位损失（惩罚成本）；y为服务水平变量值；m为服务水平的目标值；k为常数，取决于服务水平在财务上的重要性。

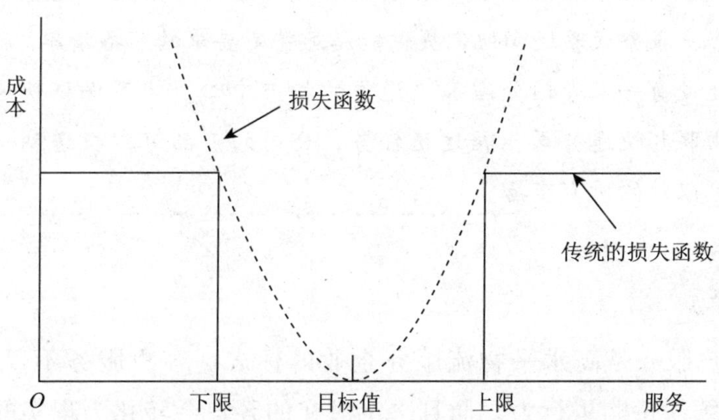

图6－3 适用于物流服务的田口玄一损失函数

上述介绍的方法是理论上的最优解，在确定物流服务水平时应注意下列问题：

（1）应当站在客户的角度考虑物流服务水平。

（2）对不同客户应当确定不同的物流服务水平。

（3）确定物流服务水平时，应当考虑如何展现自己的特色，形成竞争优势。物流服务水平应当本着科学、经济的原则，不能盲目追求高水平。

关键点提示

确定物流服务水平的方法：

1. 明确物流服务水平与物流成本的关系

2. 确定最优物流服务水平

3. 确定服务水平的最佳波动范围

6.5 物流客户服务战略策划

典型问题及案例

贝恩公司的客户服务战略

贝恩公司直销各类专用商品，2014年公司的年销售额超过了10.3亿美元。公司能够吸引并留住顾客的直接原因是对客户服务的重视（如“善待你的顾客”“提供最优质的个人服务”）。事实上，贝恩公司的服务核心是“百分之百的保证”，如果有顾客出于任何原因对一件产品表示不满，公司都会承诺对商品进行调换或全额退款。

公司的客户服务部门除了帮助顾客解决关于订单情况、退货及特殊要求等问题，客户服务代表还向他们提供能满足特定要求的装备清单。

公司还设有一家专门处理客户退货的物流中心。为了保证快速送货，大多数商品由联邦快递公司承接运送任务，公司的产品可以投递到世界上除了古巴和朝鲜以外的所有市场。

解读与阐述

一流的客户服务是高水平物流服务企业的标志。客户服务不仅决定了现有的客户是否会继续保持购买行为，而且决定潜在的客户会转化为现实的客户。

策划物流客户服务战略可以根据交易前、交易中和交易后的客户服务要素进行，物流客户服务战略策划细节规范如表6-2所示。

表6-2 物流客户服务战略策划细节规范表

条目	内容
物流客户服务政策	给客户提供书面的声明，可以减少客户对某些不切实际的服务存有期望。客户服务政策声明应当基于客户需求，有明确的服务标准，同时应是能够实施的。声明必须为客户提供当服务没有达到既定的服务水平时，与公司沟通协调的方法
物流客户服务的组织结构	为保证客户服务政策的顺利实施，公司应当选择一种有利于职能部门之间沟通与合作的组织结构形式，明确各职能部门的权责范围
应急服务方案	一般而言，管理人员的规划和控制工作是为了保证物流系统在正常情况下的高效运作。但是，对于客户服务，还要准备处理由于可能的意外事件导致的系统瘫痪或系统在短时间内剧烈变化的情况

续表

条目	内容
增值服务方案	增值服务是企业保障竞争力的重要武器。客户服务的增值方案可以有很多形式，比如计划一项用来帮助客户提高库存管理水平的培训活动，就是客户服务增值的一种体现
交易过程要素控制方案	（1）缺货水平。当出现缺货时，可以通过加速发货或者安排合适的替代产品来维持与客户的良好关系。为了找出引起缺货问题的环节，缺货情况应当根据产品和客户来进行登记 （2）订货周期。虽然客户主要关心的是订货周期的总体时间，但是控制和管理好组成订货周期的订单传递、输入、处理、分拣、包装和交付等每一个组成部分，确定订货周期变动的原因，对于客户服务来说至关重要 （3）订货信息。应该确定那些需要立即处理的订单，并建立相应的订单处理程序 （4）加急发货。尽管加急发货的成本要比正常发货的成本高出许多，但是可能仍然要比失去客户的成本要低。客户服务战略的策划要考虑这些客户应当得到的服务
售后服务方案	售后服务是物流客户服务中最容易被忽略的要素。客户服务政策应当规定如何进行索赔、投诉和退货的处理。同时，在设计物流系统时，售后服务所形成的逆向物流也是需要特别引起重视的

客户服务对于公司的市场份额的大小、物流总成本以及最终的盈利水平具有直接的作用。为此，客户服务战略策划对于企业来说是不可缺少的。

关键点提示

物流客户服务战略应当包含的内容：

1. 客户服务政策
2. 客户服务的组织结构
3. 应急服务方案
4. 增值服务方案
5. 交易过程要素控制方案
6. 售后服务方案

6.6 建立物流战略联盟

典型问题及案例

NIKE 的物流战略联盟

NIKE 公司 2013 年初开始通过电子商务网站销售，UPS 就是与 NIKE 合作的快递服务公司。

UPS 在路易斯维尔的仓库里存储了大量的 NIKE 产品，在接受了 nike. com 的订单后，每隔一小时完成一次订货，并将这些 NIKE 产品装上卡车运到航空枢纽。如此 NIKE 公司不仅节约了成本，还加速了资金周转。

在 NIKE 的物流外包业务中，另一个物流合作伙伴是 MENLO 公司，该公司是美国一家从事全方位物流服务的大型公司，其客户群包括 50 家大型国际公司，如 IBM、NCR、惠普、陶氏化学等。

在日本，NIKE 的合作伙伴是全球 500 强之一的岩井公司，该公司每年的贸易额高达 715 亿美元，其主要负责日本地区 NIKE 产品的生产、销售和物流业务。

解读与阐述

近年来，越来越多的公司将物流活动外包或与其他公司结成物流合作伙伴关系。组建物流战略联盟成为强化企业核心竞争力、实现高速增长的重要战略之一。那么，如何建立一个有效的物流战略联盟呢?

1. 兼容性是联盟能否成功的基石

兼容性和解决分歧与矛盾的能力是保持联盟双方良好关系的首要因素。如果两个合作的企业缺少兼容性，那么不管它们的业务关系在战略上多么重要，也不管各自拥有的资源多么丰富，都将很难经受时间的考验。

考察联盟的兼容性，可以从软件和硬件两个方面进行。

公司战略、文化、管理模式等都是选择战略合作伙伴时要考察的重要方面。相互之间的信任是其中最为重要的，管理层的争执和不信任对整个战略联盟来说将是致命的。

硬件因素主要包括公司的经营规模、业务范围、生产能力、信誉、组织结构、合作伙伴、财务变动状况等。应当寻找与自身规模实力相当的公司作为合作伙伴，与一个比自身强大得多的公司结成联盟就好像与狼共舞。在所有的硬件因素中，合作伙伴的能力至关重要，它是实现联盟目标的保证。

2. 从现有的客户中寻找合作伙伴

选择战略合作伙伴，最好的办法就是在与自己已有业务关系的客户中寻找。因为彼此对对方的能力、商业理念、企业文化都有了一个比较清楚的认识，双方的业务流程和人员都彼此熟悉，相比选择新的公司，建立伙伴关系容易得多。

3. 寻找更多途径

尽管从现有的客户关系中选择联盟伙伴有很多便利，但若把视线局限在狭小的范围内，则很有可能丧失寻找更佳合作者的机会。新的公司可能在技术和能力上更加适合。

4. 制定合作伙伴退出联盟的规章

联盟面临的危机之一：当合作一方把物流战略联盟纳入公司发展战略，并且投入大量的资源时，另一方却突然要求退出联盟。为了避免类似风险，公司在决定是否组建战略联盟时必须做出评估，并且制定退出联盟的规章。

除了以上提到的要点之外，一个有效的物流联盟还应当包括有利于促进物流运作的信息共享、高于各自独立经营盈利水平的具体目标、各合作伙伴都要遵循基本操作章程等要素。

关键点提示

建立物流战略联盟应当：

1. **充分考虑合作双方的兼容性**
2. **立足于现有客户寻找合作伙伴**
3. **放开视野寻求新的合作伙伴**
4. **确定合作伙伴退出联盟的规章**

6.7 仓单制作

典型问题及案例

这样的仓单有效吗？

某经销商将100吨猪肉储存于某冷库，由于匆忙仓单签发人与公章管理人均不在冷库。经销商因是老客户且与管库工人熟悉，遂将猪肉交由管库工人入库，仓单并未经过有效签字、加盖公章。一旦发生纠纷，经销商所持有的仓单并不能单独作为有效证据使用，只能结合管库工人和其他存库人的证言，来证明经销商曾将100吨猪肉存入冷库这一事实。显然，这个仓单不是法律意义上的仓单。

解读与阐述

仓单上所记载的事项直接体现仓储合同双方的权利和义务，制作仓单必然要有严格的要求。通常要按以下要求来制作仓单：

1. 填写仓单的载明事项

(1) 存货人的名称或者姓名和住所。

a. 仓单上所载明的名称或者姓名，应当是存货人在工商行政管理机关登记注册的名称或由国家公安机关颁发的有效身份证件上的名称。

b. 如果存货人是法人或者经济组织，仓单上应以其在工商行政管理机关登记注册的住所为记载的住所；如果存货人是个人，仓单应以其户籍所在地或者经常居住地为记载依据。

(2) 仓储物的名称、数量、包装、质量、件数和标记。保管人在接收存货人交付的仓储物时，应当认真验收，把上述内容详细明确地记载在仓单上，以确保持单人收取的仓储物与存货人交付的仓储物具有同一性。

a. 仓储物的名称应当使用标准名称，避免因使用简称或别称引起歧义，造成理解上的困难。

b. 仓储物的数量应当使用法定标准计量单位，件数要核准，标记要清晰明了。

c. 仓储物的质量、包装要依国家标准或者主管部门规定的标准确定。如果没有国家标准或者主管部门规定的，也可依企业标准或行业标准进行确定。当然，如果标准无法确定，存货人和保管人之间应当标明必要的质量水平及合适的包装条件，使用法定标准计量单位。

(3) 仓储物的损耗标准。仓单应明确标明仓储物的损耗标准，依主管部门的规定或者双方合理约定，确定必要的仓储物自然减量标准和合理磅差。

货物在存储运输过程中，由于其本身的自然性质和自然因素（如干燥、风化、散失、挥发、黏结等），或者由于度量衡的误差等原因，不可避免地要发生一定数量的货物减少、破坏或计量误差。

《仓储保管合同实施细则》第 17 条规定："货物在储存保管和运输过程中的损耗、磅差标准，有国家或专业标准的，按国家或专业标准执行，没有的按合同规定执行。"

(4) 储存场所。仓单上应明确仓储场所，一方面，便于存货人或者仓单持有人能够及时、准确地在储存期限届满时提取仓储物；另一方面，当发生纠纷引起诉讼时，对于确定诉讼管辖等方面也有重要作用。

(5) 储存期间。储存期间是保管人履行保管义务的起止时间，又是存货人或者仓单持有人是否按时提取仓储物的一个期限。仓储期间由保管人与存货人在签订仓储合同时做出约定，仓单上要明确记载。

(6) 仓储费。仓储业作为一种商业经营业务，其目的就是为了收取相应的仓储费。仓单上应明确记载仓储费的数额、支付方式、支付地点、支付时间等。

(7) 保险事项记载。如果存货人在交付仓储物时，已经就仓储物投了财产保险，那么，存货人应当将保险金额、保险期间以及保险人的名称告知保管人，由保管人将有关情况记载在仓单上。

(8) 填发人、填发地和填发日期。保管人在签发仓单时，应当将自己的名称或者姓名记载在仓单相应位置上，这是确定保管人承担义务的重要依据之一。仓单的填发地，一般为存货人交付仓储物的地点。仓单的填发日期，就是储存期间的开始时间。

2. 保管人签字或者盖章

在填好仓单上应载明的事项后，保管人要在仓单上签字或盖章。保管人在仓单上签字或者盖章，一方面是对存货人已经交付仓储物这一事实的确认，另一方面又是对存货人做出保管义务的郑重承诺。

关键点提示

制作仓单的两大步骤：

1. 填写仓单的载明事项

2. 保管人签字或者盖章

6.8 仓单中常见业务处理

典型问题及案例

被转让的仓单

金星汽车装配厂从国外进口一批汽车零件，准备在国内组装、销售。2012年3月5日，与泉源仓储公司签订了一份仓储合同。合同约定，泉源仓储公司提供仓库保管汽车配件，期限为10个月，从2012年4月15日起到2013年2月15日止，仓储费为5万元，双方对存储物品的数量、种类、验收方式、入库、出库的时间和具体方式等做了约定。

合同签订后，泉源仓储公司为履行合同做准备，清理了仓库，并且拒绝了其他人的仓储要求。3月27日泉源仓储公司通知金星汽车装配厂已经清理好仓库，可以开始入库；但装配厂由于转产需要，表示要将合同转让，而且已经找到买主，采用背书转让的方法把仓单转让。

解读与阐述

仓单常见业务是发生在保管人与存货人之间的业务，是仓储业的日常管理工作，是保管人对存货人是否予以提货、向谁提货的核准。

1. 仓单的签发

当存货人将仓储物交给保管人，并要求保管人签发仓单时，保管人需对仓储物进行检查和理数，确认仓储物的状态。在全部仓储物收妥后，将所接收的仓储物的实际情况如实记录在仓单上，特别是对仓储物的不良状况要准确批注；如果存货人不同意批注且仓储物的瑕疵不影响仓储物的价值或质量等级时，保管人可以接受存货人的担保而不批注，否则必须批注，或者拒绝签发仓单。

2. 仓单的份数

仓单一式两份，一份是正式仓单，交给存货人；另一份为存底单，由保管人保管。仓单可以有副本，可根据业务需要复制相应的份数，但需要注明“副本”字样。

3. 仓单的分割

仓单的分割不仅是单证的处理，还意味着保管人需要对仓储物进行分割。而分割的条件是仓储物必须能够被分割，并且分割后的仓单对其持有人有约束力。分割后的仓储物的总和数与仓储物总和数相同。保管人对已签发的仓单进行分割，必须将原仓单收回。

4. 仓单的转让

仓单持有人需要转让仓储物时，可以通过背书转让的方式进行仓储物的转让。背书填写完整后，要由保管人签署，受让人方可持仓单取仓储物。

仓单背书转让方法：背书转让的出让人为背书人，受让人为被背书人。

背书格式为：

兹将本仓单转让给×××（被背书人的完整名称）

×××（背书人的完整名称）

背书经办人签名、日期

仓单可以多次背书转让，背书的过程是相互衔接的完整过程，任何参与仓单转让的人均应在仓单的背书过程中记载。

5. 凭单提货

在保管期满或者经保管人同意的提货时间内，仓单持有人出示身份证明向保管人提货，具体工作如下：

（1）核对仓单。保管人核对提货人所提交的仓单和存底仓单，确定仓单的真实性；对于转让的仓单要核查仓单的背书是否完整，过程衔接是否完整；核对仓单上存货人或者背书人与其所出示的身份证明是否一致。

（2）提货人缴纳费用。如果仓单记载由提货人缴纳仓储费用，保管人根据仓储合同约定以及仓单上的记载，在对仓储物在仓储期间发生的仓储人的垫费、所有人利益的支出、对仓储人或其他人所造成的损害赔偿等费用进行准确核算后，要求提货人按约定缴纳费用。

（3）保管人签发提货单证并安排提货。保管人在收取费用、收回仓单后，签发提货单证，安排货物出库准备。

（4）提货人验收仓储物。提货人根据仓单的记载与保管人共同查验仓储物，签收提货单证，收取仓储物。如果查验时发现有仓储物状态不良以及现场编制记录的现象，提货人需要求保管人签字，必要时申请商品检验，以备事后索赔。

6. 仓单灭失的提货

仓单因故损毁或灭失，出现无单提货时，应采用以下方法提货：

（1）通过人民法院公示催告：原仓单持有人持仓储合同向人民法院申请对仓单进行公示催告。当60天公示期满无人争议，人民法院可以判决仓单无效，申请人可以向保管人要求提货。若在公示期内有人争议，则由法院审理判决，确定有权提货人，凭借法院判决书提货。

（2）提供担保提货：提货人向保管人提供仓储标的物的担保后提货，由保管人掌握担保财产；将来另有人出示仓单而不能交货需要赔偿时，保管人可使用担保财产进行赔偿。该担保在可能存在的仓单失效后方可解除。

关键点提示

执行仓单业务常见的处理方法：

1. 仓单的签发
2. 仓单的份数
3. 仓单的分割
4. 仓单的转让
5. 凭单提货
6. 仓单灭失的提货

6.9 防范仓储合同欺诈

典型问题及案例

一份以欺骗为目的的仓储合同

天马仓储物流公司签订了一笔电脑配件的仓储业务，储存量很大且对仓库的要求很高。由于对方所给的报价很高，公司最近的经营不景气，急需发展业务，所以承接了下来。但是由于公司的仓库年久失修，一场大雨使库中的物品损坏，不得不赔偿了高额的违约金和赔偿费。事后天马公司获悉，这家台湾电脑公司原来是个皮包公司，专门诱使保管人签订根本无法履行的仓储合同诈骗违约金。

解读与阐述

了解仓储合同的欺诈形式，掌握防止仓储合同欺诈的方法，可以有效地防止仓储合同欺诈，具体如表6－3所示。

表6-3 仓储合同欺诈防范细节

条目	内容
利用合同骗取货物	(1) 特点。一些不法分子伪造或盗取法人营业执照、空白介绍信、合同专用章，利用存货人的货物无存放地或存货不便，急于想找地方存放的心理，以及存货人基于此心理唯恐详细审查对方资格使对方不愉快而导致合同签订落空的弱势地位，顺利与存货人签订合同。在货物交由"保管人"占有时，即携货逃之夭夭 (2) 预防策略。在签订合同之前，存货人应要求保管人提供工商机关出具的法人资格证书或营业执照副本；对法人授权委托书（或介绍信）等资料，审查时一定要全面、仔细；辨明有无伪造或变造的痕迹，审查合同书是否规则、完备；审查保管单位的实际经营状况。有时间可以通过信函、电报、电话或直接派人到保管单位进行资信调查，或借助当地工商机关、公安机关、企业的主管部门等政府部门了解其信用及履约能力
利用货物检查进行欺诈	(1) 特点。存货人利用合同往来的友好关系及保管人的疏忽，将与合同上写明的货物品种、规格、质量不一致的货物冒充合同上规定的货物交由保管人保管，或不交足合同约定的货物数量骗取保管人以足额数量签收。在货物全部签收后，以保管人调换货物、擅自动用货物为由，要求保管人承担违约责任，骗取违约金。另外还有一种情况：存货人通过各种手段避免保管人对存储物的检验，从而将违禁品、非法所得物通过保管人达到转移赃物的目的 (2) 预防策略。作为保管人首先工作态度要端正，验收时遵循以下标准：对有包装的货物，以包装上的品名、规格、数量和质量标记为准；外包装或货物上无标记的，以供货方提供的验收资料为准；质量按国家有关规定或合同约定验收，在验收中保管人可采用无须开箱拆捆的直接验收，也可通过专业手段进行检验验收
第三人伪造、变更仓单来欺骗保管人	(1) 特点。在仓储合同履行期间，保管人常代存货人发运货物，从而与第三人之间形成占有交付关系。第三人在熟知存货人、保管人的情况之后，伪造、变造仓单，借用存货人的名义，在保管人处提走货物 (2) 预防策略。当第三人持合同提货时，保管人一定要提高警惕，对合同的条款、签名、印章等审查时一定要全面、仔细；合同书是否规则、完备；辨明有无伪造或变造的痕迹，如有疑点，应暂缓提货，待验明证实后方可提货
利用合同条款进行欺诈	(1) 特点。在签订合同中，利用"误写"的情况或利用模糊的语言、文字、计量单位达到欺诈的目的 (2) 预防策略。签订合同时应尽量周详、完备，签字前一定要对合同中的主要条款仔细审阅，确认合同语言是否明确，有无可能产生歧义；有无误写、漏写。确认无误后方可签字盖章
骗取违约金	(1) 特点。存货人利用保管人攫取高额利润的心理，故意以高额仓储费为诱饵，使保管人签订超越其仓储能力的合同，并签订高额违约金，在保管人无力履行时追究其违约责任 (2) 预防策略。保管人对自己的仓储能力要有充分的认识，对高保额、高违约金的合同要更加慎重，"量力而行"
骗取定金或担保物	(1) 特点。保管人在资金周转不灵、濒临破产边缘时，以优惠的仓储费用与存货人签订合同，并要求存货人预先支付定金，取得定金后无法履行合同。另一种为假冒企业名义伪造根本不存在的专用章、公章、介绍信，或利用一些单位制度不健全、管理不严的漏洞骗取存货人与之签订合同，在取得高额定金后逃走 (2) 预防策略。与保管人签订合同前，一定要考察保管单位现有的、实际的经营状况，"知己知彼"后决定是否签约。另外，要加强企业内部的管理，健全制度，使不法分子无机可乘

在合同的签订、变更、履行过程中都可能存在欺诈。为避免欺诈，仓储合同双方当事人应加强合同管理，完善内部管理规章制度，签订合同后应尽量送到公证机关公证，以取得对合同真实性、合法性的权威证明。

关键点提示

熟悉仓储合同的主要欺诈形式：

1. 利用合同骗取货物
2. 利用货物检查进行欺诈
3. 第三人伪造、变更仓单来欺骗保管人
4. 利用合同条款进行欺诈
5. 骗取违约金
6. 骗取定金或担保物

6.10 仓储合同订立

典型问题及案例

要约→预约→承诺

某渔业公司于2014年5月4日向某冷库发出一份函电称："我公司有50吨黄花鱼要储存于贵库，每天储存费用为2000元；如果同意，请在一周内答复。如无异议，一周后正式签订合同。"

此函电具有具体而明确的内容，因而是有效的要约。该冷库如果在一周内答复，则预约仓储合同成立。基于此预约，存货人和保管人可就本仓储合同的主要条款、具体内容等做出详细的约定。

在上述事例中，存货人进行了清楚的意思表示，明确指出"如无异议，一周后正式订立合同"。足见存货人的目的十分清楚，所以该要约一经承诺，便产生预约仓储合同，即冷库答应预约仓储合同成立。如果渔业公司在函电中称："一周后可以考虑订立合同。"则不能成为预约仓储合同，而只是一种意向性声明，冷库对该声明的承诺并不成立合同，也不承担任何义务。

解读与阐述

订立合同是企业拓展业务的关键，通过下列方法可以提高仓储合同的签约率：

1. 合理适当的要约

（1）要约的内容至少应当包括：标的物的数量、质量，仓储费用。即使没有这些表述，也应当通过具体的方式来确定这些内容。

（2）根据仓储合同的特点和现实环境，要约最好是书面发出。特别是对大批货物的储存与保管，在要约中要提出可行的储存计划。

2. 预约仓储合同

（1）预约仓储合同是有效要约的结果，而不仅仅是一种简单的意向声明。一份合理、适当的要约是预约仓储合同的前提。

（2）依据预约仓储合同，存货人与保管人负有订立合同的义务。在预约仓储合同成立的情形下，如果存货人或保管人不履行订立本仓储合同的义务，另一方有权请求法院强制其订立仓储合同。

所谓预约仓储合同，是指当事人之间约定将来订立合同的合同，将来应签订的合同叫“本约”，约定的合同叫预约。

预约仓储合同的成立和生效，只是使当事人负有在将来按照预约仓储合同所规定的条件去订立仓储合同的义务。

3. 承诺

所谓承诺，就是在要约的有效期内，受要约人完全同意要约的意思表示，即指受要约人同意接受要约的条件从而订立合同的意思表示。

（1）承诺的内容必须与要约的内容一致

（2）承诺必须在要约有效期内到达要约人。

（3）保管人一经承诺，仓储合同即告成立且同时生效。它发生效力的开始时间就是承诺时间。

关键点提示

订立合同的三个步骤：

1. 合理适当的要约
2. 预约仓储合同
3. 承诺

6.11 仓储合同解除

典型问题及案例

合同解除权的使用

宏昌库存有限公司与宝立肉联厂在2014年4月签订了一份储存保管鲜肉300吨的合同，每天2000元储存费，期限为20天。在鲜肉交付的前三天，该冷库突然停业清库，重新安装制冷设备，至少需要两周完成。在此情况下，宝立肉联厂享有合同解除权。虽然宏昌库存有限公司没有明确表示不履行义务，但宝立肉联厂为保护自己的利益，可以行使合同解除权。

解读与阐述

仓储合同的法定解除是指仓储合同订立后，在合同尚未履行或者尚未全部履行时，一方当事人提前终止合同，从而使原合同设定的双方当事人的权利和义务终止。

仓储合同解除方法如表6－4所示。

表6－4 仓储合同解除方法

条目	内容
事后协议解除合同	（1）特征。存货人和保管人依据仓储合同有效成立后的有关情况而适时做出解除合同的决定。从性质上看，协议解除是存货人与保管人达成新的一致意思的表示，以此消除存在的仓储合同关系。协议解除是合同自愿原则的体现 （2）方法。双方通过协商并达成协议后，同意解除
约定解除合同	（1）特征。约定解除属于事前解除，存货人与保管人在订立合同中约定一定的合同解除条件。解除权人行使权利就会导致仓储合同的权利义务终止。解除权人行使解除权是单方法律行为，无须征得对方当事人的同意 （2）方法。存货人与保管人在订立仓储合同时，就在合同中约定一定的解除条件
因不可抗拒力致使合同解除	由于不能预见、不可避免且不能克服的一些自然灾害或社会现象，而影响到仓储合同的正常履行，致使合同的目的不能实现时，存货人与保管人均有解除权。如地震、台风、洪水等毁坏了仓库
一方当事人违约致使合同解除	一方当事人在履行合同期间，明确表示或者以自己的行为表示将不履行主要义务，致使另一方当事人的合同目的不能实现

续表

条目	内容
一方当事人延迟履行义务致使合同解除	仓储合同的一方当事人延迟履行主要义务，经催告后在合理期限内仍未履行，另一方当事人享有合同解除权 仓储合同的法定解除是指仓储合同有效成立后，在尚未履行或尚未完全履行之前，当事人一方行使法律规定的解除权而使合同权利关系终止或合同效力消灭 仓储合同一方当事人享有的这种解除权是由法律明确规定的，只要法律规定的解除条件成立，依法享有解除权的一方就可以单方行使法律行为，行使解除权 仓储合同的解除权人应当在法律规定或者与另一方当事人约定的解除权行使期限内行使解除权。否则，其解除权将归于消灭
解除合同的程序	仓储合同中享有解除权的一方当事人在主张解除合同时，必须以通知的形式告知对方当事人。只要解除权人将解除合同的意思通知当事人，就可以发生仓储合同即时解除的效力，无须对方当事人的答复，更无须其同意；对方有异议的，可以请求法院或者仲裁机构确认解除合同的效力，即确认行使解除合同权的当事人是享有解除权的

 **关键点提示**

仓储合同解除的条件有：

1. 事后协议解除合同
2. 约定解除合同
3. 因不可抗拒力致使合同解除
4. 一方当事人违约致使合同解除
5. 一方当事人延迟履行义务致使合同解除

6.12 物流服务营销流程设计

典型问题及案例

福特的“梦想”

亨利·福特一直有一个梦想，就是要成为一个完全自给自足的行业巨头。于是，除了庞大的汽车制造，他还在底特律建造了内陆港口和错综复杂的铁路、公路网络。

为了确保原材料供给，福特还投资了煤矿、铁矿、森林、玻璃厂，甚至买地种植制造油漆的大豆。他还在巴西购买了250万英亩的土地，建起了一座橡胶种植园，以满足他的汽车王国对橡胶的巨大需求。此外，他还想投资于铁路、运货卡车、内河运输和远洋运输，包括整个原材料供应、制造、运输、销售等都纳入他所控制的范围。这是他建立世界上第一个垂直一体化公司辛迪加计划的一部分，本来还有很多很多。

但日久天长，福特发现独立于自己控制之外的专业化公司不仅能够完成最基本的工作，有些工作甚至要比福特公司自己的官僚机构干得更好。随着政治、经济环境的不断变化，福特公司的金融资源都被转移去开发和维持自己的核心能力汽车制造，销售、运输等制造之外的工作都交给独立的专业化公司去做。福特的转变表明，在社会分工日益专业化的现代经济中，没有哪一家厂商能够完全做到自给自足，只有将企业有限的资源投入到核心竞争力上，才能成为赢家。

解读与阐述

同其他产品的市场营销类似，物流服务的营销也应当有一个完整的流程，物流服务营销流程如表 6－5 所示。

表 6－5　物流服务营销流程

条目	内容
信息收集与目标客户需求分析	（1）进行物流服务营销，首先依据收集到的客户信息对目标客户进行需求分析。信息的获取可以通过统计资料、媒体报道、上市公司报表等一般渠道，也可以通过电话调查、现场收集、回访等方式进行 （2）信息的收集要围绕物流服务的市场现状和走向、客户的物流模式和水平、客户现有的合作伙伴等情况进行，为分析和预测客户需求奠定基础，进而确定与客户接触的最佳时机。一般而言，当目标客户面临流程重组、新项目启动或客户服务危机时，对专业物流服务是比较欢迎的
意向洽谈	（1）在进行初步意向洽谈时，市场人员应当着重介绍公司的实力和相关经验；同时进一步了解客户信息，确定双方合作的可行性，尽量避免在没有进行深入接触的情况下做出不必要的承诺 （2）初步接触后，如果有必要，就应当安排专家同客户研讨。通过专家的参与，争取同客户达成初步合作意向，签订保密协议，准确了解客户需求和运作状况
组建项目团队	以项目团队的形式将相关人员组合到一起制订方案，一般需要的人员包括：物流服务策划专家、物流管理和操作人员、成本预算人员、信息系统支持人员、客户方配合人员等
制定物流服务方案	（1）一个完整的物流服务方案应当包括设计方案和实施方案两部分。很多企业只重视设计方案，造成实施过程困难重重 （2）可以建立专门的项目实施小组负责项目的实施，实施过程中出现问题时，及时调整物流服务方案
项目运作平稳后交给运作团队	物流服务项目的实施涉及众多方面的因素，一般要经过比较长的时间才可能运作平稳。在结合运行情况对物流服务方案进行最后的修订后，该项目可交给公司的运作团队

以上物流服务营销流程为参考模型，实际操作中可能有更多环节，也可能简化。

关键点提示

物流服务营销的完整流程：

1. 信息收集与目标客户需求分析
2. 意向洽谈
3. 组建项目团队
4. 制定物流服务方案
5. 项目运作平稳后交给运作团队

6.13 物流服务需求预测

典型问题及案例

需求预测有据可寻

一家电子元件生产企业去年各季度对某元件的需求情况分别为：第一季度3500件、第二季度2800件、第三季度3150件、第四季度3200件。

该企业运用指数平滑法对今年第一季度的需求情况做出预测。根据对历史数据的经验判断，企业所选择的指数平滑系数a为0.11。将去年各季度的平均需求数量作为前期预测值，即：

$F_0=（3500+2800+3150+3200）/4=3162$

今年第一季度的预测需求值为：

$F_1=0.11A_0+（1-0.11）F_0$

$=0.11\times3200+0.89\times3162$

$=3166$（件）

解读与阐述

对物流经理有实际意义的中短期需求预测方法主要有：

1. 指数平滑法

指数平滑法是移动平均法的一种，被认为是同类预测方法中最为精确的。该方法只需要很小的数据量就可以连续使用，当预测数据发生根本性变化时还可以进行自我调整。该方法将所有历史因素的影响都包含在前期的预测值内，只是会给过去的观测数据不一样的权数，近期观测数据的权数比远期观测数据的权数要大。指数平滑法的基本表达式为：

$$F_{t+1} = \alpha A_t + (1-\alpha) F_t$$

式中，F_{t+1} 为第 $t+1$ 期的预测值；α 为权数（又称为指数平滑系数），其值介于 0 和 1 之间；A_t 为第 t 期的需求值；F_t 为第 t 期的预测值。

指数平滑法被认为是在短期预测中最有效的方法。在需求有明显的趋势或季节性变化情况下，还可以运用一些相关的模型对利用上述表达式计算出的预测值进行修正，以获得令人满意的预测效果。

2. 经典时间序列分解法

经典时间序列分解法将历史的销量模式分解为四组成分：趋势、季节波动、周期性变化和随机波动。趋势代表销售的长期变化，原因主要是市场对企业产品和服务的接受程度的根本性变化；季节性波动是指时间序列中规律性的高峰和低谷；周期性变化是需求模式长期的（超过一年）起伏变化：随机波动是导致销售量变化的其他因素。

3. 多元回归分析法

多元回归分析法是一种统计技术，它将除了时间外的其他影响需求的因素作为变量进行考虑，用来判断那些选定的变量和需求之间的相关程度。根据这一分析可以利用多个变量建立预测模型，进行需求预测。

关键点提示

可以运用下列方法对物流需求进行预测：

1. 指数平滑法

2. 经典时间序列分解法

3. 多元回归分析法

6.14 如何达到物流服务水平

典型问题及案例

三联"零环节物流"

王先生想买冰箱，于是他来到居所附近的一家三联家电连锁店。这个以陈列各类家电产品为主要功能的连锁店更像现在的汽车展示厅，在销售人员的帮助下，王先生大致了解了各种品牌冰箱的性价比，打算购买A厂家生产的冰箱b。

王先生下的订单通过这家连锁店的信息采集系统迅速传送到三联家电总部的ERP系统中，并通过系统接口自动传达到厂家的信息系统。冰箱b生产完成后，由专业物流配送人员根据订单上留下的地址送到王先生家。这是个基于通畅"信息流"的过程，整个物流过程所涉及的环节减到了最少，三联称此为"零环节物流"。

"零环节"意味着高效率和低成本，三联物流中心总经理高金玲说，在成本方面，三联物流的费用率可以达到0.5%。而国内百货业的费用率通常为3%~40%不等，高金玲认为，三联物流的费用率水平将是最先进的。

解读与阐述

需求的大幅度变动给物流服务企业带来了不便：需求高峰时，不得不拒绝顾客；需求低谷时，设施处于闲置状态。

消除物流服务需求波动的影响有两种基本方法：第一种方法是让供给能力满足变化的需求；第二种方法是对需求进行有效管理，运用营销策略消除高峰、填补低谷，从而产生更加一致的服务需求。

1. 管理和调节供给能力以适应需求

管理人员可以采用以下行动，调整供给能力以适应需求的波动：

（1）在需求的低谷时期安排停工期。为了确保高峰时期能够获得100%的供给能力，在需求水平预计较低时，可以安排维修活动，让员工休假。

（2）雇用兼职人员。可以在最繁忙的时候雇用兼职人员，尤其是当需求高峰期时间很短，这种方法可以为公司降低固定成本。

（3）租用或分享更多的设施。为了减少对固定资产的投资，公司可以在高峰期采用租用的方式从社会寻求更多的支持。对于需求模式互补的企业之间还可以签订正式共享协议。

（4）跨岗位培训。即使在整个物流服务系统满负荷运转的时候，某些岗位可能仍然处于利用不足的状态。如果能够对员工进行跨岗位培训以执行不同的任务，那么就可以把他们转移到需要人手的瓶颈环节进而提高整个系统的供给能力。

2. 使用营销管理手段构建需求模式

营销组合中的所有要素都可以用来影响需求，在需求管理中往往需要两个或两个以上要素同时改变。

（1）价格手段。价格是需求管理中用来平衡供求关系的一个常用工具。对不同目标市场设定不同的服务等级、制定不同的价格，使每个细分市场的收益达到最大化。但是，在需求超过供给能力的情况下，企业的目标应当为最具盈利能力的细分市场确保供给能力，这时可以利用价格手段降低其他细分市场的需求。

（2）有效沟通。要得到顾客对营销组合要素变化的具体反应，企业必须把价格和服务特征发生变化的信息清楚地传递给目标顾客，并告诉他们可以选择的服务有哪些。

（3）通过排队和预订存储需求。虽然物流服务企业同所有的服务性企业一样，几乎无法对供给进行存储，但是往往可以存储需求。这一过程可以通过以下两种方法实现：①要求顾客根据先到先服务的原则排队等候；②为顾客提供提前预订服务的机会。

制定有效的需求管理策略，将营销管理手段和信息系统相结合，将很有希望获得成功。与在固定资产上进行大量的投资相比，成功的需求管理还有可能为顾客提供更高质量的服务，提高客户满意度。

关键点提示

物流服务企业的需求管理可以运用以下方法：

1. 在需求的低谷时期安排停工期

2. 雇用兼职人员

3. 租用或分享更多的设施

4. 跨岗位的培训

5. 价格手段

6. 有效沟通

7. 通过排队和预订存储需求

6.15 物流服务目标市场选择

典型问题及案例

台湾大荣与东源的市场选择

大荣货运与东源物流以其各自独特的竞争优势，成为领衔台湾物流业的“双子星座”。大荣货运（T－JOIN）是目前台湾最大的物流公司，无论仓储、配送、流通、加工以及快递服务，在同业中都占据较大的竞争优势，尤其在快递服务领域更是台湾唯一一家能够提供该项业务的本土物流企业。大荣还能为客户提供物流整体解决方案，针对每家厂商不同的产品特性，规划出不同的仓储设施、配送路线，以及代收货款等一揽子服务。2014 年其营业额高达 45 亿元新台币。

东源物流是台湾地区最早成立的专业物流公司。与大荣不同，东源除了综合经营仓储、货代、配送等业务外，较为特别的是为居民提供搬运服务，目前在市场上已树立了很好的品牌形象。此外，共同配送也是东源的差异化服务之一。2014 年营业额达 10 亿元新台币。

解读与阐述

不同的细分市场为企业提供了不同的发展机会。企业不仅要根据市场的利润潜力来选择目标市场，而且还要考虑本企业是否有能力向同样的细分市场提供与其他竞争对手同等的或者更好的服务。

选择物流服务的目标市场的过程如下：

1. 评估物流服务细分市场

有效的市场细分应当将购买者分为不同的细分群，从而使得每个细分群在相关特征上的相似点尽可能多，而各个细分群之间在这些特征上的不同点也应该尽可能多。在评估物流服务的细分市场时，应当考虑以下因素：

（1）细分市场的容量和发展趋势。

（2）市场的盈利能力。

（3）现有竞争的激烈程度。

（4）潜在的竞争对手情况。

（5）竞争对手的预期反应。

（6）是否存在替代服务。

（7）实现有效差异化服务的可能性。

（8）供应商和购买者的议价能力。

（9）撤出市场的壁垒。

2. 明确企业的经营目标和资源状况

企业选择的细分市场必须能够为企业的经营目标服务，细分市场的规模和发展潜力应当成为企业实现战略目标的保证。同时，企业自身拥有的技术、资金和其他资源必须满足细分市场竞争的要求。这两方面因素是企业在进行目标市场的选择时必须考虑的。

3. 确定物流服务的目标市场

进行了上述两步分析之后，企业就可能发现一个或几个理想的细分市场，下面方法可以帮助企业进一步确定物流服务的目标市场：

（1）填补市场空位。企业所发现的细分市场可能不存在竞争对手，企业将服务定位于市场的空白处，可以避免激烈的竞争，为企业提供从容发展的机会。

（2）集中选择市场。企业将力量全部集中于一个或极少数最为有利的细分市场，提供能够满足这些细分市场需求的服务，以期在竞争中获得优势。大多数中小型物流服务企业选择这种方式。

（3）全面市场覆盖。企业为众多的细分市场同时提供服务，通过这种方式分散企业的经营风险。只有少数实力雄厚的企业有可能采用这种方法。

4. 清晰表述企业在市场上适宜的定位

将上述三种分析整合起来就是一种定位的表述，它清晰地表明了企业在市场上的定位以及提供的每一种服务。在这种认识的基础上，营销人员就可以制订具体的营销行动计划了。

物流服务需求是多样的，物流服务环境也在不断地发生变化。因此，企业在进行物流服务营销策划时，需充分重视目标市场的选择。

关键点提示

选择物流服务的目标市场的过程为：

1. 评估物流服务细分市场

2. 明确企业的经营目标和资源状况

3. 确定物流服务的目标市场

4. 清晰表述企业在市场上适宜的定位

6.16 物流服务产品设计

典型问题及案例

美国快递巨头 UPS 的亚洲雄心

刚刚在中国市场上掀起“速递旋风”，美国快递业巨头 UPS 又将目光瞄准整个亚洲市场。据《亚洲华尔街日报》报道，公司旗下的 UPS 物流集团已开始实施一项庞大计划，向以出口贸易为主的亚洲企业提供物流链和上门服务。

UPS 如此打算，正是看准了亚洲物流服务业存在的不足之处：包装粗劣、效率低下。由于货运标签上信息不详，往往还要付出额外的人工。

UPS 的新计划不同以往，它们将建立一个连接来往货物的超级中枢，为此需要建设许多地区性仓储站。作为这项计划的第一步，它们已经与加利福尼亚州的国家半导体公司合资，在新加坡建起一个崭新的仓储站。它们的最终目标是为亚洲的四大支柱产业——计算机、半导体、医药和电子提供类似的物流中枢服务。

解读与阐述

通常情况下，一项物流服务产品的开发与设计要经过以下三个主要阶段：

1. 物流服务产品的需求分析

产品的需求分析是进行物流服务产品设计的基础，需求分析是否准确在很大程度上决定了产品在市场上能否取得成功。物流服务产品需求分析，侧重点应当是需求的动因。要明确客户选择物流服务产品（物流业务外包）的目的，进而更加有针对性地提供服务。

2. 确定物流服务产品组合

从产品的角度来看，专业物流服务企业可以为客户提供的服务主要有：

（1）运输/配送类服务。包括运输网络的设计与规划、制订运输计划以及门到门的一站式运输、配送等。

（2）仓储/库存类服务。包括物流系统规划、库存管理、仓储管理服务、提供仓库设施等。

（3）信息服务。包括提供信息平台、订单处理、物流信息系统开发、运输过程跟踪等。

（4）其他服务。包括供应商管理、包装与流通加工服务、费用代收、咨询服务、售后服务等。

对于不同的细分市场，企业提供的产品组合是不同的，要根据需求分析的结果确定。

3. 制定物流服务产品的改进方案

明确了产品组合之后，还应当考虑该服务组合改进的可能性。既可以从完善服务体系的角度，又可以从拓展服务内容的角度制定物流服务产品的持续改进方案。

物流服务产品的开发与设计是物流服务营销过程中非常重要的环节，应当按照上述三个主要阶段，综合考虑各方面因素慎重进行。

关键点提示

进行物流服务产品的开发与设计应当：

1. 进行物流服务产品的需求分析
2. 确定物流服务产品组合
3. 制定物流服务产品的改进方案

6.17 物流服务产品定价策略制定

典型问题及案例

UPS 的特色服务

UPS 始建于 1907 年，从事信函、文件及包裹快速传递业务。历经百年发展，公司目前在全球建立了 18 个空运中转中心，每天开出 1600 个航班，使用机场 610 个，UPS 每日上门取件的固定客户已逾 130 万家。UPS 业务量巨大，经济效益可观，在全球快递业中可谓独占鳌头。UPS 的经营之所以取得巨大成功，与其富有特色的物流服务是密切相关的。它的物流服务特色，主要可概括为以下几方面：

1. 货物传递快捷

UPS规定：国际快件三个工作日内送达目的地；国内快件保证在翌日上午8点以前送达。

在美国国内公司接到客户电话后即可在1小时内上门取件，并当场用微型计算机办妥托运手续。20世纪90年代，UPS又在180个国家开设了24小时服务的“下一航班送达”业务，以其“快速、可靠”的服务准则，荣获“物有所值的最佳服务”声誉。

2. 报关代理和信息服务

UPS从20世纪80年代末起投资数亿元建立全球网络和技术基础设施，为客户提供报关代理服务。UPS建立的“报关代理自动化系统”使其承运的国际包裹的所有资料进入这个系统，这样，清关手续在货物到达海关之前即已办理完。UPS的计算机化清关为企业节省了时间，提高了效益。

3. 货物即时追踪服务

UPS的即时追踪系统是目前世界快递业中最大、最先进的信息追踪系统。所有交付货物都能获得一个追踪条码，货物走到哪里，这个系统就跟到哪里，每天都有1.4万人次通过网络查寻其包裹的行踪。非互联网络客户通过电话询问“客户服务中心”，路易斯维尔的服务中心昼夜为客户提供服务，200多名职员每天用11种语言回答世界各地的客户大约2万次电话询问。

4. 先进的包裹管理服务

UPS建立的亚特兰大“信息数据中心”可将UPS系统包裹的档案资料从世界各地汇总到这里。包裹送达时，物流员工借助一个类似笔记本电脑的“传递信息读取装置”摄取客户的签字，再通过邮车上的转换器，将签名直接输送到“信息数据中心”，投递实现了无纸化操作。

5. 包装检验与设计服务

UPS设在芝加哥的“服务中心”数据库中，抗震、抗挤压、防泄漏等各种包装案例应有尽有。服务中心还曾设计水晶隔热层的包装方式，为糖果、巧克力的运输提供恒温保护，用坚韧编织袋包装为16万台转换器提供了经得起双层磨损的材料。这类服务为企业节省了材料费和运输费，被誉为“超值服务”。

解读与阐述

物流服务营销管理的另外一个内容是制定定价策略。这项工作可以按照以下步骤进行：

1. 明确定价策略的依据

定价策略的依据通常被形象地描述为一个三脚凳，三个凳脚分别表示成本、竞争者和对顾客的价值（见图6－4）。产品价格的底限是由成本确定，上限则是由产品对顾客的价值确定，而竞争者因素则是确定实际价格时必须考虑的重要因素。

图6－4 定价三脚凳

2. 明确定价的导向

物流服务企业的目标对定价策略起着指引方向的作用，定价可以有以下三种导向：

（1）以利润最大化为导向。在这个目标下对服务产品定价，必须在对物流成本有清晰认识的前提下，通过盈亏平衡分析进行。

（2）以平衡需求为导向。在需求变动幅度过大时，企业以平衡需求为导向进行定价是有必要的。

（3）以顾客为导向。为了吸引或激励顾客，企业制定的产品价格可能低于其竞争对手，甚至可能会短时间低于自身的运营成本。

3. 制定定价策略

一个完整的价格策略应当明确以下信息：

（1）收取的价格是多少？

（2）定价的依据是什么？

（3）应当由谁来收款？

（4）应当何时、何地、怎样付款？

（5）如何把价格告诉目标市场？

4. 确定价格

制定物流服务策略的最后一个步骤就是确定产品的价格。在所有的产品定价方法中，下列方法是需要物流服务管理者注意的：

（1）FOB 定价法。FOB（Free on Board）代表“船边交货价格”。在实践中，这一方式仅指价格有效的地点。FOB 定价体系中有多种表示方法，FOB 工厂价和 FOB 目的价最常见。

a. FOB 工厂价是在工厂所在地的单一价格。客户在工厂取得商品所有权，并负责由该点开始的运输。在实际操作过程中，客户可能要求供应商安排运输，因为供应商可能有更好的运输设备，或者可能与其他客户的货物合并来获得更低的运输成本。运输完成后，再向供应商支付实际的运费。

b. FOB 目的价是到客户所在地或其附近地区的价格。在这种定价方式下，运输成本已经包含在价格内，供应商要负责所有的运输。

（2）分区定价法。分区定价法在一个较广的地域范围内实行单一价格，可以有效地降低管理的复杂性，从而降低成本。根据企业所需要的地区价格的差异，可以划分任意多个区。

（3）单一定价法。最简单的定价方法就是不考虑客户所在的位置，对所有客户采用同一价格。这种定价方法掩盖了产品分拨到不同客户的成本差异。

（4）数量折扣。一次交易的商品越多，单位成本就越低。这使得许多企业利用给大批量采购的顾客许以低价的办法增加销售额，进而获得更高的利润。

一个完整的定价策略绝不仅仅只是确定货币价格本身，还包括许多其他内容。制定物流服务企业的定价策略，要在了解企业目标和其他相关要素的基础上有步骤地进行。

关键点提示

制定物流服务产品的定价策略的步骤是：

1. 明确定价策略的依据

2. 明确定价的导向

3. 制定定价策略

4. 确定价格

6.18 收集与整理物流客户信息

典型问题及案例

IBM 如此应对客户投诉

在全球，IBM 公司每年接到超过 50000 个客户投诉（不包括向公司的免费技术支持系统打进的电话）。为此，IBM 公司采取以下措施：第一，IBM 从整个公司抽调员工组成小组，每一个小组都被赋予必要的立即采取措施的权力，来解决客户投诉问题。第二，IBM 公司的客户会收到含有关于产品质量和客户满意度的 10 个具体问题的调查问卷，IBM 对客户反馈的调查问卷进行研究。

公司将 IBM 研究中心的 1200 多名员工分配去与客户一起工作，他们长驻客户地，了解并反馈客户信息，提供解决方案。

每年，IBM 公司以 26 种语言，在 71 个国家进行 40000 次客户访问，用一个中央数据库对得到的数据进行分类，并让经理们能够获得这些结果，在全公司范围内的行动，对客户的问题做出快速反应，并将其解决。

解读与阐述

充分、及时、准确地收集客户信息并加以整理是企业客户管理的基础，如此将有助于企业更加有针对性地开展物流服务，改善物流作业环节。

1. 客户信息的收集

（1）收集到的信息内容应当完整。企业应及时掌握客户的合作程度、物流服务的质量、需求的满足程度、价格水平的适用性等相关信息。具体来看，应当从以下方面收集客户信息：

a. 市场占有情况。

b. 对客户需求的响应情况。

c. 价格水平的适用情况。

d. 客户的投诉和抱怨情况。

e. 处理投诉的时间及质量情况。

f. 对客户需求的响应情况。

g. 内部职能的协调与流程响应情况。

h. 客户关系状况。

i. 客户结构变化情况及原因。

j. 员工服务态度与技能状况。

（2）收集信息的方法应当多样。收集客户信息的方法可以粗略地分为现有资料分析法和实地调研法两大类，企业可以根据实际情况有选择地使用。

a. 现有资料分析法。收集客户信息可以利用的现有资料包括各种统计资料、公开发表的研究报告、向咨询机构购买的调查结果、企业内部的相关记录、客户提供的信息等。

b. 实地调研法。通过实地调研收集客户信息可以采用的方法包括电话回访、会议调查、现场观察、邮寄调查、实验模拟等。

2. 客户信息的整理

收集到的客户信息是零散孤立的，必须进行深入分析、加工整理才能为企业所用。对客户信息的整理可以从以下两个角度出发：

（1）提供客户服务。整理后的信息应当满足客户服务的要求，包括产品的特点、产品升级、是否有现货、安装调试、保修、合同条款以及货物跟踪查询等。

（2）提供决策支持。收集和整理客户信息的主要目的是为了向企业的管理人员提供决策支持。比如：与客户使用经历有关的信息，可以帮助企业进行产品改进和新产品的研发；与客户需求有关的信息，可以帮助企业有效调节库存；与客户地理位置有关的信息，可以帮助企业进行合理的物流系统规划等。因此，从不同的使用目的对客户信息进行整理是非常有必要的。

企业应当重视对物流服务客户信息的收集和整理，可以通过建立信息中心或者成立客户咨询小组的方式改进这项工作。

关键点提示

收集与整理客户信息应当：

1. 收集到的信息内容完整

2. 收集信息的方法多样

3. 整理后的信息满足客户服务的要求

4. 整理后的信息能给企业决策提供支持

6.19 物流服务客户价值提升

典型问题及案例

中国储运公司的客户价值战略

“终止一批、保留一批、发展一批”是中国储运公司的客户价值管理方针。2013年，中国储运公司对公司的经营状况进行了细致的分析，通过对原有货主企业的商业信誉、经营规模、支付能力以及发展前景等进行认真全面的调研、分析，在取得广大客户理解和支持的基础上，中国储运公司制定了上述方针。

对一些商业信誉不佳、产品附加价值低、作业成本高、经济收益较低的货主企业，采取终止和限期终止合同的办法，为吸纳和发展新客户腾出空间。根据这一原则，中国储运公司终止了与××公司的合同，腾空库房12000平方米，为新科安达公司进驻提供了条件。

对商业信誉良好、前景广阔、与公司要求相符的企业，采取在原有基础上进一步提高服务水平和服务质量的办法，尽可能扩大业务范围，增加收入。仅上海包杭一家客户全年创收就达362万元。

“发展一批”是积极发展有潜力的新客户。仅2013年，中国储运公司就先后发展新客户45家，其中有5家是全国造纸行业前十位企业，3家位列全国前五名。

中国储运公司通过实施客户价值管理方针，使得公司仓储服务的收入不断上升，提高了“中储股份”的知名度。

解读与阐述

在构成客户价值的诸多因素中，物流服务的生产成本及顾客获得服务的货币、时间等成本的趋同，使得改善客户服务成为提升客户价值的最有效途径。物流服务价值提升路径如表6－6所示。

表6－6　物流服务价值提升路径举例

条目	内容
为关键客户提供增值服务	每个企业都有其心目中的关键客户，企业应当给予它们特别的关注。按照80/20原则，企业80%的经营收入是由20%的关键客户带来的。因此，通过提供增值服务让关键客户更加满意，是增大企业总客户价值的最有力保障

续表

条目	内容
实行差异化服务	企业不能把精力和成本平均分摊到每个客户身上，因为每种客户价值的大小是不一样的。对于忠实的客户和具有潜力的新客户来说，企业有必要通过个性化和增值服务来提升它们的客户价值，对于普通的客户而言，标准化服务就足够
提供特殊服务	企业只有不断关注细节才能显示服务到位，才能让客户真正感动。在面对强大的竞争对手时，唯有尽力为客户提供特殊的服务，才有可能争取主动
增强客户体验	企业所提供的产品应当能够满足客户的需要；产品的价格对客户来说应当是合理的；企业给客户留下的印象应该是不断追求完美和值得信赖的。在任何时候，企业给予客户格外的关心都不会是多余
重视客户抱怨	事实上，抱怨是一种反馈信息的方式。正是因为信任，客户才会对企业的服务存在的问题产生抱怨，而处理好客户抱怨让客户满意的过程，正是企业的客户价值提高的过程。从这个意义上讲，客户的抱怨往往比赞美对企业有更大的帮助
协助客户成功	取得双赢，是提升客户价值非常有效的手段。企业应当站在客户需求的角度，为客户着想，最有效地提升客户价值，这样才能使企业获得更大收益

关键点提示

提升客户价值的方法：

1. 为关键客户提供增值服务
2. 实行差异化服务
3. 提供特殊服务
4. 增强客户体验
5. 重视客户抱怨
6. 协助客户成功

6.20 开发物流服务新客户

典型问题及案例

招牌：物流服务的差异化

佛山某物流公司是一家综合服务型物流企业，公司每年以50%的速度发展，目前年营业收入达1.2亿元，管理的资产总额达4.5亿元，成为佛山物流业的旗帜企业。

多年来，该企业都锁定食品物流这一块来经营，为多家企事业提供了先进、一流的物流一体化服务，积累了丰富的经验。其中最为成功的一个案例就是为海天调味公司提供的仓储配送业务。该企业是海天调味唯一物流一体化服务的合作伙伴。海天调味公司的产成品从生产线下来直接通过大型拖车进入该企业物流仓库。海天公司通过信息系统跟踪货物库存信息、出入库管理、业务过程管理、运输监控，并能自动生成各种数据报表与海天调味品公司实时信息共享，满足了海天调味品公司“安全、及时、准确”的配送要求。确保产品最优流入、保管、流出仓库。通过该企业物流仓储配送服务，海天可以集中发展主业，将精力集中于生产，增强了企业在该行业的核心竞争力。通过该企业先进的物流信息管理系统，海天调味品公司可以快速、准确、简便地下单，确保配送计划、库存计划等的顺利完成。

该企业物流公司在产品逐渐趋向无差异化的情形下，凸显服务的差异。2011 年该公司通过 IS09001 质量管理体系认证，这是对该物流公司优质服务的一种肯定。“优质的管理、优质的服务、优质的服务态度”，这是该物流公司对客户的承诺。该公司有一套很完整的管理细则和操作规范，并根据每一个客户个性化的要求制定服务方针。

解读与阐述

吸引和争取更多、更有潜力的新客户对于任何企业来说都至关重要。开发物流服务新客户可以从以下两个方面着手：

1. 利用完备的物流服务体系吸引客户

完整的物流服务体系是进行客户开发的基础。只有具备满足开展物流服务所需要的设施和作业体系，才能使企业具有足够的吸引力。

（1）优化物流服务设施配置。物流服务设施包括房屋建筑、各类机械设备、运输工具、通信设备以及信息系统和网络等。企业在进行设施配置时，一定要与物流活动需要、发展目标相适应，同时要考虑能够形成技术和资源优势，达到吸引客户的目的。

（2）完善物流服务作业体系。企业在锁定了目标市场之后，要力图通过完善的服务作业体系吸引客户。企业应当建立相应的服务人员管理、服务质量保证和客户投诉处理等规章制度，规范服务作业流程，进行必要的培训以提高员工的整体素质。

2. 利用多样的促销手段争取客户

当把物流服务视为产品的时候，对其进行形式多样的促销活动是非常必要的。对物流服务的促销应当明确产品的范围、促销的价值、持续的时间以及受益者。物流服务促销可以利用的手段有：

（1）广告。广告具有直观、宣传面广、渗透力强等优点，可以起到传达信息和说服顾客的作用。对于物流服务产品的广告宣传来说，应当做到：

a. 强调客户将会获得的利益而不是技术性细节。

b. 以简洁、准确的表述明确服务的内容、地点、质量和特色。

c. 把握承诺的适度性，避免客户产生过高的期望。

（2）人员推销。在物流服务产品的促销手段中，人员推销是经常被采用的方法。人员推销具有灵活、富有人情味、易于沟通等优点，在人员推销的过程中，应当注意：

a. 努力与客户建立和发展良好的个人关系。

b. 推销人员应当具备一定的专业知识。

c. 塑造并维持良好的个人和企业形象。

（3）公共关系。公共关系是由第三者进行的企业或产品的有利报告或展示的促销手段，传播的信息具有一定的新闻性，能够给顾客一种权威、公正可靠的感觉，因而往往比较容易被相信和接受。企业应当重视通过这种方法来塑造企业形象和进行产品宣传。

开发物流服务客户一定要根据企业自身的特点，运用营销学原理，通过完善服务体系吸引客户与运用促销手段争取客户相结合的方法进行。

关键点提示

开发物流服务客户的途径：

1. 优化物流服务设施配置

2. 完善物流服务作业体系

3. 利用多样的促销手段争取客户

6.21 巩固物流服务客户

典型问题及案例

美国联邦快递的逆向物流服务

美国联邦快递公司于2013年推出逆向物流服务，该服务主要面向每天退货在150件以上的零售商，接受这项服务的客户可以把退货放在联邦快递全球服务中心或授权运送中心，存放成本根据货物重量和运输距离而定。

退货经过整理后，由联邦快递运输公司运到联邦快递加工中心，在那里，来自同一个零售商的所有商品被放在一起，并运到零售商指定的地点。零售商可以随时在联邦快递的网站上跟踪退货情况。

通过对市场的敏锐观察，不断开发出能够满足客户需求的产品，从而巩固了原来的老顾客。因此，联邦快递公司始终牢牢占据着快递行业的领先位置。

解读与阐述

巩固现有的客户，提高客户的忠诚度往往被许多企业所忽视。巩固客户是一项长期、复杂的工作，物流服务企业可以采用下列方法巩固客户：

1. 提高员工的忠诚度

企业要想提高外部客户的忠诚度，首先要做的就是使自己的内部客户——员工变得更加忠诚。只有忠诚的员工才能为客户提供最有效率的服务，才能提高客户的满意度。要让员工更加忠诚，就应当重视员工的需求，创造良好的环境，建设企业文化，让其更加满意。

2. 塑造物流服务品牌

塑造服务品牌是物流服务企业扩大市场、实现发展的有效途径，对巩固客户具有战略性意义。企业应当让客户充分理解品牌的含义，让他们确切地知道所选择的品牌对其意味着什么。同时，运用有效的手段赋予品牌新的活力，维护品牌的地位，提高品牌的知名度。

3. 实施忠诚客户计划

在出现下列情况时，企业有必要考虑实施忠诚客户计划：

（1）提供服务的企业增多，竞争加剧，销售额增长速度放慢。

（2）需求的多样化、个性化给企业带来压力。

（3）宏观经济环境不景气，物价指数负增长。

忠诚客户计划应当在了解客户与产品之间的相互影响及客户价值的主要影响因素的前提下进行，具体方法包括：折扣，赠送礼品、奖品等。

4. 开发新的物流服务产品

企业所提供的服务不可能是一成不变的，应当不断调整：淘汰已经没有市场的产品、完善具有发展潜力的产品、开发客户需要的新产品。能够提供一项新的服务，不但可以为企业带来新的客户，还可以使现有的客户更加忠诚。

关键点提示

巩固客户的方法有：

1. 提高员工的忠诚度
2. 塑造物流服务品牌
3. 实施忠诚客户计划
4. 开发新的物流服务产品

6.22 怎样将 CRM 运用到物流服务客户管理

典型问题及案例

屈臣氏的 CRM 实施策略

1. 利用 CRM 数据分析技术锁定目标客户群

CRM 信息系统管理，屈臣氏进一步区分管理，根据不同的消费群体，使用传真系统，对企业客户和一些 VIP 会员进行一对一管理，很大程度上降低了工作人员的工作量。对于大众消费群体，屈臣氏主要采取 POS 系统数据分析来了解公共开支的消费取向。

2. 与供应商、客户、供应商实现双赢

采用经典换购方式与供应商合作，提供换购产品和自主品牌产品。一方面销售换购商品，以确保产品质量，提高客户满意度；另一方面可以宣传自主品牌商品，取得了良好的宣传效果。

3. 使用多通道宣传模式

屈臣氏商店是采取长期和短期的折扣相结合模式。采用部分商品长期打折的策略，吸引并提高客户忠诚度；短期折扣，在不同的分类区域推出不同的促销商品。店外的宣传要求：一是在客户群体经常去的地方宣传；二是网站定期更新信息商店的近期活动及调整方案等方便客户措施；三是通过互联网、移动通信系统、信息发布系统等与客户进行互动。

4. 屈臣氏 CRM 成功实施带来的启示

屈臣氏 CRM 战略，是从 18～35 岁年轻女性中选出优质客户，不仅扩展其消费纵向，还要横向做精、严谨服务。CRM 是屈臣氏经久不衰的重要环节，是从事零售业者需要深入思考和学习的。

解读与阐述

客户关系管理是企业从“以产品为中心”模式向“以客户为中心”模式转变的产物，受到企业的广泛关注。物流服务企业实施 CRM 可以按照表 6－7 所示程序进行。

表 6－7　物流服务 CRM 流程

条目	内容
明确实施的必要性	虽然 CRM 是一种潮流，但并不是每个企业都需要。企业应当根据自己的实际情况进行决策 （1）对于产品单位价值较低、客户终身价值（CLV）低、规模小、业务流程简单、供应商不多、下游客户明确的企业来说，应用 CRM 成本过高，收效并不显著 （2）对于产品种类多、拥有众多贵宾客户、业务流程中需要处理大量信息、产品持续升级、拥有雄厚资产的企业来说，客户关系管理则是不可缺少的
审查实施基础	CRM 是一种工具，要发挥作用，必须有平台作为支撑。实施 CRM 之前应当对企业的管理水平、运作流程、员工的素质、客户数据库的管理、信息系统结构、客户信息的处理能力等基础条件进行全面审查
制定实施目标	实施 CRM 是一项长期复杂的系统工程，企业应当在认真研究和反复论证的基础上，制定出长期、中期和短期阶段性目标

续表

条目	内容
梳理业务流程	梳理业务流程是每一个准备实施 CRM 的企业必须要做的。企业应着重从现有的营销、销售和客户服务体系进行业务流程的分析，找出存在的问题，以便有针对性地选择需要的技术
进行结构设计	CRM 体系的结构包括：客户支持平台、客户交互平台、企业生产平台以及信息技术支持系统。在进行结构设计时，应当充分重视与企业原有的采购、库存、财务等管理系统相契合，实现各系统之间的无缝链接
全面实施	对许多企业来说，实施 CRM 最困难的不是技术，而是来自企业内部各方面的阻力。企业可以通过宣传沟通、技术培训等手段，统一全体员工的认识，激励他们投入到变革中去
绩效评价	在实施 CRM 的过程中，企业还应当适时地对实施进程和实施效果做出准确的评价，并利用评价结果进行纠偏。为此，完善的信息反馈系统就显得尤为重要

物流服务企业实施 CRM 应当借鉴其他行业优秀企业的成功范例，但是不能生搬硬套，最好能够聘请有成功经验的咨询公司协助完成。

 **关键点提示**

物流企业实施 CRM 的基本程序：

1. 明确实施的必要性
2. 审查实施基础
3. 制定实施目标
4. 梳理业务流程
5. 进行结构设计
6. 全面实施
7. 绩效评价

第七章 仓储物流体系管理

企业的物流活动渗透到各个环节，这就要求企业不但要设计出符合企业特征和满足物流管理需要的组织结构，还要协调企业物流部门与其他各职能部门的关系，实现物流活动的整体最优。

7.1 物流系统规划

典型问题及案例

海信的一体化物流

海信集团的一体化物流系统方案主要包括：

1. 将销售体系与物流体系分离，物流业务统一由物流推进部运作。

2. 销售过程中所发生的各种订单和业务处理都要通过物流信息系统平台处理，物流推进部根据信息平台的数据，整合各地3PL的运输能力，有效调度货物配送。

3. 各子公司营销机构通过物流信息平台直观、实时地了解仓储和销售情况，并做到准确、快速的信息反馈。

通过物流系统的重新规划，使海信集团的缺货损失减少8000万元到2亿元，资金周转速率提高了约20%。在提高物流服务水平的同时，扩大了产品的市场，塑造了良好的企业形象。

解读与阐述

从整体角度进行物流系统规划，将物流活动从无序状态调整为有序状态，实现物流的合理化和效率化，提高物流服务水平，降低物流成本，是物流服务管理的重要职能。对物流系统进行规划必须做到以下几点。

1. 明确规划重点

企业物流系统包含八个相互关联又彼此独立的环节，每一个环节都要与其他系统组成部分相协调。对不同的企业来说，物流系统规划的重点可能不尽相同，但是下面四个环节是必须给予足够重视的。

（1）物流网络规划。物流网络规划的核心目的是为了寻求成本最低或利润最高的需求分配方案。在对所有产品及原材料的移动过程及相关成本进行综合考虑后，根据分析结果确定构成物流网络的物流节点和线路。

（2）运输规划。在企业的物流成本中，运输成本占有很大的比重，运输管理是受到广泛重视的环节。运输规划中包括运输方式的选择、运输路线以及运输批量的确定。

（3）库存管理。库存管理包括库存方式的选择、库存产品以及库存水平的确定。企业在库存管理中的决策会对物流网络规划和运输规划产生重要影响，必须在系统规划时予以充分考虑。

（4）信息系统。信息技术和网络技术在物流领域的广泛应用已经成为提高物流效率、降低物流成本的有效手段，作为物流系统不可分割的组成部分，信息系统将越来越受到企业的关注。

2. 把握规划原则

在物流系统规划过程中应当考虑以下原则：

（1）二律背反原理。物流系统规划的核心是要在各项相对独立的物流活动中进行，达到整体的最优。例如，运输成本可能随着仓库平衡数目的增加而降低，仓库数目的增加又可能导致库存水平的上升，库存水平的上升会带来仓储成本的提高，这样的例子在整个物流系统中比比皆是。对物流系统的任何一个环节进行单独设计是毫无意义的，物流系统的规划必须从整体出发，降低总成本。

（2）推迟原则。推迟原则可以表述为：分拨过程中运输的时间和最终产品的加工时间应推迟到收到客户订单之后。企业可以采用贴标签、包装、组装、生产等方式，应用这一思想，以避免在需求没有实际产生的情况下，根据预测运输产品。

（3）差别服务原则。企业应当依据需求水平、产品特征以及客户要求，对不同的产品制定不同的服务水平，实现差别服务。采取同样水平的服务，虽然会简化管理，但可能会造成过高的分拨成本。

（4）合并运输原则。在企业的运输批量较小的情况下，将合并运输的思想运用到物流系统规划当中，会收到非常明显的效果。

（5）标准化原则。物流活动的完成是众多要素共同作用的结果。物流系统的设计应当实现物流设施、技术、信息、运作的标准化，通过标准化来实现各环节的有效衔接。

物流系统规划是一项十分复杂的工作，除了要把握上述基本原则外，还要根据企业的不同情况，运用科学的方法进行设计加以调整，使系统更加完善。同时，要在实践过程中不断总结经验。

关键点提示

进行物流系统规划必须：

1. 明确规划重点
2. 把握二律背反原理
3. 把握推迟原则
4. 把握差别服务原则
5. 把握合并运输原则
6. 把握标准化原则

7.2 物流系统合理性评价

典型问题及案例

物流名企德邦物流

德邦物流公司是一家综合服务型物流企业，公司总部设在上海，主营国内公路零担运输业务，始创于1996年。截至2013年8月，公司已开设直营网点3700多家，服务网络遍及全国，自有营运车辆6600余台，全国转运中心总面积超过88万平方米。产品服务包括精准卡航、精准城运、精准汽运、精准空运。从1996年创始至今，德邦物流每年都以超过60%的速度增长。公司始终坚持以客户为中心，随时候命、持续创新，始终坚持自建营业网点、自购进口车辆、搭建最优线路，优化运力成本，为客户提供快速高效、便捷及时、安全可靠的服务体验，助力客户创造最大的价值。一直以来，公司都致力于与员工共同发展和成长，打造人企双赢。在推动经济发展、提升行业水平的同时，努力创造更多的社会效益，为国民经济的持续发展，和谐社会的创建做出积极贡献，努力将德邦打造成为中国人首选的国内物流运营商，实现“为中国提速”的使命。

解读与阐述

多数情况下规划一个全新的物流系统的可能性比较小，企业的物流系统早已存在，最迫切的工作就是要发现现有物流系统中存在的问题，并找到完善系统的方法。

评价物流系统的合理性，首先要明确为什么要进行物流系统规划。

构筑物流系统的目的可以简要概括为以下五个方面：

（1）将产品按照规定的时间、规定的数量送到客户手中。

（2）在获得满意的物流服务水平的同时尽可能降低物流成本。

（3）尽量减少客户所需产品的订货断档。

（4）实现物流运作的合理化、省力化，提高作业效率。

（5）保证物流活动中的信息流通畅。

明确了以上目的，就可以从以下几个方面对物流系统的合理性进行评价。具体如表7－1所示。

表7－1　物流系统评价

条目	内容
服务水平	物流服务水平能否满足需求、达到既定水平，是评价物流体系合理性时首先需要考虑的。虽然物流系统的规划是以一定的服务水平为前提，但是实际运行当中系统往往因为众多因素的影响而在较低的或次优的水平上运行，表现出的服务水平也会与目标有一定差距
总成本水平	总成本水平是评价物流系统的经济指标，用来考察在一定的物流服务水平下，物流成本是否最低。由于物流活动的复杂性导致物流成本核算有一定的难度，信息的处理成本，甚至有些已经发生的费用无法准确计量。所以，进行成本核算时必须选择科学的方法力争反映物流总成本的实际水平
物流系统层次	物流系统是有层次的，虽然层次的多少要依据企业物流运作的复杂程度具体确定，但是各层级之间的关系都应当是明确的：各层级之间是上下级的关系，低一层系统的目标应当从高一层系统中得到优化；高一层系统为实现其目标而采取的措施或制定的标准是低一层系统寻求最优目标的约束条件；而物流系统中的某一层级系统和企业其他系统的相应层级之间应当是相互协调、相互配合的关系
物流系统结构	企业的物流系统应当有完整的结构以支持产品在其整个生命周期中的物流服务需求。从这个角度来看，原材料采购、生产过程以及产品销售物流子系统一般能够被企业所重视，而产品召回、返厂、回收等逆向物流子系统则是被普遍忽视的
物流系统反应速度	物流系统的反应速度关系到企业的物流服务需求能否得到及时的满足。可以说，造成企业资金占用的库存和原材料储备在很大程度上是由于物流系统的反应速度不够快而采取的补救措施
物流系统稳定性	一个完善的物流系统应当能够在一定的干扰下保持相对稳定的运转。这些干扰可能来自于系统内部和系统外部，如配送途中的车辆故障、产品生产过程中被延迟、搬运操作不当造成产品破损以及自然界不可抗力对系统结构的破坏等

从以上几个方面对现有的物流系统进行评价，可以较为准确、全面地反映物流系统的实际运作水平，发现物流系统中存在的问题，为进一步完善系统做好准备。

关键点提示

可以从以下几个方面进行物流系统评价：

1. 服务水平
2. 总成本水平
3. 物流系统层次
4. 物流系统结构
5. 物流系统反应速度
6. 物流系统稳定性

7.3 物流网络规划

典型问题及案例

海尔的物流网络

青岛海尔集团将物流作为企业核心竞争力的一部分，按照“三个转移”的战略目标，对企业内部组织结构进行了调整，成立了物流、商流、资金流和海外推进部，这是海尔创立以来调整幅度最大的一次。将物流、商流从原来各事业部的职能部门剥离出来，实现集中采购、集成管理，利用立体库实现自动化仓储管理，为电子商务做了充分的准备。

物流推进部从一级市场、特大型城市，到乡镇、农村，建立了庞大的销售网络。目前已在全国建立了42个配送中心，形成遍布全国大中城市的海尔产品销售网络。该网络系统可调配车辆1万辆以上，每天可将5万台定制产品配送到1550个海尔专卖店和9000多个销售点。在中心城市可以做到8小时配送到位；辐射区内24小时配送到位；全国4天内到位。

解读与阐述

物流系统规划的首要环节是对物流网络的规划。物流网络作为企业开展物流活动的基础，其规划程序如表7－2所示。

表 7－2 物流网络规划流程

条目	内容
组建网络规划小组	物流网络的规划是一项复杂的系统工程，必须由专门的规划小组全面负责，开展工作。小组成员应当包括物流管理人员、生产人员、销售人员、财务人员、建筑师等，并需要企业的高层管理者负责协调工作。规划小组的任务主要有：明确对企业生产过程的研究方法、明确产品需求分布情况的研究方法、明确原材料及产品流动的研究方法、明确企业物流成本的研究方法、选择物流网络结构的建模方法等
物流服务水平调查	了解企业当前的服务水平、所期望达到的服务水平以及企业衡量服务水平的标准和方法。力争通过调查，确定服务水平与特定网络设计的成本和收益之间的关系
设定标杆	设定标杆在物流网络规划中起着重要的作用。标杆的设定应当能够真实地反映成本的产生过程、描述现有网络的运作模式以及各类产品的服务水平和服务政策。标杆并不是企业实际发生的成本和实际的运营状况，它是根据具有代表性的产品组织汇总起来的一组数据基准。对于二者之间的差别应当能够给予合理的解释
运作设计	网络结构设计只是从整体上考虑了物流系统的库存和运输问题。在进行物流网络规划的最后阶段，要根据确定的实用网络结构，结合企业的产品特征、需求情况、运力等条件，对产品的流通渠道和运输方案做出具体的设计。运作设计应当包括： （1）各类产品在各层级储存点的库存量； （2）联系各层级之间的运输方式； （3）联系各层级之间的信息交流方式； （4）各存储点的补货方式； （5）运输、配送的路线及时间等
试运行阶段	运作设计结束后，规划好的网络就可以进行试运行了。在这一阶段，应当对网络的实际运行情况进行全面审定，如果满意，新系统可以正式运营；否则，就要找出原因，并对物流网络进行重新规划

关键点提示

进行物流网络规划的步骤：

1. 组建网络规划小组
2. 物流服务水平调查
3. 设定标杆
4. 运作设计
5. 试运行阶段

7.4 物流网络结构设计

典型问题及案例

FedEX 的网络结构

FedEX 公司的前身为 FDX 公司，是一家环球运输、物流、电子商务和供应链管理服务供应商。该公司通过各子公司的独立网络，向客户提供一体化的业务解决方案。其子公司包括 FedEX Express（经营速递业务）、FedEX Ground（经营包装与地面送货服务）、FedEX Custom Critical（经营高速运输投递服务）、FedEX Global（经营综合性的物流、技术和运输服务）以及 Viking Freight（美国西部的小型运输公司）。

业务分布

从地区来看，美国业务占总收入的 76%，国际业务占 24%。从运输方式来看，空运业务占总收入的 83%，公路占 11%，其他占 6%。

解读与阐述

为企业的产品提供优质的物流服务离不开物流网络的支持。物流网络结构设计流程如表 7－3 所示。

表 7－3 物流网络结构设计流程

条目	内容
信息采集	收集网络结构设计所需的信息可以通过企业的财务报告、原始单据、统计报表等内部资源以及公开发布的各种信息、研究成果等企业外部资源两种渠道进行 应当掌握的信息包括：企业的产品清单、客户清单以及需求状况、采购方式及成本、运输方式及成本、不同地点和不同产品的库存水平、现有设备及设施的能力限制等。
信息分析	在采集了必要的信息之后，还要对其进行整理、加工、分析，生成能够支持网络规划的有用数据。一般情况下，需要进行以下分析： （1）产品分组。企业的产品种类可能有很多，可以按照订货批量和运输渠道划分为若干产品组 （2）估计运输的费用。通常企业都会有完整的运营成本记录，因此可以比较容易地得出企业自营运输和外包运输的单位成本 （3）划分客户群。按照地理位置将企业的客户划分为有限的几个客户群，估算出到达客户群中心位置的运输里程和成本 （4）库存分析。信息分析中一项重要的工作就是找到网络规划对整个网络中库存水平的影响，根据客户群的需求情况找到网络节点库存与吞吐量之间的关系 （5）估算设施的生产能力和成本 （6）预测需求变化的影响

续表

条目	内容
构建网络结构模型	在进行了详尽的信息分析之后，就可以选用适当的方法进行物流网络结构模型的构建了。常见的方法有： (1) 直观方法。在计算机时代，统计图表、制图技术和表格对比等直观方法虽然显得比较初级，但是运用这些数学分析水平相对较低的方法，可以将设计人员的经验、资金限制、政策限制、例外情况等难以量化的因素考虑到设计的方案当中，使分析变得更加全面，同样有可能做出令人满意的设计方案 (2) 启发式方法。启发式方法是一种不断逼近最优解的方法，它包含一种求解规则或计算程序，可以限制问题的可行解的个数，通过对可行解的反复判别、修正，直到找到近似的满意解为止。启发式方法可以解决相当广泛的问题，对物流网络规划的方案设计非常有用 (3) 解析方法。解析方法首先要根据信息分析的结果和一整套特定的假设条件建立数学模型或图解模型，然后对模型进行求解，获得最优布局方案。许多定性运筹学模型和管理学模型都属于这种类型，包括：线性规划、非线性规划、动态规划、整数规划以及微积分模型等。解析方法可以保证获得精确的最优解，但是随着问题复杂程度和约束条件的增加往往是困难的，以合理的费用和时间成本寻找到符合实际情况的最优解 (4) 模拟方法。模拟方法要求设计者预先提供一定的网点组合，将与网络设计相关的成本和其他信息作为约束条件，运用计算机模拟技术反复多次进行实验，在给定的网点组合中进行比较，寻求满意解。这种方法比解析方法简单，但是决策的效果依赖于设计者预先给定的网点组合
确定实用设计方案	运用上述方法构建的物流网络结构模型是理想化的，不可能将所有影响因素作为约束条件考虑进去，通常情况下是不能够作为实施方案的。在得到初步设计模型后，还必须结合实际情况，如交通、地质、劳动力等因素，以及预测的企业生产力情况和预计的网络使用年限对模型进行相应调整，最终得到实用设计方案 物流网络的结构没有统一模式，需根据企业产品的特征进行设计

 **关键点提示**

物流网络结构设计的步骤：

1. 信息采集
2. 信息分析
3. 构建网络结构模型
4. 确定实用设计方案

7.5 物流中心选址

典型问题及案例

DHL如此选址

敦豪国际（DHL）为满足目前香港及亚太地区的物流及货运速递需要，应对中国加入世界贸易组织后的需求增长，巩固香港物流枢纽地位，已在香港地区拥有数个物流中心：

1. 快速物流中心：营运面积从2300多平方米扩建至近5300平方米，比原规模面积增加一倍多，每年可处理60万件货件。快速物流中心的扩建，是DHL支援香港发展成为中国门户的长远计划之一。

2. 西九龙运作中心：占地2700平方米。

3. 中九龙运作中心：占地9300平方米。

4. 中亚洲货运中心：是DHL亚洲空运网络的枢纽，每天处理超过140班航班。

由于来往香港国际机场的航班非常频繁，就紧急货物而言，DHL享有很大优势。DHL可在同一天内收件并将货物送至亚洲各地城市。

解读与阐述

物流网络结构设计的侧重点是网络节点的选址问题，但是重新规划一个新的物流网络的情况并不常见。更为常见的情况是，在物流网络已经存在的前提下，为使物流活动效率提高，新增或改建一个或一部分物流中心，这就涉及物流中心的选址问题。物流中心选址的程序和物流网络结构设计的程序基本相同，包括信息采集、信息分析、方案选定等主要阶段。各阶段中的具体要求和方法如下：

1. 基本条件分析

物流中心选址需要考虑的因素很多，应当通过对客户分布、供应商分布、政策条件、交通条件、土地条件、人力资源条件、自然条件以及企业现有物流网络等情况分析，缩小选址的范围。

2. 数据整理

通常采用的物流中心选址方法是以成本最小或利润最大为目标函数进行建模，因此，前期要掌握的数据主要有：

（1）工厂与物流中心之间运输的产品数量和单位运费。

（2）物流中心与客户之间运输的产品数量和单位运费。

（3）物流中心的库存量。

（4）运输及配送线路的业务量。

（5）土地、设施、人工及其他费用。

另外，还应将客户、供应商、企业现有物流网络节点的具体位置标注在地图上。

3. 选址方法

物流中心的选址可以分为单设施选址和多设施选址。

（1）单设施选址方法。单设施选址是指一个物流中心对应多个客户的选址。这类问题可以用精确重心法和重心法求解。

1）精确重心法。该方法是基于物流中心的地点应当在使总运费最小的地方的原理，利用坐标和费用函数进行求解。方法如下：

将客户的位置（x_r，y_r）及假设的物流中心位置（x_0，y_0）标注在坐标图上（见图7－1）。

$$\min TC = \sum_i A_i W_i d_i$$

式中，TC 为总运费；A_i 为物流中心到客户 i 的运输费率；W_i 为物流中心到客户 i 的运量；d_i 为物流中心到客户 i 的直线距离。

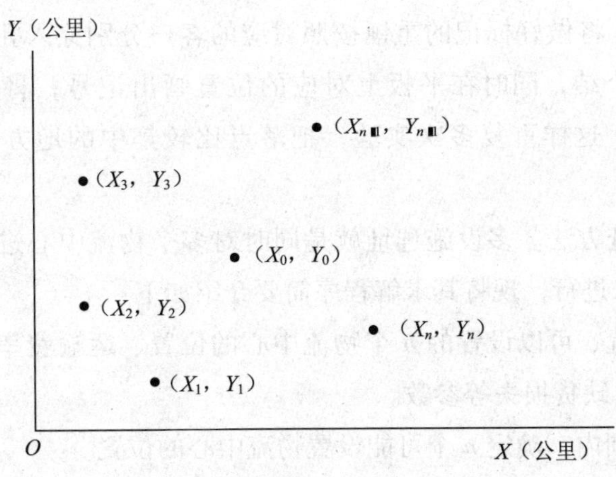

图7－1

由两点间距离公式计算：

$$d_i = \sqrt{(x_0 - x_i)^2 + (y_0 - y_i)^2}$$

为求得总运费的最小值，将目标函数分别对 x_0 和 y_0 求偏导数，并令其值等于零：

$$\frac{\partial TC}{\partial x_0} = \sum_{i=1}^{n} A_i W_i (x_0 - x_i)/d_i = 0 \quad (1)$$

$$\frac{\partial TC}{\partial y_0} = \sum_{i=1}^{n} A_i W_i (y_0 - y_i)/d_i = 0 \quad (2)$$

由方程（1）、方程（2）求得最优解的表达式为：

$$x_0^* = \frac{\sum_{i=1}^{n} A_i W_i x_i / d_i}{\sum_{i=1}^{n} A_i W_i / d_i} \qquad y_0^* = \frac{\sum_{i=1}^{n} A_i W_i y_i / d_i}{\sum_{i=1}^{n} A_i W_i / d_i} \quad (3)$$

上面得到的物流中心最优点的坐标（x_0^*，y_0^*）的表达式中还有未知数，可以用迭代法继续求解，直到 x_0^* 和 y_0^* 的坐标值在连续迭代的过程中都不再发生变化，或变化很小，继续计算没有意义时，就可以确定物流中心的最优位置了。如果需要，还可以求出最小的总运费。

2）重心法。与精确重心法相比，重心法相对简单了许多。它是采用简单的实验工具，求得最优位置的方法。具体做法：

a. 在平板上放一副缩尺地图，标出客户所在的地点，在各点上分别穿一个孔；

b. 在一根定长度的细绳一端系上重锤，每个重锤的重量比按照客户需求量换算求得，并做好标记；将做好标记的重锤按照对应的客户分别穿入孔中，把细绳的另外一端集中起来打一个结，同时在平板上对应的位置画出记号；将绳结托起，然后让它做自由落体运动；这样重复多次实验，把落点比较集中的地方作为物流中心的选址点。

（2）多设施选址方法。多设施选址就是同时对多个物流中心进行选址，常用启发式方法利用计算机来进行，现将其求解程序简要介绍如下：

a. 录入工厂位置、可以设置的 n 个物流中心的位置、运输费率、客户需求量、物流中心的费用函数、缺货损失等参数。

b. 在允许的范围内，确定 n 个可能设置物流中心的位置。

c. 在允许的范围内，对 n 个物流中心逐个扩建后，从系统角度全面计算费用的节约情况。

d. 舍去因固定费用超支而不能创造利润的物流中心。

e. 对可以创造利润，但固定费用超支的物流中心，审查其是否在可设置的 n 个物流中心范围内。若在范围内，则在利润最大处设置；若不在范围内，则对可能设置的 m 个地点进行审核，重复步骤 $a\sim f$，决定取舍。

f. 结合新确定的 m 个物流中心，将所有物流中心进行评估。

按照上述方法，无论对单个物流中心进行选址，还是对多个物流中心同时进行选址，都必须根据实际情况、预测的需求情况和使用年限对所求得的位置进行修正。

关键点提示

进行物流中心选址应当：

1. 进行全面的基本条件分析
2. 按照模型要求进行数据整理
3. 掌握选址方法

7.6 配送中心内部设计

典型问题及案例

一个50吨配送中心设计方案

其作业量和设施面积的计算如下表所示：

配送中心设施面积

设施名称	日作业量	单位面积作业量（T/m^2）	面积（m^2）
进货场	25	0.2	125
检验场	(25)	进货场兼用	—
分类场	15	0.2	75
保管场	35	1.0	35
流通加工场	2.5	0.2	12.5
特殊货物保管场	2.5	0.2	12.5
发货场	25	0.2	125
办公室	—	—	30
合计			415

注：进货和发货量均为25吨/日，保管时间为7天（5吨/日）。

运用上面计算出的面积，根据相互关系设计出设施的位置，绘制成布局方案图（见下图）。

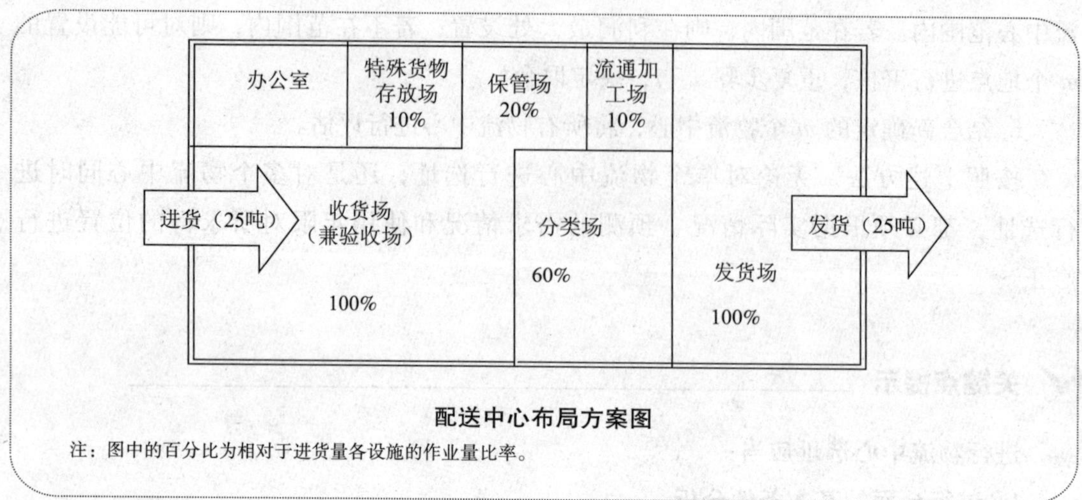

配送中心布局方案图

注：图中的百分比为相对于进货量各设施的作业量比率。

解读与阐述

进行配送中心设计时，除了要满足装卸、分拣、流通加工、保管等配送功能要求外，还要从进货场、检验场、保管场、发货场等配送中心内部设施与办公室、场地形状、道路状况等辅助设施的关联性角度全面考虑。配送中心内部设计可以依照以下步骤进行：

1. 分析货物特性

为了确定“以何种货物、多大的作业量为对象”，一般需要进行以下分析：

（1）将所处理货物的种类按出、入库批次顺序和作业类型进行整理分类，确定不同种类货物的作业量。用横坐标 P 表示种类，纵坐标 Q 表示数量，按照处理量的大小顺序绘制成 P－Q 图。a 区为品种少、批量大的货物；b 区次之；c 区为品种多、批量小的货物。

（2）对货物种类、数量的年增长量进行预测，确定流通加工、发货等作业的高峰系数。如果一年中只有几天高峰期，就可以通过加班、雇用临时工、备用设备等方法应对，避免设计能力过剩。

2. 分析货物路线

按照分析的作业量和出、入库等资料编制货物流动的流程。

在配送中心，通常的做法是先接收大批量、多品种的货物，检查核对各种货物的数量和质量，对照发货单等进行相应的作业。另一种方法是在接受发货订单之后，立即进行分拣，按照每个需求者所订货物进行配货，按照配送方式的不同进行分类，发货配送。

3. 分析设施的相关性

关联性分析不仅要研讨货物的流程，而且还应研讨票据的流程、作业管理、汽车出入装卸系统等，从不同角度进行合理性判断。在此以配送中心内部设施为例进行关联性分析。

（1）列举主要的设施。包括正门、办公室、进货场、检验场、发货场、保管场、流通加工场、特殊货场等。

（2）填写业务活动关联表。对上述列出的主要设施进行关联性分析（见下表）。

配送中心主要设施关联性分析表

	进货场	验货场	分类场	流通加工	保管场	特殊货物	发货场	办公室
进货场	—	A	C	C	C	C	C	A
验货场	a	—	A	B	B	B	A	B
分类场	a	a	—	B	B	C	A	C
流通加工	a	a	a		B	D	B	C
保管场	a	a	a	a	—	C	B	C
特殊货场	a	a	—	—	—	—	C	C
发货场	—	—	a	a	—	a	—	A
办公室	b	b	b	b	—	—	b	—

记号	靠近性理由
a	方便货物流程
b	方便票据流程

记号	靠近性的重要程度
A	非常重要
B	重要
C	普通
D	不重要

（3）绘制关联线路图。根据前项评价，按照各设施位置之间的关联进行设计，见图 7－2。

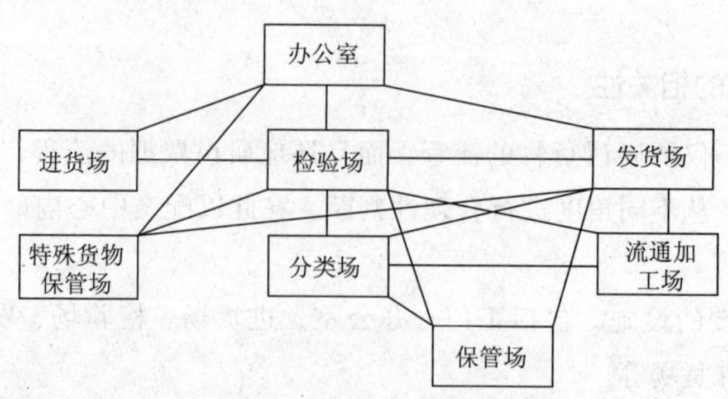

图 7－2　关联线路图

在对其他流程和系统进行类似的关联性分析后，对上面得到的关联图进行反复修改，直到得出最满意的设施关联方案为止。

4. 确定配送中心使用的设备

配送中心选用的设备，影响通道、停车场以及其他一些建筑问题，应依据货物的特征、作业能力、占地面积、价格等因素综合考虑。尤其需要注意的是设备的配套问题。例如，自动化立体仓库的码垛机和皮带传输机的出货能力应当匹配。

5. 确定设施的面积

设施的面积是按照作业量计算的。根据经验确定的单位面积作业量为：①保管设施（库存剩余货物量）：1 吨/平方米；②处理货物的其他设施：0.2 吨/平方米。

6. 绘制设施布局方案图

将上面计算出的面积整理后，根据相互关系设计设施的位置并绘制成布局方案图。

配送中心的作业，不可能像工厂的作业过程划分那样清晰。按照上述的设计程序绘制的布局方案图，还要考虑装卸搬运通道、空间储备、发展余地、经济条件等因素。

关键点提示

配送中心内部设计的步骤为：

1. 分析货物特性
2. 分析货物路线
3. 分析设施的相关性
4. 确定配送中心使用的设备

5. 确定设施的面积

6. 绘制设施布局方案图

7.7 配送中心作业流程设计

典型问题及案例

联华便利店的配送流程

联华便利配送中心以其高效率、低差错率和人性化设计受到各界的好评。物流中心所有操作均由计算机中心的 WMS 管理，并将在库信息与公司 ERP 系统连接，使采购、发货有据可依。配送中心库存商品可达 10 万箱，每天拆零商品可达 3 万箱，商品周转期 3.5 天，差错率万分之一，配送时间 1.5 分钟/店，每天可配送 400 多家门店。联华便利配送中心的作业流程如下图所示。

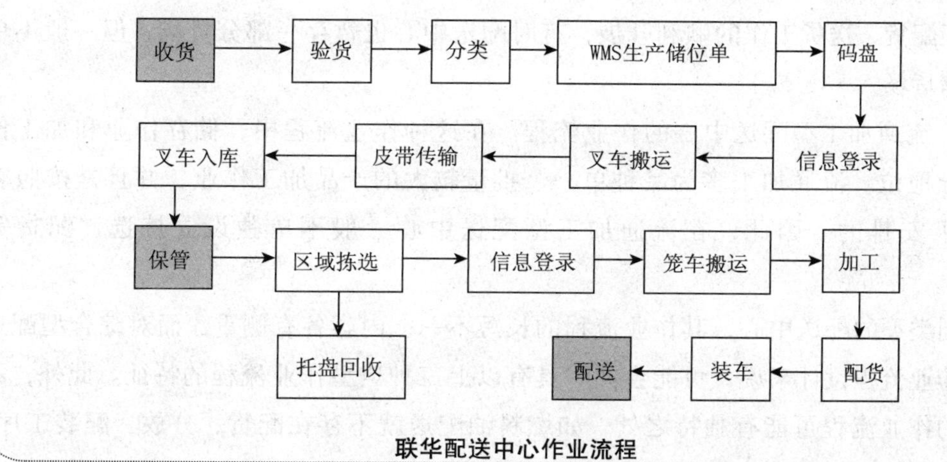

联华配送中心作业流程

解读与阐述

合理的作业流程是配送中心效率提高的核心环节，作业流程的设计程序可以简单地分为以下两步：

1. 明确作业内容

配送中心一般的作业内容包括：

（1）接受并汇总订单。收集和汇总客户订单是配送中心组织调度进货、理货、送货等活动的重要依据，是配送中心作业流程的开端。

（2）进货。进货流程又包括订货、接货、验收、分拣、储存等作业。

（3）理货和配货。配送中心一般要依据订单要求对货物进行组合，包括加工、拣选、包装、配装等作业。

（4）出货。出货作业也是配送中心作业流程的一个重要环节，包括装车和送货两项活动，是配送中心的末端作业。

2. 明确作业流程类型

设计作业流程的依据是配送中心的种类和功能，典型的作业流程有以下几种：

（1）储存型配送中心的作业流程。这是最常见的一种形式，一般的配送中心都具有储存功能，这种配送中心适用于以中、小件杂货为主的商品配送。批量采购的商品储存在这里，各个工厂或店铺不再保有库存，根据生产和销售需要由配送中心及时组织配送。

（2）通过型配送中心的作业流程。在这种作业流程中，没有储存工序，商品暂存和配货作业是同时进行的。商品在这里停留的时间非常短，一般只有几小时或半天。为了保证配货、送货工作的顺利开展，有时配送中心也暂存一部分货物，但一般不单独设置储货场。

（3）流通加工型配送中心的作业流程。在这种作业流程中，储存作业和加工作业居主导地位。流通加工多为品种单一、批量较大的产品加工作业，并且是按照客户的要求安排的。因此，在流通加工型配送中心一般不单独设立拣选、配货等工序。

不同类型的配送中心，其作业流程的长短不一，内容各有侧重。而对综合型配送中心的作业流程设计来说，可能会同时具有以上三种典型作业流程的特征。此外，不同产品的作业流程可能有独特之处，如燃料油配送就不存在配货、分放、配装工序，水泥及木材配送则多出一些流通加工的过程。

关键点提示

配送中心作业流程设计步骤：

1. 明确作业内容
2. 明确作业流程类型

7.8 物流信息系统开发

典型问题及案例

物流信息系统的配件

北京某物流公司，依托互联网络，全面升级物流信息系统。

1. 信息处理系统

信息处理系统一般有电子自动订货系统（EOS）、销售时点信息系统（POS）、智能运输系统（ITS）等类型。

电子自动订货系统是企业利用通讯网络（VAN或互联网）和终端设备以在线连接方式进行订货作业和订单信息交换的系统。电子订货系统按应用范围可分为企业内的EOS（如连锁经营企业各连锁分店与总部之间建立的EOS）；零售商与批发商之间的EOS以及零售商、批发商与生产商之间的EOS等。及时准确地处理订单是EOS的重要职能。其中的订单处理子系统为企业与客户之间接受、传递、处理订单服务。订单处理子系统是面向整个订货周期的系统，即企业从发出订单到收到货物的期间。在这一期间内，要相继完成四项重要活动：订单传递、订单处理、订货准备、订货运输。其中实物流动由前向后，信息流动由后向前。订货周期中的任何一个环节缩短了时间，都可以为其他环节争取时间或者缩短订货周期，从而保证了客户服务水平的提高。因为从客户的角度来看，评价企业对客户需求的反应灵敏程度，是通过分析企业的订货周期的长短和稳定性来实现的。

销售时点信息系统（POS）是指通过自动读取设备，在销售商品时直接读取商品销售信息如商品名、单价、销售数量、销售时间、购买顾客等，并通过通讯网络和计算机系统传送至有关部门进行商品库存的数量分析、指定货位和调整库存以提高经营效率的系统。

智能运输系统（ITS）是典型的发货和配送系统，它将信息技术贯穿于发货和配送的全过程，能够快捷准确地将货物送达目的地。

2. 控制信息处理系统

控制信息处理系统主要包括库存管理系统和配送管理系统。

库存管理系统负责利用收集到的物流信息，制定出最优库存方式、库存量、库存品种以及安全防范措施等。

配送系统则将商品按配送方向、配送要求分类，制订科学、合理、经济的运输工具调配计划和配送路线计划等。

3. 物流决策支持系统

物流决策支持系统（LDSS）是为管理层提供的信息系统资源，是给决策过程提供所需要的信息、数据支持、方案选择支持。一般应用于非常规、非结构化问题的决策。但是决策支持系统只是一套计算机化的工具，虽然可以帮助管理者更好地决策，但不能代替管理者决策。

解读与阐述

物流信息系统开发的总体要求包括：系统具有功能的完整性、运行的可靠性、使用的方便性、维护的简易性。具体来说，物流信息系统设计要求系统功能齐全、信息处理准确、装备优良、故障率低、易恢复、操作简单、人机界面清晰，能够充分利用计算机资源，有效地节约时间，实现低消耗、高收益。

当采用不同的信息系统开发方法时，具体程序各有差异，但是大多可以分为系统规划、系统分析、系统设计、系统实施和系统运行等，具体如表7－4所示。

表7－4 物流信息系统开发阶段

条目	内容
系统规划阶段	这一阶段是信息系统开发的必要准备和总体部署，是在系统开发前进行的。主要内容包括： (1) 企业内外部环境的调查。企业的外部环境主要包括行业状况、竞争对手情况、市场情况以及国家的相关法规、政策等；企业的内部环境主要包括企业的发展战略、组织机构、经济和技术实力、物流活动范围、业务流程、管理标准等 (2) 需求调查与分析。明确企业对物流信息系统的管理职能和管理方法需求、对信息处理的需求、对系统集成的需求。对物流系统的信息量、信息种类、信息处理流程、技术标准以及现行系统的运行效果、企业建立信息系统的投入能力和适应能力、外部环境对企业的影响程度等进行分析 (3) 信息系统的规划方案。确定信息系统的目标、主要功能、结构、运行模式、系统间接口、运行环境要求、系统网络结构以及管理体制、组织机构和人员调整的设想等。同时进行系统投入概算、开发进度计划、开发人员需求计划等工作 (4) 总体方案的可行性分析。根据上面的分析结果，从技术、经济、组织和管理的角度对开发物流信息系统的可行性进行分析，提交可行性分析报告 (5) 确定系统开发者。选择系统开发的合作单位，明确双方责任和权利，并签订开发合同
系统分析阶段	系统分析阶段的主要工作是：进行现行物流系统组织结构及业务功能分析、进行业务流程及数据流程分析、确定编码体系、确定系统逻辑模型
系统设计阶段	在这一阶段，需要进行系统的总体结构设计、代码设计、模块设计、数据库及数据文件设计、I/O设计、处理过程设计、系统通讯及网络的设计

续表

条目	内容
系统实施阶段	系统实施阶段的主要工作是：进行信息系统程序的编制、设备的安装调试、相关人员培训以及系统的调试和转换
系统运行阶段	在完成了系统实施阶段的工作，并经过试运行后，新开发的物流信息系统就可以投入运行了。系统运行阶段的主要工作包括系统的日常维护和系统效果评价

在物流信息系统开发过程中，每个阶段工作结束后都应当进行相关的审核和鉴定，及时发现并解决问题，确保开发出的系统能够满足物流活动需求。

关键点提示

信息系统开发的主要阶段：

1. 系统规划阶段
2. 系统分析阶段
3. 系统设计阶段
4. 系统实施阶段
5. 系统运行阶段

7.9 物流信息系统开发方法选择

典型问题及案例

哪种系统开发方法更适合？

杭州某物流公司，主要通过以下方法开发升级物流信息系统：

1. 生命周期法：具有良好的系统性和严密性，它将整个设计过程严格地划分为工作阶段和工作步骤，通过对各软件文档、关键步骤和阶段的审核、控制，实现工作的衔接。

2. 结构化方法：结构化方法是传统生命周期法的改进，它采取“自上而下逐步求精”的方法。在保证全局正确性的前提下，逐步深入考虑和处理局部问题。

3. 原型法：有较强的灵活性。它按照开发人员和用户共同确定的系统基本要求和主要功能，短时间内开发出初始模型系统，再通过对初始模型系统的反复评价、修改，达到用户满意。

4. 面向对象法：通过对问题空间进行自然分割，建立问题域模型。各模块是独立存在的，具有良好的可重用性。

解读与阐述

物流信息系统的开发是一项复杂的系统工程，涉及面广，耗资巨大。因此需要根据企业的具体情况，确定合理的目标，选择适当的开发方法，目前常用的物流信息系统开发方法有：

1. 生命周期法

生命周期法具有严密的理论基础，它要求信息在建立之前就能够被充分理解。生命周期法将整个设计过程严格地划分为各个工作阶段，每个阶段又详细划分为工作步骤，然后按照步骤一步一步进行，后一步骤以前一步骤的工作成果为依据。每个步骤和阶段都有明确的文档编制要求，通过对各软件文档、关键步骤和阶段的审核、控制，实现工作的衔接。生命周期法的开发流程如图 7－3 所示。

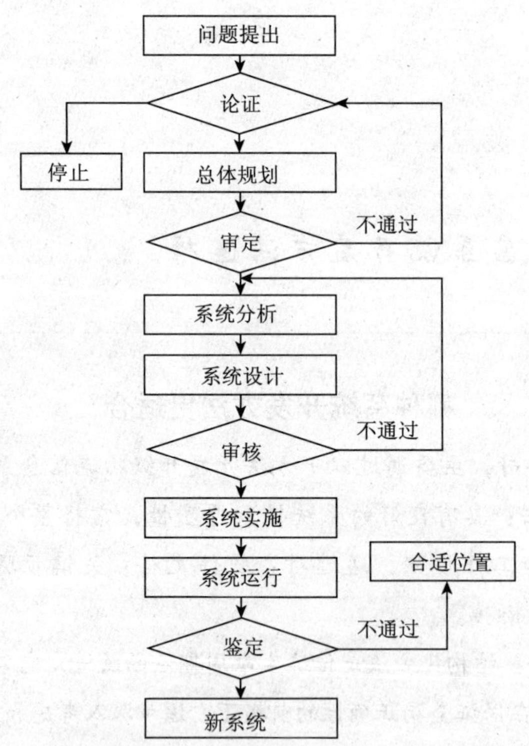

图 7－3　生命周期法工作流程

生命周期法的特点是系统性和严密性较强，适用于大型、结构复杂的物流信息系统的开发。正是由于方法本身的特点，运用该方法时，应特别注意开发初期对企业管理的薄弱环节和可能造成理解混乱的因素进行深入的调查和分析，以免开发人员对系统需求了解不全、分析不透，对系统的逻辑描述有偏差或不完整，使开发出的系统功能不全、运行不可靠，导致整个系统开发的失败。

2. 结构化方法

结构化方法是传统生命周期法的改进，“自上而下逐步求精”。首先从全局出发对系统进行分析设计，保证全局的正确，再逐步深入考虑和处理局部问题。

在具体实施过程中，则采取从下向上的方法，即先进行模块的开发与调试，再将几个模块联调，最后进行整个系统的联调。结构化方法确定了简明的、易于导向的系统开发方式，是当前物流信息系统开发的主流方法。

结构化方法强调面向用户的观点，认为用户是整个系统开发的出发点和归宿点，用户的参与程度与满意度是衡量系统成功与否的关键。它同时强调要充分考虑系统外部环境可能发生的变化对系统设计、系统内部处理模式以及用户需求的影响等。

3. 原型法

原型法是同生命周期法截然不同的信息系统开发方法。它摒弃了生命周期法按步骤严密的调查分析，一开始就由开发人员和用户共同确定系统的基本要求和主要功能；在软件开发环境的支持下，短时间内开发出初始模型系统，通过对初始模型系统的反复评价、修改，达到用户满意。

原型法的开发流程如图 7－4 所示。它有较强的灵活性，可以很好地适应环境变化；对企业管理工作的程序化、标准化以及稳定性的要求较低，适用于物流管理基础相对薄弱的企业进行规模较小、结构不太复杂的物流信息系统开发。

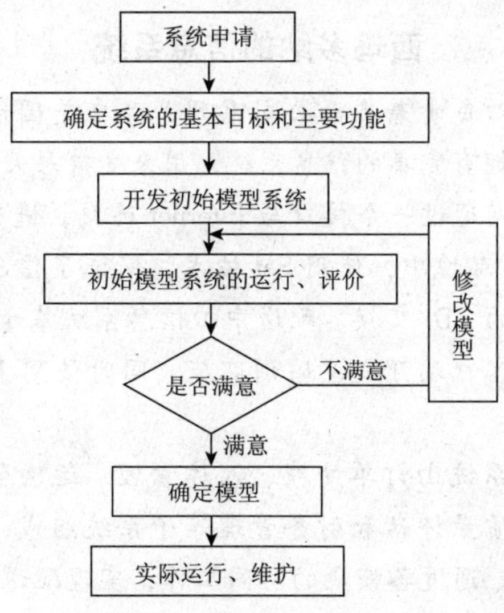

图 7－4　原型法工作流程

4. 面向对象法

面向对象法的目标是将把实现一个系统的方法与认识一个系统的方法统一起来。它通过对问题空间进行自然分割，建立问题域模型，对客观实体进行结构模拟和行为模拟，以使系统更接近人类的思维方式，使系统尽可能直接描述现实世界。

采用面向对象法开发物流信息系统，各模块是独立存在的，具有良好的可重用性。当需求等因素发生变化时，大部分模块仍然可以使用，只需要改变其组装方式，就可以适应新的环境。

企业在选择开发物流信息系统的方法时，要将各种方法的特点和企业的情况结合起来，特别是开发大型、复杂及限制条件多的物流信息系统时，必须慎重决策。

关键点提示

物流信息系统开发方法有：

1. 生命周期法
2. 结构化方法
3. 原型法
4. 面向对象法

7.10 建立配送中心信息系统

典型问题及案例

西玛多纳的信息系统

西玛多纳配送中心负责着杰西公司系列产品在美国伊利诺伊州的销售配送活动。该配送中心拥有完善的信息系统，用来支持每天繁忙的配送业务。

配送中心的内部网通过一个接口与Internet连接，进行通信、信息发布和业务协作。在Internet环境中，使用Set技术，保证了信息传递过程中的安全性，实现安全、标准的EDI交换。配送中心信息系统基于Internet技术，采用标准浏览器，省去了客户端开发、培训环节，同时使用Java开发平台，保证系统的跨平台运作。

该配送中心信息系统由订单处理、入库管理、运输管理、库存及出库管理、客户服务、储运质量评估和财务管理等子系统组成，每个子系统由若干个作业处理模块组成。通过各模块的协同工作，实现配送中心的各项功能。

解读与阐述

配送中心信息系统是物流信息系统的关键组成部分。建立配送中心信息系统，应以实现配送中心功能为目的。具体而言，通过建立信息系统应当能够为配送中心的作业管理、信息查询、库存结构分析、盘点管理、储位管理、库存商品管理以及财务管理等提供有效的支持。

建立完善的配送中心信息系统应包括：销售出库管理、采购入库管理、库存管理、财务会计管理、经营绩效管理五个子系统，各子系统之间的关系如图 7－5 所示。

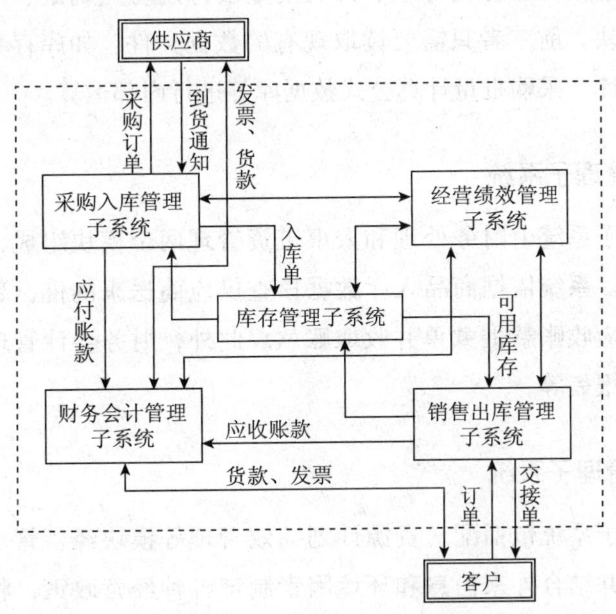

图 7－5　配送中心信息系统关联

1. 销售出库管理子系统

销售出库管理子系统的作业内容包括从取得订单到将商品送交客户的全部过程的信息处理，并与其他系统进行需求统计数据、入库数据、经营数据、绩效考核数据、经营批示、入账数据、应收账款等数据交换和传输。

销售出库管理子系统包括订单处理、销售分析与预测、拣货规划、包装与流通加工规划、派车计划、出货配送、应收账款等模块，它是配送中心信息系统的核心，也是配送中心完成其配送服务功能、实现配送合理化的有力保证。

2. 采购入库管理子系统

采购入库管理子系统处理与供应商相关的作业信息，完成采购订单、到货清单、验货报告等信息处理，并与库存管理和财务管理等子系统传递补货数据、应付账款等数据。

采购入库管理子系统包括采购管理模块和入库作业处理模块。其中采购管理模块包括采购预警、供应商管理、采购单据打印以及采购跟催四个子模块；入库作业处理模块包括预定入库数据处理和实际入库作业两个子模块。

3. 库存管理子系统

库存管理子系统主要完成库存数量控制和库存量规划，以避免因为库存水平过高造成利润损失。它包括商品分类分级、订购批量及订购时点确定、库存跟踪管理和库存盘点作业四个模块，前三者只需要读取现有的数据文件，如库存数据库、货位数据库、厂商报价数据库、采购批量计算公式数据库等进行内部运算。

4. 财务会计管理子系统

财务会计管理子系统由财务处理和人事工资管理两个模块组成，主要完成配送中心的财务管理工作。系统依据商品入库数据核查供应商送来的催款数据，并据此付款或依据出货单制作应收账款催款单并收取账款。此外，财务会计管理子系统还制作各种财务报表、工资报表等。

5. 经营绩效管理子系统

经营绩效管理子系统包括配送资源计划绩效管理等模块经营管理，从其他各子系统获取相关数据，并结合外来信息和环境因素制定各种经营政策，将政策内容和执行指令传送给各部门，同时对外提供配送中心的有关数据。

配送中心信息系统是一个庞大、复杂的系统工程，各子系统和模块的设计都有不同的具体要求。因此，在建立配送中心信息系统时，一定要以实现配送中心的功能为出发点，对其进行详尽、透彻的分析，从而保证信息系统的实用性。

关键点提示

建立完善的配送中心信息系统应当包括：

1. 销售出库管理子系统

2. 采购入库管理子系统

3. 库存管理子系统

4. 财务会计管理子系统

5. 经营绩效管理子系统

7.11 运输信息管理

典型问题及案例

UPS 的运输信息系统

联合速递公司（UPS）是全球最大的包裹递送公司，同时也是世界主要从事专业运输和物流服务。UPS 拥有规模庞大的全球运输基础设施和完善的信息系统。

UPS 利用条形码和扫描仪能够有选择地获得货物跟踪和装运情况报告。每天通过 UPS 公司投递快件包裹的收件人高达 600 万，他们只需要拨打一个免费电话，就可以查询货物信息或者获得航空递送的增值服务。

为了减少差错和加快投递速度，更好地协调驾驶员信息，公司的速递驾驶员携带以数控笔技术为基础的笔记本电脑到排好顺序的线路上收集递送信息。同时，这种笔记本电脑使驾驶员能够用数字记录装运接收者的签字，以提供收货核实。

为了支持 UPS 在欧洲不断增长的业务，公司在莫澳基地安装了卫星地面站，提供美国与德国之间的直接链接。

美国国内业务占 UPS 总收入的 89%，公司创建了全国无线通讯网络，该网络使用的蜂窝状载波电话技术使驾驶员能够把实时跟踪的货物信息从载货车上传送到 UPS 的中央电脑。

UPS 正是通过先进的信息技术和信息系统为客户提供其所期望的全面服务。

解读与阐述

运输服务中的信息主要包括：货物的品种、数量、交货时间、交货地点等货物信息，运输票据的相关信息，货物运输状态的信息，车辆使用状况，道路信息，运输计划等。

1. 运输信息管理过程

运输信息管理涉及发货方、承运方以及收货方，要进行成功的运输信息管理，必须在三方之间建立畅通的信息渠道，保证信息的顺利流转。通常的运输信息管理过程如下：

（1）发货方接到订单后制订运输计划，同时将运输计划的有关信息发送给承运方和收货方，以便两者做好运输和接货准备。

（2）承运方在收到发货方的发货要求和运输计划后，编制出详细的发货计划，组织取货或进行分拣、配货、包装、集装、车辆调配等工作；将货物品种、数量、包装等信息传送给发货方进行确认，同时与收货方取得联系，确定有关货物接收的具体信息。

（3）承运方填制货物清单及其他运输票据后，进行运输活动。运输过程中进行货物的跟踪管理，将货物交付收货方后，向发货方发送完成运送业务信息和运费请求信息。

（4）收货方在货物送达后，进行清点、核查、入库等工作，同时向发货方和承运方发出确认信息，并开出货物发票。

2. 实现运输信息管理的有效途径

对运输信息的有效管理是通过一些先进的运输信息系统和信息技术实现的。

（1）电子数据交换系统。物流 EDI 系统一般是由用户接口模块、内部接口模块、报文生成及处理模块、格式转换模块、通信模块、联系模块等几部分组成的。它可以借助计算机处理各种单据和票证，并借助通讯网络将这些单据和票证传递给对方，在物流信息管理领域有极为广泛的应用。在运输信息管理过程中，收货方输入的订单信息利用 EDI 传送给发货方，后者把订单信息加工成运输计划，作为委托运输信息发送给承运方。在这个信息的基础上，承运方将运输完成信息和费用结算请求信息传给发货方。在整个过程中，数据不需要重复输入，可以有效地节约时间，提高效率并保证信息传输的准确性。

（2）车辆运行管理系统。常用的车辆运行管理系统有两种：一种是基于 MCA 无线技术的车辆运行管理系统；另一种是基于通信卫星、全球定位系统（GPS）技术和地理信息系统（GIS）技术的车辆运行管理系统。

基于 MCA 无线技术的车辆运行管理系统由无线信号发射接收控制部门、运输企业的计划调度室和运输车辆组成，可以实现计划调度室与运输车辆的双向通话。在接到客户运送货物的请求后，利用这一系统可以确定最靠近客户或最适合的车辆以满足客户需求。但由于 MCA 系统信号发射功率的限制，这种车辆运行管理系统只能实现较小范围内的控制。

基于通信卫星、全球定位系统（GPS）技术和地理信息系统（GIS）技术的车辆运行管理系统有更广泛的适用范围，可以实现全国甚至跨国范围内的运输信息管理。运输企业的计划调度中心发出的运输信息通过通信卫星传送给运行车辆后，车辆可以利用 GIS 系统找出到达目的地的最佳路线，并通过通信卫星将车辆位置、状况等信息传回企业的计划调度中心。这一系统具有抗干扰能力强、定位精度高、刷新速度快等优点，但其投资大、维持费用高。

(3) 货物跟踪系统。货物跟踪系统是指物流运输企业利用物流条形码和 EDI 技术，及时获取有关货物运输状态的信息，提高物流运输服务水平的方法。在物流运输作业的各个环节，工作人员通过扫描仪自动读取货物包装或者货物发票上的物流条形码信息，再利用通信线路将货物信息集中到总部的中心计算机进行整理。

利用货物跟踪系统可以随时对货物的状态进行查询，当出现没有按照规定时间交付货物的情况时，能够及时查明原因并制定相应的整改措施，从而提高货物运输的服务水平。

除了上面提到的一些信息系统和信息技术外，运输信息交流网络系统以及智能交通系统（ITS）为运输信息管理提供了有力的支持。

关键点提示

运输信息管理的支持系统：

1. 电子数据交换系统
2. 车辆运行管理系统
3. 货物跟踪系统

7.12 订单处理

典型问题及案例

阿米克（AMEC）的订单处理

阿米克（AMEC）公司是一家生产橡胶制品的公司。为适应发展，公司在计算机系统上投资了 69 万美元，成功实施了订单发送、订单输入和订单处理系统。

系统实施前，公司的几位客户服务人员平均每天处理 20 份订单。他们忙于接听电话、记录信息和填制各种单据，在业务繁忙时期，还需要加班，差错率始终得不到有效控制。

实施新的订单处理系统后，客户服务人员只需要将客户的名称和产品输入电脑，就可以得到所有客户信息和库存、价格等信息，并生成客户订单。

系统会对订单上所有商品的重量、体积进行核算，以确定客户是否享有运输数量折扣，同时将总价值和预先设定的客户信用额度进行比较，完成信用审查。订单完成后，运输文件将从距离客户最近的仓库打印出来，并完成库存文件的自动更新。客户服务人员对订单信息认定后，信息系统会同时生成账单、应收账款以及其他财务信息报表。

新的订单处理系统使阿米克（AMEC）公司的订单出错率下降了78%，客户订货周期平均缩短了3天。

解读与阐述

订单是引发物流过程运转的信息，订单处理的速度与质量对整个物流运作过程的成本与效率有着直接的影响，准确、高效率的订单处理是实现高水平客户服务的重要手段。

订单处理的全过程可以分为订单接受、订单录入、订单履行以及订单状态跟踪四个阶段，如表7－5所示。

表7－5　订单处理流程

条目	内容
订单接受阶段	（1）订单传输的方式决定了企业接受订单信息所需要的时间。完成订单接受有两种基本方式：人工方式和电子方式 （2）人工方式包括邮寄订单和销售人员将订单亲自送到录入地点 （3）订单接受的电子方式正日益普遍，电话、卫星通信、互联网等技术的广泛应用使订单发送和订单传输的速度和准确性都较人工方式有了显著提高
订单录入阶段	订单录入阶段的工作包括： （1）客户信用的核查 （2）核对订货信息（如商品名称、编号、数量、价格等） （3）设定订单编号 （4）建立客户主档、账户、订货条件，登录客户的详细信息，包括客户的名称、业务员资料、延迟订单的处理办法以及其他一些客户信息，以便确定客户价值，方便日后业务往来 （5）检查商品的可获得性。在库存不能够满足订货需求时，确定是否有替代品 （6）必要时，准备补交货订单或取消订单的文件 （7）开具账单、出库单等 如果接受到的订单与要求的格式不符，还需要进行订单信息的转录工作
订单履行阶段	订单履行阶段的一些工作可以安排与订单录入阶段的工作同时进行，以缩短订单处理的时间。这一阶段的主要工作包括： （1）通过拣选、配货或生产、采购来获得订单需求的商品 （2）对商品进行搬运、包装、流通加工、集装等作业 （3）安排送货 （4）制备运输单证、票据等

续表

条目	内容
订单履行阶段	(5) 确定订单的优先权。履行订单的先后次序是一个必须引起重视的问题，它会对个别订单的订货周期产生显著的影响。在确定订单的优先权时，应当把握以下原则： a. 优先处理高等级的客户订单 b. 优先处理批量大、金额大的客户订单 c. 优先处理相对简单的订单 d. 优先处理承诺交货期最早的订单 e. 优先处理信用状况良好的客户订单
订单状态跟踪阶段	订单状态跟踪阶段的主要目的是为客户提供高质量的增值服务，同时便于及时发现订单履行过程中出现的问题，采取解决措施。这一阶段的主要工作是对订单处理过程进行跟踪，并与客户交换交货时间、交货方式等信息 订单处理的各项活动所耗费的时间在客户订货周期当中占有相当大比重，企业应当借助于现代的管理方法和先进的信息系统管理好订单处理过程中的各个环节，以提高物流服务绩效水平

关键点提示

进行订单处理的全过程可以分为四个阶段：

1. 订单接受阶段
2. 订单录入阶段
3. 订单履行阶段
4. 订单状态跟踪阶段

7.13 物流服务组织设计

典型问题及案例

海尔的物流组织机构

青岛海尔集团的组织结构分为职能中心、产品本部和推进本部三大部分，其中推进本部由物流推进本部、商流推进本部、海外推进本部、资金流推进本部组成。

海尔的物流推进本部由集团副总裁亲自负责，本部下设三个事业部，即采购事业部、配送事业部和储运事业部。

采购事业部将原来分散在各个事业部的分散采购行为全部集中起来，形成规模化经营、集约化采购的组织形式。采购事业部的具体职责包括：供应商的优化、招标、采购计划下达、零部件的采购、全球化采购以及管理全球网络资源。

配送事业部把原来分散于各事业部的仓储库存统一起来，收到了降低成本的效果。该事业部负责集团内部物流的运作，将原材料与零部件及时配送到各生产车间，实现车间JIT运作的要求。

在成立储运事业部以前，海尔的成品配送是找一些运输单位，竞价、报信、发送，这种方式的实际成本并不低，而且客户服务水平也得不到有效保障。储运事业部将各个事业部的运输资源成品和仓储统一起来，利用遍布全国的物流网络，实现高水平的配送服务。

除了生产车间的物流活动由各个制造事业部完成以外，海尔物流推进本部的职权和工作内容基本上涵盖了海尔集团物流运作的全过程。

解读与阐述

物流服务活动渗透于企业各个职能部门，物流服务组织设计就是要通过对组织活动和组织结构的设计，把物流服务活动的任务、责任、权力和利益在企业内部进行有效组合和协调，以提高企业物流服务绩效水平。进行物流服务组织设计应当明确：

1. 物流服务组织设计程序

对物流服务组织进行设计，不外乎以下三种情况：一是新建的企业需要设计管理组织系统；二是当原有组织结构出现较大问题或是整个企业的目标发生变化时，需要对组织系统进行重新评估和设计；三是对原有物流服务组织系统的局部进行增减或完善。

虽然三种情况不尽相同，但是进行组织设计的基本程序是一致的，一般需要经过以下步骤：

（1）按照企业目标，确定细化的物流服务组织目标。

（2）围绕目标的完成，进行管理业务流程的总体设计。也就是说，应当在既定目标的指引下，使总体企业物流服务管理业务流程达到最优化，这是组织设计的目标。

（3）根据企业拥有资源的情况，按照优化原则对物流服务管理业务流程中的管理岗位进行设计，岗位的划分要适度，既要考虑流程的需要，又要方便管理的需要。

（4）对每一个岗位进行工作分析，进行统一化、标准化操作。规定其输入与输出的业务名称、时间、数量、实物、信息等，并寻找该岗位最优的管理操作程序，用工作规范将其固定下来。

（5）给各个岗位定员定编。

（6）制定必要的工作规范和奖惩标准，设置能够优化企业物流服务控制管理流程的组织结构。

2. 物流服务组织结构

组织设计的结果是形成组织结构。事实上，并不存在一种适合于所有企业的物流服务组织结构，企业的性质、传统、决策者的个人喜好以及物流活动本身在企业当中的重要程度都会对企业的物流服务组织结构产生影响。以下几种基本结构形式可供企业选择：

（1）直线型组织结构。直线型组织结构是按照企业的物流职能，将组织中的各职位排列成垂直系统。在这种结构中，物流经理必须通晓多种知识，掌握各种技能，对企业的一切物流活动负责。它的特点是结构简单、权力集中、联系简洁、责任分明，适合规模较小或物流活动内容单一的企业，应用范围比较有限。

（2）直线参谋型组织结构。直线参谋型组织结构是在直线型组织结构的基础上设置专门的参谋机构，从与物流活动相关的计划、预测、技术、成本分析等方面为直线管理人员提供咨询建议和方案等。设立参谋机构有利于集思广益，保证决策的正确性，同时可以协调各职能部门的关系。但是，也容易因为参谋机构的人员委曲求全、折中调和而影响决策效率。这种组织结构形式适合于大型、物流活动比较复杂的企业。

（3）矩阵型组织结构。矩阵型组织结构是由纵横两套管理系统组成的组织结构，物流经理负责整个物流系统，但并没有单独直接决策的权力。他的工作是协调那些既与物流有关，又涉及其他不同职能部门的项目，与其他部门经理一起对企业的各项物流活动做出决策。这种类型的组织结构强调各职能部门之间的横向联系，具有较大的机动性和适应性，是一种有效的组织结构形式。但是，由于实行纵向和横向的双重领导，容易造成责权不清，引发各种冲突。

（4）非正式型组织结构。非正式型物流服务组织结构是依靠强制、调解或劝说等手段来协调分散在传统的企业组织各职能部门中的物流活动，实现各部门的合作。在采用这一类型组织结构的企业中，为了能够使各部门建立良好的合作关系，保证物流活动的顺利开展，常采取一些激励手段，比如：实行部门之间的相互收费、分享节约的物流成本、经理亲自考察与物流相关的活动、组建协调委员会和工作小组等。

企业应当通过有效的组织设计将自身的软件和硬件条件结合起来，增强对物流活动的调控能力，实现组织内部人员的团结协作，使物流活动能够有秩序、高效率地开展。

关键点提示

进行物流服务组织设计应当明确：

1. 物流服务组织设计程序
2. 物流服务组织结构

7.14 物流服务组织设计合理性评价

典型问题及案例

神龙的问题出在哪儿？

神龙汽车有限公司由东风汽车集团、法国雪铁龙汽车集团、法国国民银行和法国兴业银行共同出资于1992年初成立于湖北省武汉市（中方投资占70%）。神龙公司经过数年的发展，目前拥有零件加工、装配、包装、运输和销售等一整套设备、设施、人员组织机构。随着国内轿车市场竞争越来越激烈，该公司发觉原有的管理方法已经制约了企业的进一步发展，尤其是与合作企业的沟通存在较大的问题。

神龙公司的信息管理系统存在一些影响供应链运作效率的问题。生产计划中所需要的关键数据（如制造明细表、订货信息、库存状态、缺货报警、运输安排、在途物资等）只有部分的集成和共享，决策者在进行生产计划安排时无法快速获取有效数据。公司内部各部门信息系统在联网、系统接口、共享方面以及公司外部联系等方面存在较大难度，缺乏统一性和协调性。现存的销售系统侧重于现金流的管理和售后服务跟踪，而对于公司外部信息，主要是客户数据的收集、分析和处理等功能不够完善，缺少快速、有效的顾客信息反馈机制，故而使供应部门、生产部门无法充分获得来自市场的反馈信息。供应、生产和需求缺乏必要的沟通，公司内部和外部之间的信息共享不够，难以真正按市场需求安排生产。另外，神龙公司与其他合作企业之间的信息流尚未建立规范体系，无共同遵守的工作准则。如神龙公司与雪铁龙公司的业务往来是通过EDI进行数据交换，双方规定必须严格遵守文件的标准格式，任一方擅自改动格式都将导致对方的系统无法正常运作。

从神龙公司在供应链中所处的核心企业的角度来看，该公司的管理信息系统既要接受来自不同体系的信息，又要对其进行处理，用以计划、组织和控制本企业的行为，然后将现有的状态反馈给不同的企业成员。因此，神龙公司的管理信息系统必须高度集成，为通过供应链管理实现企业经营目标提供可靠的保证。为此，要从以下几个方面考虑：

信息必须规范化，有统一的名称、明确的定义、标准的格式和字段要求，信息之间关系必须明确定义。

信息处理程序必须规范化，处理信息要遵守一定的流程，不能因人而异。

信息的采集、处理和报告有专人负责，责任明确。没有冗余的信息采集处理工作，保证信息的及时性、准确性和完整性。

各种管理信息来自统一的数据库，既能为企业各有关部门的管理人员所共享，又有使用权限和安全保密措施。各部门按照统一数据提供的信息和处理管理事务的准则进行管理决策，实现企业的总体经营目标。

解读与阐述

物流服务组织设计是否合理，直接关系企业的物流活动能否顺利、有序开展，进而决定了企业能否达到既定的客户服务水平和实现既定的战略目标。评价物流服务组织设计的合理性可以从以下几个方面进行。具体如表7－6所示。

表7－6　物流服务组织设计评价

条目	内容
组织设计目标是否与企业目标相一致	（1）如果企业当中的任何一个组织机构与既定的企业发展战略和目标无关，那么它就没有存在的意义。企业所选择的物流服务组织结构必须有利于实现企业追求的特定战略目标 （2）通常决定企业物流服务组织结构形式的企业战略目标有三种：一是追求以最高效率将处于原材料状态的货物通过加工过程转化成产品为目标的生产战略；二是以追求高水平客户服务为目标的市场战略；三是以追求通过信息管理实现对企业下游大量经销商和庞大分销网络有效控制为目标的信息战略。三种特定的战略目标决定了不同的组织结构形式
分工是否协调	（1）物流服务的组织设计应当能够反映为实现组织目标所必需的各项任务和工作分工，同时应当有利于各项分工之间的协调 （2）组织中的各个管理层次、各个部门应当有明确的分工；组织中的每个人都应当了解自己在现实组织目标中应当承担的工作职责和职权，并通过完善的组织设计将它们协调起来
是否将集权与分权有效结合	为了保证企业有效的物流管理，应当将该集中的权力集中起来，该下放的权力授权给下级。实行集权与分权相结合的领导体制，能够充分调动物流服务组织中所有人员的积极性和主动性，同时使组织有更强的灵活性和适应性

续表

条目	内容
是否具有稳定性与适应性	企业的物流服务组织设计应当能够在稳定性与适应性二者之间做出平衡。组织结构一旦形成，就要有相对的稳定性，不能轻易变动，频繁变动的组织结构会给物流活动的正常运作产生不利的影响。但是，随着组织内外部条件的变化，必须对组织结构进行适时的变革与调整，以保证组织结构与企业战略目标的一致性
能否实现组织结构的扁平化	(1) 在保证企业物流服务组织的目标能够实现的前提下，应当力求减少管理层次，精简管理机构和人员，实现组织机构的扁平化 (2) 扁平化是针对大型企业或者跨国公司提出来的，这些企业往往由于复杂的组织结构而影响其效率和竞争力 对于物流服务组织来说，应当避免出现组织层次过多、机构臃肿的现象
是否与经营模式和物流规模相适应	(1) 物流服务的组织设计应当能够与企业的物流经营模式和物流规模相适应 (2) 对于将全部或者部分物流外包的企业来说，物流管理的内容单一或是集中在几个重要的环节，不需要复杂的组织结构、严格的规章制度和分权决策 (3) 对于大规模自营物流的企业来说，物流服务组织必须负责从原材料采购到产品销售的所有物流活动的管理，合理的组织结构和高效的组织运作显得尤为重要

企业应适时地从以上六个方面对物流服务组织设计进行全面审查，以便发现问题并及时调整，确保企业物流活动的有效开展和企业战略目标的最终实现。

关键点提示

可以从下面六个方面评价物流服务组织设计的合理性：

1. 组织设计目标是否与企业目标相一致
2. 分工是否协调
3. 是否将集权与分权有效结合
4. 是否具有稳定性与适应性
5. 能否实现组织结构的扁平化
6. 是否与经营模式和物流规模相适应

7.15 协调物流服务组织与其他部门的关系

典型问题及案例

如何沟通？

深圳某贸易公司，因为物流部门与其他部门的协调出现重大失误，导致巨额损失，痛定思痛，公司围绕“沟通”做深入研究，进行包括跨部门沟通恳谈会在内的诸多活动，寻找问题，解决问题。

通过以下六大措施实现部门间的有效沟通。

1. 沟通，从心开始。强调换位思考、相互尊重、以诚相待。换位思考是沟通技巧，相互尊重是沟通前提，以诚相待是基本要求。

2. 沟通，部门领导带好头。部门领导很大程度上直接影响部门间的有效沟通。部门领导之间，除了应建立正常的工作关系之外，还应建立较好的私人关系。要带头交流，引导、鼓励部门成员与其他部门成员的交流，建立融洽的部门关系。

3. 沟通，在活动中加深了解，增进交流。这是实现有效沟通的重要方法，也是常见的方法。公司内部、部门之间经常开展一些可以增进了解的活动，如各种比赛、娱乐、文化活动等，让部门成员之间多接触，拉近彼此的距离，从而为部门间的有效沟通奠定坚实的基础。

4. 沟通，应充分利用现代科技。充分利用现代科技手段，让彼此联系地更加紧密。比如，通过网络论坛分享彼此的经验或教训；通过各种软件平台建立内部资源共享圈子，利用电子邮件、QQ 等通信工具增加交流机会等。

5. 沟通，应形成一个机制。机制在日常工作中具有重要作用，它可以让人们有规律地去做同一类事情，并具有连续性。在公司内部建立有效的沟通机制，极大地加强部门间的交流。机制明确跨部门间的沟通内容、沟通方式、沟通步骤和沟通双方的权利和责任。

6. 沟通，要让沟通形成一种文化，一种信念，一种常态。共同价值观的形成，为全体员工提供了一个统一的价值判断标准，使员工在不同的问题上具有一致的看法，从而增加相互间交流的内容和范围，促进组织内部信息的传递，大大减少部门本位主义对跨部门间沟通所产生的负面影响。

解读与阐述

企业中，各职能部门对物流服务的要求各不相同，这是由各部门的基本目标决定的。

营销部门的首要职责是使客户获得最大的满足，产品缺货自然是不能容忍的，方便、快捷的配送服务也是必需的；生产部门希望能够将客户订单集中起来，以降低成本，获得生产的规模效益；财务部门的目标是以最小的投入，获得最大的回报。在这种情况下，企业的物流服务组织要寻求整个物流系统的最优，势必会同其他职能部门发生冲突。因此，解决冲突、协调关系是物流服务组织管理一项必需的工作。

1. 信息交流

借助完善的信息系统，实现企业职能部门之间充分的信息交流是解决上述矛盾的途径之一。当一个部门可以及时了解其他相关决策对企业整体的利润水平或是对该部门可能造成的影响时，一种自发的部门间的合作就有可能形成。这种自发的调节行为可以降低各部门单独决策所带来的不确定性，有助于企业的物流管理向整体最优的目标迈进。

2. 广泛参与

企业的各职能部门在进行与物流活动相关的重大决策时，应当充分考虑其他部门的意见。比如：物流部门在进行企业的物流网络规划时，应了解产品的需求预测情况；营销部门在进行产品的定价决策时，必须考虑运输成本对产品价格的影响；生产部门与物流部门必须就产品保护性包装问题达成一致，等等。为此，企业可以采取召开会议或组建调解小组的办法，实现重大问题决策的广泛参与。

3. 利润共享

实行公平的利润再分配可能是解决企业中物流服务部门与其他各职能部门之间矛盾的最有效方法。这里的利润多数情况下是对物流活动进行整体优化后节约的物流成本。当确定的利润分配方案能够使各部门满意时，大家会发现有效的合作可以带来额外的收益，以利润作为驱动力的合作就可以继续下去。

总之，企业的物流服务部门应当协调好与其他各职能部门的关系，与其通力合作，实现物流活动的整体优化。

关键点提示

协调物流服务组织与企业其他各部门的关系应当：

1. 实现充分的信息交流

2. 听取各部门意见

3. 实行公平的利润再分配政策

7.16 物流服务合同管理

典型问题及案例

一份引起连环索赔的合同

2015年5月18日甲公司销售部与乙房地产公司签订某品牌防火门52樘订货合同，约定规格为2.2米×1.5米，甲公司销售部承办人为郑某。2015年6月20日，郑某以甲公司销售部名义在丙公司订购该品牌防火门52樘，并约定了规格尺寸。

2015年6月22日，丙公司与丁物流公司签订运输合同约定：丙公司委托丁公司承运该品牌防火门52樘及配件到梧州，货号为87435号；收货人为郑某，采用保价运输方式；保价金额40000元（52樘门总计价款39988元）；发生赔偿时，按每件货物的保价金额和内装的实际数量平均计算金额予以赔偿等内容。合同签订后，丁公司于当日装货起运，2015年6月27日运达梧州向收货人郑某交货。郑某验收时发现因丁公司装载方式不合理，致使所运防火门多数受损，郑某拒收。后经协商，2015年6月29日，经郑某挑选，将可使用的18樘门予以签收，其余34樘门因受损不能使用而拒收。造成34樘门价值26146元的损失。34樘门尚存放丁公司处未作处理。

2015年7月2日、7月11日，乙公司书面通知甲公司销售部，先后限甲公司销售部于2015年7月10日、7月26日将其他34樘该品牌防火门安装完毕，并在货款中扣抵双倍订金25260元的违约金。2015年7月12日，甲公司销售部通知丙公司，要求将剩余34樘该品牌防火门于2015年7月22日前运抵梧州，并要求丙公司承担25260元经济损失。丙公司遂诉至法院，要求丁物流运输公司承担：赔偿34樘门损失26146元；赔偿丙公司应承担收货人甲公司损失25260元（诉讼中原告撤回该请求）；诉讼费。

解读与阐述

合同管理是物流服务管理的一项重要内容。良好的合同管理可以充分发挥合同在企业物流服务管理中的作用，有效避免合同双方可能发生的纠纷，使双方从合作中受益，同时有助于增强企业抵御市场风险的能力。企业的物流服务合同管理规范如表7－7所示。

表 7－7　物流服务合同管理规范

条目	内容
合同管理制度的建立	要做到物流服务合同管理的规范化、法律化，应当建立完善的合同管理制度，使管理工作有章可循。合同管理制度的主要内容应包括：合同资信调查、签订、审批、审查、备案，法人授权委托办理，合同范本管理，合同资料管理、合同专用章管理，合同定期统计与考核检查，合同管理奖惩与挂钩考核等
合同的起草	合同的起草是物流服务合同管理的首要环节，它直接关系合同管理的成败。由于合同的具体内容涉及相当多的法律问题，因此，在起草合同的过程中应当有企业法律顾问组织的直接参与 物流服务合同是一种双向的有偿合同，应当以《中华人民共和国合同法》以及其他相关法律为依据起草合同，按照平等、互利的原则，对合同双方的权利与义务、费用结算方式和时间以及保险、违约索赔、合同有效期等具体条款做出明确规定。同时，尤其注意合同的结构和措辞，使其既有相当的严谨性，又有适度的灵活性 为避免物流合同标的约定不明确，合同条款不完善，责权利表述不清晰，意思表达含糊等问题，建议企业尽量使用格式物流服务合同 格式合同一般是在总结大量实践经验的基础上起草的，对双方的权利义务约定比较平衡和均匀
合同的签订	合同的签订是在法律上处于平等地位的物流服务提供商同用户之间的民事法律行为，是双方协商的过程 在签订合同之前，企业应当对拟定的物流服务提供商进行认真调查，调查的内容包括： (1) 对方企业的证照是否齐全、有效； (2) 是否具有良好的信用； (3) 是否有与经营范围相适应的必要设施和设备； (4) 是否有与企业需求项目相关的经验； (5) 是否具有健全的企业管理制度； (6) 价格情况等
合同的履行和监督	企业的物流管理部门应当采取有效措施，对物流服务提供商的合同履行情况进行有效监督和控制。以便及时向各部门反馈情况，排除阻碍，防止违约的发生。合同结算是合同履行的主要环节和内容，物流管理部门应当同财务部门密切配合，把好合同的结算关。这既是对合同签订的审查，也是对合同履行的监督

物流服务合同在企业的经济活动中至关重要，企业应当运用科学的、合法的手段进行有效的合同管理，避免可能出现的纠纷，为企业营造良好的发展环境。

关键点提示

企业的物流服务合同管理应当包括：

1. 合同管理制度的建立
2. 合同的起草
3. 合同的签订
4. 合同的履行和监督

7.17 构建物流服务质量管理体系

典型问题及案例

德尔菲公司的物流改造

美国阿拉斯加的德尔菲公司，生产深海鱼油和各种保健品。虽然它在产品设计和开发方面始终保持优势，但德尔菲公司由于其复杂、昂贵和无效率的物流系统而导致利润下降。德尔菲公司发现，对过多的承运人和过多的系统正失去全面管理控制。为了重新获得控制，德尔菲公司不得不重新组织其物流作业。德尔菲公司新的物流结构的实施是以其将全部物流作业转移到联邦速递的一家分支机构——商业物流公司为开端的。商业物流公司的任务是重新构造、改善和管理在德尔菲公司供应链上的货物和信息流动的每一个环节。

在重新组织之前，德尔菲公司有6个大型仓库，8家最重要的承运人和12个相互独立的管理系统。问题在于顾客需要漫长的等待、巨大的存货，以及太多的缺货。如果一位顾客向德国一家仓库寻求一种销售很快的商品，他会被告知该商品已经脱销，新的供应品要等几个月才能运到。与此同时，该商品却在威尔士的一家仓库中积压着。按平均水平计算，所有生产线中16%的产品在零售店脱销。

德尔菲公司认识到需要重新分析现有设施的地点位置。建议是，除一家外，关闭所有在美国的仓库，从仅为当地顾客服务转变为向全球顾客服务。单一的地点位于靠近美国的制造工厂，将成为一个世界性“处理中心”，充当德尔菲公司产品的物流交换所。虽然这种单一的中心有可能要花费较高的运输成本，但是德尔菲公司认为，这种代价将会由增加的效率来补偿。过去，意想不到的需求问题导致更高的存货，以弥补不确定性和维持顾客服务。

公司知道，单一的服务地点与若干小型的服务地点相比，会有更多可以预料的流动，现在随机的需求会在整个市场领域内普遍分享，使某个领域的水平提高就会降低另一个领域的需求水平。

运输成本通过存货的周转率得到弥补。事实上，德尔菲公司发现，由于减少了交叉装运的总量，单一中心系统实际降低了运输成本。从美国仓库立即装运到零售店，虽然从订货到送达的前置时间大致相同，但是产品只需一次装运，而不是在许多不同地点进行装卸和搬运。

德尔菲公司的认识已超出了降低成本的范围。该公司正在瞄准机会增加服务和灵活性，计划在24～48小时，向世界上位于任何地点的商店进行再供货。先进的系统和通信将被用于监督和控制世界范围的存货。联邦速递的全球化承运人网络将确保货物及时抵达目的地。德尔菲公司还计划发动一项邮购业务，其特色是48小时内将货物递送到世界上任何地点的最终顾客的家门口。德尔菲当前的1000万美元的邮购业务已经变得越来越强大，但目前，该公司还必须限制其发展，因为它难以跟随不断扩大的订货。新的优越的地点网络将会使这种发展成为可能并有利可图。

解读与阐述

物流服务的质量管理有两大基本职能，分别是质量保证和质量控制。质量保证以维护客户的利益，让客户满意为目标，这是物流服务质量管理的根本目标；而质量控制是以保证物流服务的全过程达到既定的质量标准为目标，是质量保证的基础。只有以健全的质量管理体系为依托，采用科学的管理方法，才能够实现物流服务质量管理的这两大基本职能。

按照全面质量管理的思想，物流服务质量管理体系应当具备以下要素：

1. 质量管理体系结构

质量管理体系结构是进行物流服务质量管理的基本框架。在这个框架中应当明确质量管理的层级关系，各部门的目标、职责和权限等；通过组织结构的形式将管理过程中的各个环节、各种资源协调起来，使其相互配合、相互协调，成为一个完整的质量管理体系。

2. 质量政策

质量政策是企业进行物流服务管理的根本依据，应为物流服务质量管理提供明确的宗旨和方向。质量政策应当明确企业物流服务水平、质量管理的方针和目标、质量保证措施、人力资源政策以及激励制度等内容；同时应采取有效的措施，保证其被企业的全体员工所理解。

全面质量管理的目标表述起来很简单，就是要让客户满意。但是客户满意的程度很难度量，质量管理者必须根据客户的需求，结合企业内、外部环境，制定出一系列可识别的物流服务质量管理目标；同时应当将企业的质量管理目标层层细化，直到形成具体操作过程的质量管理规范。

3. 程序文件

物流服务质量管理的每一个环节都应形成程序文件，程序文件既是对物流服务和质量管理过程的描述，又是进行质量保证和质量控制的依据。通过严格执行程序文件，使服务质量始终在受控状态，降低各环节出现质量问题的可能性。程序文件没有固定的格式，应根据企业的管理模式、企业开展物流活动的具体特征以及质量管理体系的结构形式制定。

4. 控制系统

由于环境的不确定性，计划的执行情况与期望目标总会有差异。控制的过程就是要使二者保持一致，确保所期望目标实现的过程。物流服务质量控制系统的基本运行过程如图 7 -6 所示。

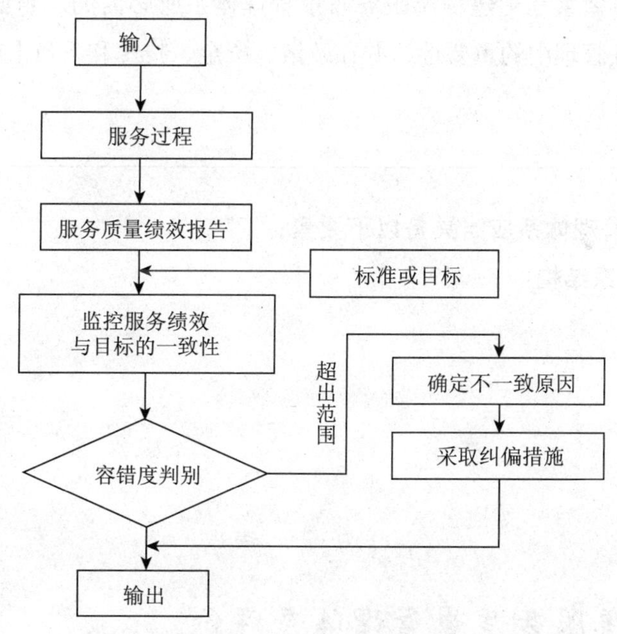

图 7 -6　物流服务质量控制系统运行过程

设计的服务质量及其标准要通过测评和监控输出，确保实施情况和标准相吻合；当测评结果超出允许范围时，应分析原因并采取纠偏措施。

5. 资源要素

构成物流服务质量管理体系的资源要素包括信息资源、人力资源和物质资源三部分。

（1）信息资源。以高质量服务著称的组织通常特别善于把握客户的想法。物流服务质量管理应当有效地利用来自客户、员工以及社会公众的质量反馈信息，并对它们进行必要的分析，使其成为质量控制和改进的依据。

（2）人力资源。能否实施有效的质量管理，人的因素是决定性的。要充分发挥人力资源要素的作用，特别注意以下几个方面：

a. 必须发挥企业最高管理层管理者的领导力，通过他们的决策和实际行动来体现对质量管理的决心。

b. 员工的工作岗位，尤其是那些需要直接与客户接触的岗位应当符合他们的个性。

c. 不断对所有员工进行质量培训。

d. 要给员工充分的授权，鼓励他们参与质量管理并解决质量问题。

（3）物质资源。进行物流服务质量管理离不开服务工具、通信设备、信息系统以及其他基础设施和设备的支持。

上述五个方面的要素是构建物流服务质量管理体系所必需的。企业应当充分认识到质量管理在物流服务管理中的重要性，并在政策、资金、技术和人员上给予大力支持。

关键点提示

物流服务质量管理体系应当具备以下要素：

1. 质量管理体系结构
2. 质量政策
3. 程序文件
4. 控制系统
5. 资源要素

7.18 物流服务质量管理体系评价

典型问题及案例

麦当劳的物流质量要求

在麦当劳的物流服务中，质量永远是权重最大、被考虑最多的因素。麦当劳重视品质的精神，在每一家餐厅开业之前便可见一斑。餐厅选址完成之后，首要工作是在当地建立生产、供应、运输等网络系统，以确保高品质的原料供应。无论何种产品，只要进入麦当劳的采购和物流链，必须经过严格的质量检查。麦当劳对土豆、面包和鸡块都有特殊的要求。比如，在面包生产过程中，麦当劳要求供应商在每个环节加强管理。装面粉的桶必须有盖子，而且要有颜色，不能是白色的，以免意外破损时碎屑混入面粉而不易分辨。各工序间运输一律使用不锈钢筐，以防杂物碎片进入食品中。

谈到麦当劳的物流，不能不提及夏晖公司，几乎是麦当劳“御用3PL”（该公司客户还有必胜客、星巴克等）物流公司。麦当劳没有把物流业务分包给不同的供应商，夏晖也从未“移情别恋”。这种独特的合作关系，不仅建立在忠诚的基础上，还在于夏晖为其提供了优质的服务。而麦当劳对物流服务的要求是比较严格的。在食品供应中，除了基本的食品运输之外，麦当劳要求物流服务商提供其他服务，如信息处理、存货控制、贴标签、生产和质量控制等，这些“额外”的服务虽然成本比较高，但使麦当劳在竞争中获得了优势。“如果你提供的物流服务仅仅是运输，运价一吨4角，而我的价格是一吨5角，但我提供的物流服务当中包括了信息处理、贴标签等工作，麦当劳也会选择我做物流供应商的。”为麦当劳服务的一位物流经理说。

另外，麦当劳要求夏晖提供一条龙式物流服务，包括生产和质量控制在内。在夏晖设在台湾的面包厂中，全部采用了统一的自动化生产线；制造区与熟食区加以区隔，厂区装设空调与天花板，以隔离落尘，易于清洁，应用严格的食品与作业安全标准。所有设备由美国SASIB专业设计，生产能力每小时24000个面包。在专门设立的加工中心，物流服务商为麦当劳提供所需的切丝、切片生菜及混合蔬菜，拥有生产区域全程温度自动控制、连续式杀菌及水温自动控制功能的生产线，生产能力每小时1500公斤。此外，夏晖还负责为麦当劳上游的蔬果供应商提供咨询服务。麦当劳利用夏晖设立的物流中心，为其各个餐厅完成订货、储存、运输及分发等一系列工作，使得整个麦当劳系统得以正常运作。通过它的协调与连接，使每一个供应商与每一家餐厅达到畅通与和谐，为麦当劳餐厅的食品供应提供了最佳保证。目前，夏晖在北京、上海、广州都设立了食品分发中心，同时在沈阳、武汉、成都、厦门建立了卫星分发中心和配送站，与设在香港和台湾的分发中心一起，斥巨资建立起全国性服务网络。例如，为了满足麦当劳冷链物流的要求，夏晖公司在北京地区投资5500多万元，建立了一个占地面积达12000平方米、拥有世界领先的多温度食品分发物流中心。该物流中心配有先进的装卸、储存、冷藏设施，5~20吨多种温度控制运输车40余辆，中心还配有电脑调控设施用以控制所规定的温度，检查每一批进货的温度。

“物流中的浪费很多，不论是人的浪费、时间的浪费还是产品的浪费都很多。而我们是靠信息系统的管理来创造价值。”夏晖食品公司大中华区总裁白雪李很自豪地表示。夏晖的平均库存远远低于竞争对手，麦当劳物流产品的损耗率仅有万分之一。

解读与阐述

按照全面质量管理（TQM）的思想构建出的物流服务质量管理体系是进行物流服务质量管理的基本保证。在实际运行过程中，应当充分发挥系统各组成要素的作用，随时对系统运行状况做出评价，以保证质量管理的全面实施。

1. 始终坚持让客户满意的目标

让客户满意，不仅是全面质量管理的目标，还是物流服务质量管理的指导思想。这就要求企业不仅要提供满足客户现有需要的物流服务，而且要不断开发新的服务项目，以适应客户的需求变化；不仅要在物流服务设计和过程中为客户着想，而且要为客户提供良好的售后服务。

企业应当将客户视为最宝贵的财富，为客户提供参与企业质量管理的机会，充分重视客户的意见和建议。同时要在企业内部提倡下道工序就是客户，本工序的质量问题一定要在本工序发现和解决，为保证下道工序的质量创造条件。

2. 实现全过程的质量管理

企业所构建的物流服务质量管理体系应能够实现全过程的质量管理。以配送服务为例，全面的质量管理不仅包括从接受订单开始到将货物送交客户进行费用结算的过程中，对订单处理、拣选、配货、包装、流通加工、装车、配送等工序的质量管理，还包括对客户调查、方案设计、制定标准、信息反馈等辅助过程的质量进行管理。

3. 有全面的质量观念

全面的质量观念不仅要求重视物流服务提供过程中的质量保证和控制，还应当重视与其相关的所有工作的质量；要求各部门在为实现个别的或局部的目标进行质量管理的同时，还要有从企业整体利益出发实施控制全局的观念；要求对已经发现的服务质量问题进行妥善处理的同时，还要有分析原因、揭示规律，发现或预防潜在问题的能力和观念。

4. 重视全员参与

企业的物流服务活动涉及各个部门，由各项工作组成的整体。因此，从企业的负责人到与物流活动相关的具体操作人员、后勤人员都直接或间接影响着物流服务质量。开展质量管理工作应在提高员工的基本素质和科技水平的基础上，强化其质量意识和责任感，形成全员参与的质量管理体系。

5. 以数据作为质量管理的基础

对物流服务进行全面的质量管理是建立在数据统计的基础上的，应当尽量避免在分析和解决质量问题时凭直观、凭经验的做法。虽然服务本身的特点决定了有一些质量指标是很难或是无法量化的，但是仍然应当尽可能设定必要的标准和绩效指标，通过从物流服务过程中收集到的数据进行质量管理。

6. 有科学的工作程序

按照全面质量管理的思想构建的物流服务质量管理体系应具有科学的工作程序，即 PDCA 循环。PDCA 四个字母分别代表计划（Plan）、实施（Do）、检查（Check）和处理（Action），四个环节不断循环转动，每经历一个循环解决一个主要问题，服务质量就提高一步。图 7－7 示意了 PDCA 循环的工作内容及步骤。

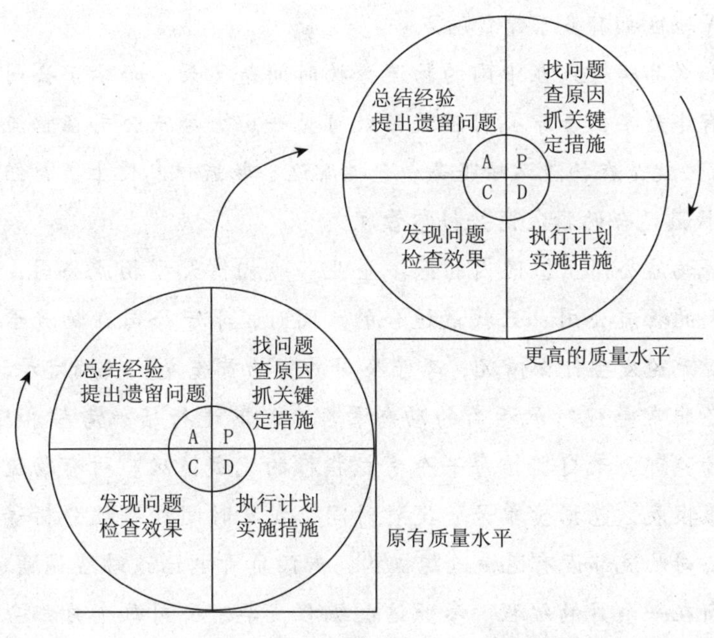

图 7－7　PDCA 循环工作内容及步骤

开展物流服务的质量管理工作，应当随时从上述六个方面对质量管理体系进行评价，发现不足并逐步改善，保证企业的物流服务质量管理体系正常运行。

关键点提示

可以从以下几个方面评价物流服务质量管理体系：
1. 始终坚持让客户满意的目标
2. 实现全过程的质量管理
3. 有全面的质量观念
4. 重视全员参与
5. 以数据作为质量管理的基础
6. 有科学的工作程序

7.19 物流服务质量管理

典型问题及案例

李宁公司物流上“独家秘籍”

李宁公司经过20年探索，已逐步成为代表中国的、国际领先的运动品牌公司。目前，李宁公司的销售网络遍布国内1800多个城市，在东南亚、中亚、欧洲等地区拥有多家销售网点。

国际知名品牌耐克在中国的物流分拨时间是7天，而李宁公司的物流分拨时间只有4天半，李宁公司物流绩效可见一斑。李宁公司在物流策略上的“独家秘籍”就是在物流运输服务、仓储配送、物流信息化上善打组合拳。

1. 寻找最适合的物流商并科学管理

在选择物流公司上，国内的很多企业一般相信大型物流公司，而李宁公司不找最大的物流公司，只找最适合的。同时，李宁公司在物流承运合同中附加一条：无论发生什么情况，李宁公司的货物首先发。在确定承运商之后，李宁公司还非常重视对承运商的动态管理，对其进行绩效考核和追踪控制。李宁公司物流部会亲自监控每一个考核指标的完成情况。所有物流承运商必须每天上报报表，包括货单号、提货时间、发货时间和事故分析等。与此同时，李宁公司物流部设有运输追踪机构，专门负责电话追踪经销商、专卖店，形成承运商在一个月的编程。参照这些编程，李宁公司每个月都会给承运商打分，将数据报表向承运商公布，要求其对不足限期整改。凭借这种严格的动态管理制度，承运商的服务水平不断提高。

2. 整合储运统一分拨

李宁公司在全国共有两个一级配送中心：一个位于北京五里店，负责长江以北地区的产品配送；另一个在广东三水，负责长江以南地区的产品配送。全国共有13个分公司，各自下辖的仓库是二三级配送中心。为了集中网络优势，李宁公司一方面将全国13个分公司的物流储运部整合起来，设物流中心进行统一管理，另一方面推行按销售地入仓的做法。这种新做法实现了三个目标：一是在广东生产的产品，一部分发北京，一部分发到三水，分拨距离短、速度快。二是减少了运送环节，不仅降低了成本，而且在接到订单后，货物在36小时内可到达所有的门店，对当地的销售反应非常及时。三是整车运输的成本低于零散运输，按销售地点入仓所耗费的运力等同于做批发的车辆运力。由于大部分里程都是长途干线运输，因此整车价格比小批量送送门店的成本要低得多。

3. 依靠科技提升仓储水平

和其他生产企业一样，李宁公司也曾面临如下现实问题：减少库存可以在很大程度上减少成本，然而减少库存要在保证安全库存量的前提下进行，即配送中心必须有一定的储存量。因此，李宁公司决定在没有原料库、成品库条件下，在可控范围内压缩库存时间。经过一段时间试行，李宁公司发现其货物拣配时间比不上第三方物流公司。于是决定拣配货物时，首先分清产品大类，再根据不同的款式、色码上架。另外，李宁公司投资改造了仓库，而且非常注重细节。

解读与阐述

进行有效的质量管理必须借助科学的工具。

1. 控制图

控制图用图形来形象地反映质量随时间的变化情况，对多个连续时间阶段的质量变化情况做比较。由于这种方法非常直观，很容易确定质量变化的趋势，可以判断其是否处于稳定状态。

运用控制图首先应通过数据收集，计算出控制图的中心线和允许波动的范围，确定控制图的上下控制界限，再将考察期间的实际绩效情况标示在图中相应的地方，进行分析。图7-8以运送时间的变化率为例，给出了控制图的基本形式。

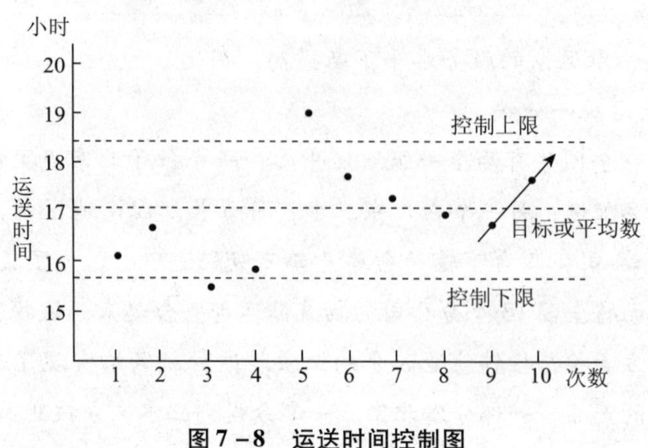

图7－8　运送时间控制图

2. 流程图

流程图可以用来直观地描述物流服务的各个环节，以及每个环节的具体工作步骤。一旦质量管理人员了解了服务传递基本过程，就可以很容易地确定出可能引发质量问题的关键点，这些关键点代表了整个服务链条的薄弱环节。知道哪些环节可能出错是预防服务质量问题发生的第一步。

绘制流程图应当使用一些标准符号来代表某些特定类型的活动，比如菱形框代表决策，矩形框代表具体活动等。但最为重要的是，流程图必须能够清楚地描述服务过程的顺序。

3. 排列图

排列图也称为帕累托图，它是确定影响服务质量主要因素的一种有效方法。这种方法是以80/20原则为基础的，也就是说，在影响服务质量的诸多因素中，各因素的影响程度是不同的，关键的少数因素对服务质量会产生重大影响。

在排列图中，横坐标表示影响服务质量的诸因素，按照其影响程度的大小从左向右排列；纵坐标为用一定单位表示的影响程度，以每个因素影响的大小为高度，画出直方形。

根据图形反映的情况，找出少数几个（一般为一二项）关键因素，制定解决措施。在关键因素得到解决后，应结合改进后的情况，对剩余的因素重新进行排列图分析，如此循序渐进、层层深入，使服务质量不断得到改进和提高。

4. 鱼刺图

鱼刺图是由日本质量专家石川馨首创的一种技术，也称为因果分析图。鱼刺图是一种寻找质量问题产生根源的有效工具，它有助于说明各个影响因素之间的关系和相互作用。使用这一工具应当由管理者或质量管理小组发动群众集思广益，采用头脑风暴法找出所有可能导致某一特定问题出现的原因；然后将这些原因归结为设备、人员、程序、技术以及其他五个方面，对每一个方面进行主要原因和次要原因的分析，层层深入、刨根问底。找出问题根源后，有针对性地采取措施，直到问题得到解决为止。

图 7－9 以配送时间超过承诺时间这一物流服务的质量问题为例，采用鱼刺图简单进行原因分析。

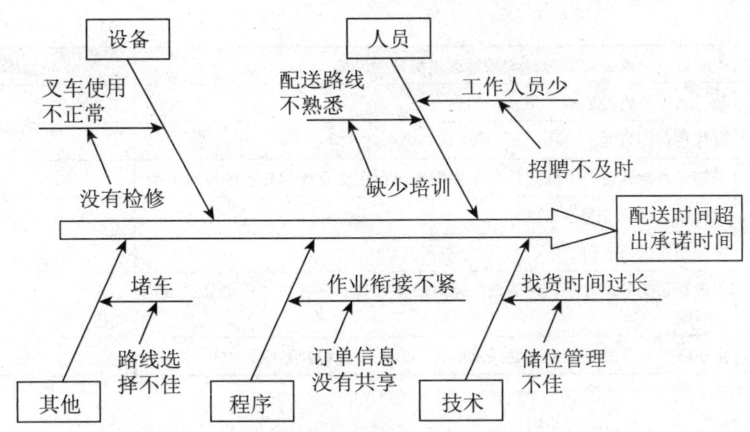

图 7－9　配送时间超出承诺时间问题的鱼刺图

对物流服务质量管理者来说，上面介绍的几种科学方法是必备的。但仅仅掌握方法还远远不够，管理者应当树立牢固的质量观念；根据具体情况有选择地将这些科学方法运用到质量管理工作当中，使它们成为管理工作的得力助手。

关键点提示

进行物流服务质量管理可以采用的科学方法有：

1. 控制图

2. 流程图

3. 排列图

4. 鱼刺图

7.20 物流服务质量改进

典型问题及案例

德明检查法

美国著名质量专家德明（Deming）提出了七条影响质量改进的致命缺陷。请你按照下表对企业进行物流服务质量改进情况进行检查。

编号	影响质量改进的致命缺陷	检查结果
1	缺乏长期坚持的目标	
2	只注重短期效益	
3	不知道性能评价、时间定额和年度报告间存在交互作用与系统性的关系	
4	管理缺乏连续性和一致性	
5	只按图表运行公司	
6	不进行预防质量控制，对质量问题采取补救方式，花费了不必要的成本和时间	
7	由于临时抢救质量问题导致成本膨胀，降低了公司的竞争力	

解读与阐述

物流服务质量管理的一项重要内容就是对服务质量进行持续的改进，不断追求更高品质的服务，提高客户的满意度，增强企业的市场竞争力。

1. 营造持续改进服务质量的良好环境

实现服务质量持续改进的首要前提是在企业内部营造良好的环境。要让员工通过学习和培训明确物流服务质量改进的目的和目标，要让其理解现代质量与质量管理的真正内涵，使其知道服务质量是可以测量和评价的，是可以通过不断学习、改进和创新而达到让客户满意标准的。同时，企业还应建立良好的企业文化，对员工的需求给予充分的重视。领导要关心员工，与员工进行沟通，形成相互尊重、相互合作、融洽的工作氛围，使追求更高品质的服务质量成为所有员工的“共同愿景”。

2. 设定服务质量标杆

竞争是促进企业不断提高服务质量的最有效动力，任何企业都不能忽略竞争对手的影响。企业要把行业中最有竞争力的佼佼者作为明确服务质量、改进战略、制定改进措施的重要依据，分析它们在战略、经营管理、业务运作以及技术等方面的优势，结合企业的实际情况设定质量改进的标杆，通过比较和学习提高自身的质量管理水平。

3. 改善服务流程

业务流程是物流服务提供过程中各环节顺序和相互关系的真实写照，它涵盖了影响服务质量的绝大部分因素。改进服务质量应当实施有效的流程管理，不断对业务流程进行审查，对其进行反复、系统的改善。

（1）流程管理的主要内容。

a. 建立流程负责制。完整的物流服务是由众多流程构成，质量管理者应当指派那些对流程的具体操作负有责任并有权改变流程状况的个人或群体对每一个流程负责。

b. 定义流程。每一个流程都应当有明确的起点和终点，并且有确定的工作完成方式。

c. 设定控制点。控制点是对流程的阶段性确认或决策活动。它们是管理流程的手段，也是评估点。

d. 评价和信息反馈。

（2）流程再造。当局部的服务流程改善已经无法适应消费者的需求时，就需要运用业务流程再造（BPR）的思想对物流服务流程进行重新设计。

实施 BPR 是一项战略性系统工程，需要制订周详的计划，运用运筹学、管理科学、信息技术等手段，按照科学的步骤进行。

4. 改进服务方法

要实现让客户满意的目标，不但要对物流服务的开发、设计、作业等全过程进行质量控制和改进，还应寻找好的服务方法。要通过倾听客户、员工、竞争对手以及社会公众的声音，了解客户喜欢或习惯的服务方式或方法，并努力使其成为现实。

总之，物流服务的质量改进是一个循序渐进、没有终点的过程。

关键点提示

持续地进行物流服务质量的改进应当：

1. 营造持续改进服务质量的良好环境

2. 设定服务质量标杆

3. 改善服务流程

4. 改进服务方法

7.21 物流服务绩效评价体系设计

典型问题及案例

大连中远的绩效考核办法（节选）

为提高大连中远物流有限公司（以下简称公司）的经营管理水平，实施公司的发展战略和规划，客观、准确地评价公司员工的工作绩效，使企业对员工的使用、奖惩、异动、教育培训及员工职业生涯规划有所依据，并为企业制定相关政策提供信息，促进公司各项工作的开展，确保公司总体目标的实现，制定本办法。

第四章　绩效考核

4.1　考核内容

第二十二条　绩效考核指标主要包括以下三方面：

（一）工作业绩考核指标：指各岗位员工通过努力所取得的工作成绩以及工作职责的履行情况。业务部门的工作业绩考核实行月度、半年和年度考核，职能部门的工作业绩考核实行季度、半年和年度考核。

（二）工作能力考核指标：指各岗位员工完成本职工作应该具备的各项知识和技能。工作能力考核实行年度考核。

（三）工作态度考核指标：指各岗位员工对所从事工作的认知程度以及为了完成工作愿意付出的努力程度。

4.2　工作能力考核实行年度考核

第二十三条　工作业绩考核。

（一）业绩考评是对员工当期履行职务职责或对工作结果的考评，它是对组织成员工作贡献程度的衡量和评价，直接体现出员工在企业中的价值大小，是绩效考评的核心内容，业绩考评即 KPI（Key Performance Index，即关键业绩考评）。

（二）KPI 确定方法

确定 KPI 应以岗位职务说明书为基础，详细了解该岗位工作内容并找出主要工作。

解读与阐述

准确、全面、及时的绩效评价是进行物流服务质量管理的基础。它能够有效地监督、控制和掌握企业物流服务的全过程，判断物流服务目标的可行性和完成情况，分析企业物流服务资源的利用情况和发展潜力，并为企业实施适当的激励机制提供必要依据。物流服务绩效评价体系应当具备以下基本要素，见表7－8。

表7－8　物流服务绩效评价

条目	内容
评价制度	企业应建立科学的物流服务绩效评价制度，明确开展绩效评价工作的指导原则和目的，从根本上保证这项管理工作能够多层次、多渠道、全方位、连续地进行，保证评价结果的客观性和有效性。绩效评价制度应明确管理人员在绩效评价工作当中的责权范围，并有相应的奖惩措施
评价主体	物流服务绩效评价的主体包括：企业内部人员、客户、社会公众以及政府部门。企业内部人员可以实现对整个物流服务过程的绩效评价，是绩效评价工作的直接参与者；客户对企业物流服务绩效的判断是最真实的，更有利于发现服务过程的薄弱环节；社会公众的作用主要体现在对企业信用的评价上，在一定程度上反映企业的绩效水平。 对物流企业来说，政府部门也是一个重要的绩效评价主体。通过政府部门对全行业企业的评价，可以更好地与其他企业的绩效水平进行比较，掌握企业在行业中的地位
评价指标	评价指标是对物流服务活动中关键控制因素的反映。绩效评价应当建立完善的立体评价指标体系，应能够从不同层次、不同侧面反映物流服务绩效的总体水平。企业设计的每一个评价指标都应当有明确的目的，具有可操作性，并且是可以被理解和接受的。评价指标应尽可能量化，对那些无法计量的关键控制因素，可以采用定性描述的方法设立指标。
评价标准	进行物流服务绩效评价有四个常用的评价标准： （1）历史标准。历史标准是将某个指标当前的绩效水平同企业的历史同期或历史最好水平进行纵向比较，从而掌握其发展轨迹和发展趋势。通过分析，找出绩效水平变化的原因，为进一步控制和改进奠定基础 （2）计划标准。通过将企业所达到的绩效水平同计划目标进行比较，可以反映出计划目标的完成情况，为激励制度的实施提供依据。必要时，还可以根据绩效的实际水平对计划目标做出修订 （3）竞争对手标准。将竞争对手的绩效水平作为绩效指标的评价标准，可以发现企业的优势和劣势，了解企业所处的市场地位，为企业制定战略目标和发展规划提供依据 （4）客户标准。客户是物流服务最终结果的承受者，他们对企业物流服务的满意程度和评价可以用来衡量物流服务的绩效水平，同时也是企业改进和提高物流服务水平的重要依据
评价方法	设计绩效评价体系，应对各指标的具体评价方法做出说明，应当通过运用科学的评价方法，确保评价结果能够真实反映企业的物流服务绩效。在绩效评价中常用的方法有：统计法、排列法、要素比较法、价值分析法等，各种方法都有其适用范围和优缺点，企业应根据指标的不同特点选用合适的评价方法
绩效分析	绩效评价的结果必须通过认真、细致、全面的分析，找到各控制因素之间的内在联系，从而对企业物流服务的现状和发展趋势做出分析和判断。分析的结果应形成结论性报告，为管理者进行决策提供依据

上述六个基本要素构成了绩效评价体系的框架，它是开展物流服务绩效管理工作的基础。在实际运用中，应当通过学习和借鉴优秀企业的先进经验，运用科学方法，不断充实和完善这一体系，使绩效管理工作能够高效地进行。

关键点提示

物流服务绩效评价体系的基本要素有：

1. 评价制度

2. 评价主体

3. 评价指标

4. 评价标准

5. 评价方法

6. 绩效分析

7.22 物流客户服务绩效评价

典型问题及案例

物流公司服务绩效评价指标示例

1. 库存服务水平要求

库存服务水平指当各个门店订货时第三方物流公司所拥有的能够满足门店需求的库存能力。要考察物流公司的库存政策，对物流公司提出能够满足门店销售的服务要求，可以通过设定缺货率来实现。缺货率指在一定时间内，根据第三方物流公司的库存安排，门店订货后由于物流公司缺货造成需求不能满足订货需求的比例。

根据门店数计算：缺货率＝缺货的门店数÷门店总数×100%

根据商品计算：缺货率＝缺货数量÷商品需要总量×100%

根据商品价格计算：缺货率＝缺货商品金额÷需要商品总金额×100%

2. 订货截止时间

一般在合同中规定基本的订单截止时间，在此基础上可以一定范围的延缓，一旦超出规定的时间就按照紧急订单处理，费用与正常订单不同。

3. 交货时间

交货时间指从供应商（或者配送中心）公司的门店订货开始到物流公司

将所需商品运送到达（目标）门店的时间。与配送经营企业谈判时，尽量缩短交货时间，以减少供应商的库存水平，提高商品周转率，提升门店的服务水平，实现差异化经营。

4. 订货单位

配送经营企业为了降低成本必然会提出最小订货单位的要求，可以要求配送经营企业能够放宽订货的限制。

5. 送货频率

按照客户的实际需要确定合适的送货频率。首先，根据商品的特点确定配送频率。对于那些销量稳定、保鲜要求高的商品，实施一日多配。而对那些销量不大的干货可实行一日一配或2~3日一配等。其次，根据业态和门店的销售情况决定配送频率。

6. 确定送达货物的时间段

货物送达目的地的时间对门店的运作有着直接的影响，可以根据自身情况提出送达时间要求及误差范围。

7. 准时交货

准时交货是配送品质的重要内容之一。准时交货以准时交货比例来进行考察，计算公式为：

准时交货比率＝准时交货的次数÷订货总次数×100%

8. 订货损坏情况

体现配送经营企业服务品质的另一个主要内容就是企业是否能完好地将所需商品送到目的地，如以订货损坏率作为评判的指标，其计算公式为：

订货损坏率＝订货商品损坏金额÷订货商品总金额×100%

9. 送货准确性

送货准确性包括两方面的内容，商品的品种准确和商品的数量准确。可以用送货商品的错误率来评价配送经营企业的送货准确程度。计算公式为

送货商品错误率＝送错商品的金额÷订货商品总金额×100%

10. 提供紧急订货服务

提供紧急订货服务包括在客户有紧急出货或修正数量的要求时，配送经营企业要能够提供相应的配送服务。

11. 送货人员的服务态度

要求送货人员不得违规卸货、搬运，以良好的态度配合客户方的收货、验收等工作。

12. 处理投诉的反应速度

要求在规定的时间内对客户所作的投诉给予答复。以投诉处理比例来进行考核，计算公式为：

投诉处理比率 = 在规定时间内处理的投诉件数目 ÷ 投诉总件数 ×100%

13. 信息提供

配送经营企业不但要完成基本的配送服务，还要对客户提供信息，这些信息包括缺货的事前通知、库存或缺货状况报告及出货统计等方面的信息服务。

14. 交接地点协议

由于客户要求送达的目的地位于不同的地理位置，因此就需要在与配送经营方合作之前确定好交货地点。目前，采用的主要交货地点有车上交货、店外走廊交货、店内通道交货、店内小仓交货和货架上整理交货等。

采用不同的交货地点，除了提供的服务不同以外，还涉及风险转移的问题。

15. 退货管理

退货管理的好坏不但直接影响到连锁商业公司的配送成本，还影响到连锁商业公司对供应商的评估，所以要对退货管理做出明确规定，分清责任归属。

16. 废弃物处理

对于废弃物的处理，应要求物流公司能够提供免费的回收服务。

解读与阐述

高质量的物流客户服务可以有效地提升客户价值、增加客户的满意度，是巩固原有客户和开发新客户的基础。客户服务活动本身固有的特性决定了作为服务对象的客户会或多或少地参与到服务过程中，这就增大了客户服务绩效评价的难度。

评价物流客户服务的绩效水平，可以运用下面几个指标：

1. 客户满意度

客户满意度是一个概括性指标，虽然采用问卷调查、回访、座谈等方法可以获得客户满意度的相关信息，但可操作性较差，不容易把握。在物流客户服务绩效评价过程中，应尽量将这一指标分解为分指标，结合企业的市场份额、形象、声誉、客户忠诚度等指标，从不同侧面全面、真实地反映客户的满意程度。

2. 交易前要素评价指标

物流客户服务的组成要素可以分为交易前、交易中和交易后三大类，根据这些要素，可以构建出评价物流客户服务的各项指标。交易前要素评价指标包括：

（1）库存可得率。指企业及时满足客户需求的能力，当需求超过库存可得率时就会发生缺货。

（2）目标交付时间。指企业计划或承诺的产品交付时间。

（3）信息能力。指企业满足交易前客户咨询、运价谈判、培训等需求的能力。

3. 交易中要素评价指标

交易中要素评价指标是对物流服务提供过程中可能影响客户服务质量的关键环节的反映。具体包括：

（1）下订单的方便性。指客户通过多种方式订货的可能性和每种方式的方便程度。

（2）订单满足率。指一定时期内满足订单的数量与订单总数的比率。

（3）订货周期的一致性。指订货周期的波动情况。

（4）订货周期。指客户从下订单到接收货物、完成货款结算的实际时间。

（5）订单处理正确率。指一段时期内无差错订单处理总数与订单总数的比率。

（6）订单跟踪。指对订单货物所处状态进行跟踪的能力。

（7）灵活性。指满足客户加急发货或延迟发货的可能性以及企业应付突发事件的能力。

（8）货损率。指在物流服务作业过程中发生损坏或灭失的货物金额数与货物金额总数的比率。

4. 交易后要素评价指标

交易后要素评价指标是对物流服务作业活动结束后，一些可能影响客户服务质量的关键因素的反映。具体包括：

（1）票据的及时性。指回单、发票等票据的正确性和及时性。

（2）退货或调换率。指一定时期内退货或调换的货物总量与发送货物总量的比率。

（3）客户投诉率。指客户投诉的次数与总的服务次数的比率。

（4）客户投诉处理时间。指企业对客户投诉进行调查、采取补救措施，达到客户要求的总时间。

企业在进行物流客户服务的绩效评价时应当结合自身特点，对上述指标体系进行修改完善，并根据评价结果找到与目标水平的差距，采取必要的纠正和改进措施，不断提高客户服务质量。

关键点提示

评价物流客户服务的绩效水平，可以运用下面几个指标：

1. 客户满意度
2. 交易前要素评价指标
3. 交易中要素评价指标
4. 交易后要素评价指标